高等职业教育经管类专业平台课精品教材
"互联网+"新形态立体化教学资源特色教材

管理沟通实务

王培俊　马明晖　主　编
王　娟　王小凡　王永囡　周　峰　副主编

中国轻工业出版社

图书在版编目（CIP）数据

管理沟通实务 / 王培俊，马明晖主编. —北京：中国轻工业出版社，2024.9

高等职业教育经管类专业平台课精品教材

ISBN 978-7-5184-3977-5

Ⅰ.①管… Ⅱ.①王… ②马… Ⅲ.①管理学—高等职业教育—教材 Ⅳ.①C93

中国版本图书馆CIP数据核字（2022）第068686号

责任编辑：张文佳　李金慧　　责任终审：劳国强　　设计制作：锋尚设计
策划编辑：张文佳　　责任校对：朱　慧　朱燕春　　责任监印：张　可

出版发行：中国轻工业出版社（北京鲁谷东街5号，邮编：100040）
印　　刷：三河市国英印务有限公司
经　　销：各地新华书店
版　　次：2024年9月第1版第2次印刷
开　　本：787×1092　1/16　印张：14.75
字　　数：350千字
书　　号：ISBN 978-7-5184-3977-5　定价：49.80元
邮购电话：010-85119873
发行电话：010-85119832　010-85119912
网　　址：http://www.chlip.com.cn
Email：club@chlip.com.cn

如发现图书残缺请与我社邮购联系调换
241523J2C102ZBW

前 言

随着我国改革开放的不断扩大和深入，中国人民的经济生活进入了一个最为活跃的发展时期。我国在经历了主要依靠廉价资源和人力打拼、所谓中游经济发展阶段，目前已经迅速向上游自主创新研发和下游市场营销发展；随着我国经济发展策略的重大转变，不但对市场化经济管理人才的需求量加大，素质要求也越来越高。高科技的发展驱使社会分工越来越精细，使国际社会逐渐演变成“千人糕”的社会，国际市场呈现出谁也离不开谁的互为服务状态，而经济要发展、事业要进取，就必须注重规模经营效益、注重加强团队合作和注重加强管理沟通与交流。交流有利于拉近人与人之间的距离，沟通有助于增进员工的相互理解，也有助于增强团队的融合与凝聚力。沟通能力是当今社会成功人士基本、重要的素质之一。

本书是根据教育部加强职业教育教学改革的精神，以立德树人为根本任务，坚持课程思政引领，加强职业素养的社会主义核心价值观熏陶，遵循教育规律，针对高职高专学生成长的特点与认知习惯编写的数字融媒体教材，不仅把社会学、管理学、心理学、公共关系、现代礼仪、人际沟通、商务交流等知识融为一体，还包含了强化团队意识、树立企业形象、提高市场竞争力、培养优秀外向型管理人才等方面的能力训练。作为职业教育提质培优行动计划：职业教育规划教材建设项目成果和智慧职教平台MOOC学院《管理沟通实务》课程配套教材，本书既可以作为职业院校的教科书，也可以作为企业培训的教材，还可以作为对管理沟通感兴趣人士的拓展读物，适合自学者自学使用。

本书严格按照教育部“加强职业教育，突出实践技能培养”的要求，针对职业教育培养目标和高职学生的教育要求及学习特点，既注重系统理论知识介绍，又突出实际训练和实践能力培养提高，力求做到“课堂讲练结合，课后学以致用”，以问题带动理论，以理论对应实践，以实践解决问题，完全站在学生就业和企业用人的角度，从管理沟通相对务实的最新理论出发，从沟通类型和综合实战两个维度，彻底打通和黏合管理沟通在理论与实践上的对应关系，特别是对如何应用最先进的沟通技巧应对“互联网+”时代中的职场生活做了详尽的指导，对帮助学生毕业后走上社会就业、寻求职业发展具有特殊意义。

全书内容分为三篇，涵盖十二个项目，共三十六个任务。

第一篇为理论基础篇。该篇着力于以沟通的主客体为两个受力点，按照是什么、为什么、怎么样的逻辑线索，引导学生理解管理沟通的概念，继而把概念具体落实到管理沟通存在的三大主客体群体中，即自我沟通、人际沟通和组织沟通。由此出发，把学生学习思路往类型化和实战性两个维度辐射，夯实管理沟通的理论基本功，同时奠定稳健的实践基础，为后续全面的、发散的学习理清思绪。

第二篇为沟通类型篇。该篇把取自概念的管理沟通的类型提炼出来，全面梳理适用于不同媒介方式的管理沟通技巧，教会学生具体地、合理地应用口头沟通、书面沟通、非语言沟通、倾听沟通等各类沟通媒介，分配不同媒介应用比例以及协调相异媒介的搭配关系。由于上述媒介可应用于管理沟通所有范畴，且随着时代和技术的演变而变化，故为综合实战情境下沟通技巧的学习提供务实的方法论。

第三篇为综合实战篇。该篇以职业院校学生正在和即将面对的职场、会议和网络中的实际沟通困境为切入口，以企事业单位各种常见的沟通危机（尤其是校企合作过程中学生在企业实际遭遇的突发问题）为依据，全面检验和打磨管理沟通技巧，实现学生与职场的无缝对接。

上述三个篇章的关系，是串联全书的潜在逻辑结构，类似完整的生产流水线，先教会学生管理沟通的基础知识，带学生入门，把管理沟通的概念定位至沟通主客体，找到沟通范畴内的自我；当入门工作完成后，学习如何使用不同沟通类型中的沟通媒介；最后，在熟练掌握不同类型的沟通实务的基础上，应对真实企业环境中的沟通危机，全面开展综合实战。至此，像产品从流水线产出一样，一个掌握了管理沟通技巧的沟通主体成长完毕。

本书由安徽职业技术学院王培俊、马明晖担任主编，安徽职业技术学院王娟、王小凡、王永囡、周峰担任副主编。具体分工如下：项目一、项目四、项目五、项目八、项目十、项目十一分别由安徽职业技术学院季晓雪、孙莹莹、赵英子、纪静雅、丁娟娟、张津编写；项目二、项目三、项目六、项目七、项目九、项目十二分别由周峰、王娟、王永囡、王小凡、马明晖、王培俊编写。全书由王培俊教授具体指导大纲及体例编写工作，马明晖负责全书的组稿与统稿工作。

本书在编写过程中，得到了安徽迪科数金科技有限公司副总裁钱颜娇、南京溧水新时代开元名都大酒店总经理潘茜的大力支持。同时也参阅和引用了大量的研究成果和案例，在此对企业的领导、研究者和创作者一并表示衷心的感谢！在本书的出版过程中，中国轻工业出版社提供了大力支持，在此也表示诚挚的谢意！

由于时间和水平有限，书中难免存在不足之处，恳请读者批评指正，以便进一步修改完善。

编　者

目　录

理论基础篇

项目十 小会议大学问 懂沟通事能成——会务沟通

项目十一 “互联网+”时代 沟通新鲜姿态——网络沟通

项目十二 危险始料不及 沟通化险为夷——危机沟通

理论
基础篇

项目一

走近管理沟通　凡事皆可轻松

——管理沟通概述

项目导学

◎ 认识沟通基本原理

◎ 了解管理沟通知识

◎ 掌握管理沟通策略

学习导航

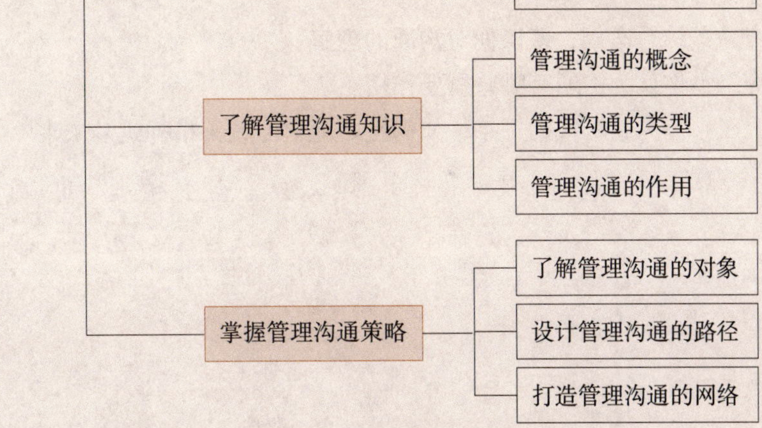

学前思考

逐梦苍穹 民航飞行员的飞行训练

2022年11月29日，搭载神舟十五号载人飞船的长征二号F遥十五运载火箭发射成功。探索浩瀚宇宙，发展航天事业，建设航天强国，是中华民族不懈追求的航天梦。神舟十五号的成功发射，不仅标志着我国航天事业前进了一大步，更是航天员张陆的成功。张陆进入航天员队伍以来，通过年复一年的不懈坚持、训练备战，他把飞天梦想写在了歌声里，写在了书法里，也写在了12年的征程里。他说："飞行是一个梦，我们一直在这个圆梦的过程中追逐。"

沟通，是飞行员需要掌握的基本技能。沟通，是联络感情的纽带；沟通，是通向友谊的桥梁；沟通，是事业成功的基础。学会沟通，能够使用合理的语言技巧进行驾驶舱沟通，是飞行员的必备技能。只有不断提高自己的沟通技能水平，才能和其他机组成员就飞行任务达成共识，确保飞行任务顺利完成。究竟如何提高飞行员的沟通技能呢？一是飞行员在沟通之前，要明确沟通目的，以便在沟通中始终保持专注，并有效地传达信息。二是飞行员需要具备优秀的倾听能力，训练员可以采取角色扮演、模拟对话等方式，将飞行训练内容与互动活动相结合，让飞行员在互动中学习飞行相关的专业知识，理解并掌握倾听技巧，以便准确理解对方的意思和需求。三是飞行员要用简洁明了的语言来表达自己的意思，避免使用专业术语或行话。飞行训练中，训练员可以采取模拟情境对话、口头报告等训练方式，提高飞行员的口头表达能力。同时，飞行员还需要掌握非语言沟通技巧，如面部表情、肢体语言等。四是在飞行训练中，训练员可以引入跨文化沟通案例，结合多媒体和虚拟现实技术等技术手段，播放相关视频，模拟飞行员跨文化沟通的过程，尤其是关于跨文化沟通技巧的运用部分要着重标注，让飞行员直观地学习如何进行跨文化沟通，更快掌握跨文化沟通技能。五是在紧急情况下，飞行员需要快速做出决策并与相关人员进行有效沟通。因此，在实际的飞行训练中，训练员可以模拟紧急情况场景，让飞行员各自扮演不同的角色，并结合各岗位工作内容和应当承担的工作职责，各自采取不同的措施。通过将训练内容融入模拟演练中，更容易让飞行员记住并掌握相关技巧，提高飞行员应对紧急情况的能力。

（资料来源：光明网，有改动。）

思考探究

探究一：结合案例，谈谈你对沟通的理解。

探究二：你认为沟通有哪些重要作用。

探究三：作为新时代的青年，如何更好地学习航天精神筑梦未来？

任务一

认识沟通基本原理

任务目标

1. **知识目标：**了解沟通的概念、要素。
2. **技能目标：**能够根据实际情况，灵活地对照沟通原则，突破沟通障碍。
3. **素质目标：**初步形成沟通的意识。

任务导入

人事处罚引起的矛盾

张强是一位已有五年工龄的模具工，他工作勤奋，爱钻研。半年前，张强利用业余时间自行设计制作了一套新型模具，受到设计部门的嘉奖。为了赞扬和鼓励张强的这种敬业精神，当时的生产部主任王亮特别推荐他上夜校学习机械工程学。从那以后，张强每周有三天必须提前1小时下班，以便准时赶到夜校。这也是经原生产部主任王亮特许的，王亮当时曾说过他会通知人事部门。

然而，上周上班时，张强被叫到现任生产部鲁主任的办公室进行了一次面谈。鲁主任给了他一份处罚报告，指责他工作效率低，尤其批评他公然违反公司的规定，一周内三次早退，如果允许他在公司继续如此工作下去，将会影响其他员工。因此，鲁主任说要对张强进行处罚，并警告说照这样下去他将被解雇。

张强接到处罚报告后感到十分委屈。他曾试图向鲁主任解释缘由。然而，每次鲁主任都说太忙，没有时间同他交谈，只告诉他不许早退，并要求他提高工作效率。张强觉得这位新上司太难相处，不禁感到万分沮丧。

（资料来源：康青，蔡惠伟. 管理沟通教程［M］. 4版. 上海：立信会计出版社，2019.）

问题思考

1. 张强和鲁主任之间的沟通属于哪种类型的沟通？
2. 人事处罚引起的矛盾的主要原因是违背了沟通应遵循的哪些原则？
3. 如果你是张强，你会如何与鲁主任进行有效的沟通？

任务描述

研究表明，70%以上的管理工作是在沟通中完成的。企业中出现的很多问题，比如现场执行能力差、企业政策员工无法理解、工作效率低下、反复强调依然不起作用等，归根结底都是在沟通环节出现了问题。不同层次的管理者应该采用不同的沟通方式才能让沟通真正发挥作用。沟通技巧和沟通能力的培训目前已经覆盖到工作、生活、学习的方方面面，有必要对沟通做一个全面的了解。

一、沟通的概念

（一）沟通的定义

不同类型的沟通，表达的方式不尽相同，但都具有一个共性：沟通是发送者和接收者双方或者多方，为了达到一定的目的，运用合适的符号和工具，进行信息的传达与交流。

（二）沟通的内涵

1. 沟通是信息的传递

发送者通过一定的渠道，将对有关人物或事件的描述以及包裹在其中的态度或情感，打包传递给接收者，接收者收到后再进行一定的反馈，这个发送和反馈的过程，就是信息传递的过程，它让沟通变得有价值，甚至创造价值。

2. 沟通是双向的过程

如上所述，沟通涉及发送者和接收者，因此，沟通过程是一种双向互动的关系。信息的双向流动盘活了沟通，有助于沟通形成良好的氛围和产生理想的结果。

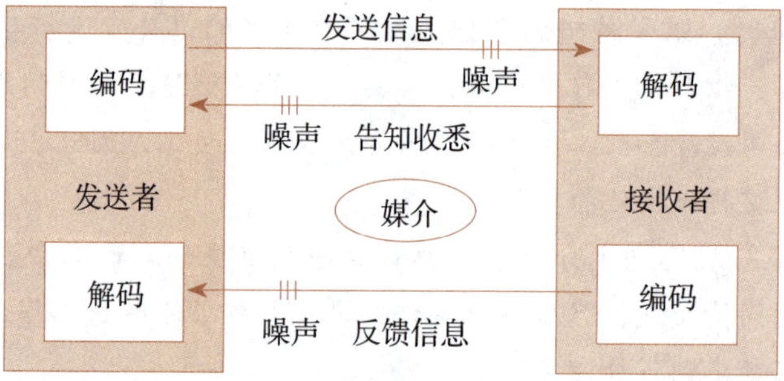

沟通的双向过程图示

3. 沟通是信息的理解

沟通的意义在于信息被真正理解，而不是简简单单把信息传递出去。特别要注意，沟通的效果没有达到的原因，往往不是没有沟通，而是没有让接收者真正理解发送者的用意。

4. 有效沟通不等于意见一致

沟通是否有效并不是以沟通双方是否达成一致为判断依据，不同的立场、价值观、利益等都影响沟通的结果。结果不好不代表沟通是无效的，双方在沟通过程中深入了解了对方的意思和双方存在的分歧，然后做出一个对彼此都好的决定，这本身就是沟通有效的表现。

二、沟通的要素

（一）发送者与接收者

沟通是个互动交流的过程，发送者和接收者的角色不断地转换：发送者把信息发送出去，接收者接收信息后进行加工整理，提出相关信息再传递，这个时候，接收者将转化为发送者，双方身份进行转换，完成沟通的过程。

（二）编码与解码

在信息传递的过程中，由于沟通对象的背景不同，比如专业方向、语言理解、所处环境等，这就要求必须对信息进行加工编码，结合文字、图示、数字、手势、声音、表情等进行融合处理。接收者会进行相应的解码，完成对信息的理解。

编码对于沟通至关重要，评价编码有三个方面的标准：一是认知方面，要解决对不对的问题；二是逻辑方面，要重视通不通的问题；三是修饰方面，要关注美不美的问题。

解码则是接收者将获得的信号还原为本来的信息。它可能是提取别人的字面意思或言外之意。当信息传递过来的时候，接收者把编码中的语言、声音、手势结合自身的知识、经验、感悟进行转化，获得正确的含义。沟通的目的就是希望接收者对发送者发出的信息做出正确的反应和采取合适的行动。

（三）信息

发送者和接收者是沟通的主体，信息是沟通的客体。信息无法自己传递，必须借助沟通主体，才能被传递以及被沟通主体理解。

（四）通道

通道是信息传播过程中的媒介。媒介有不同的方式：口头交流、书面传达、网络沟通等。选择合适的沟通媒介，才能实现沟通效果。例如，教师在上课时只是单纯通过声音讲解，那么，很多理论知识无法让学生直观感受，教学效果很难理想。但是，如果加入图示、动画等，沟通效果将明显好转。

（五）背景

背景是指沟通的环境。环境的构成要素很多，总体来说分为物质环境和非物质环境。在沟通过程中，沟通环境必然会影响沟通效果，具体体现在以下几个方面。

1. 心理背景

心理背景主要是沟通主体双方或者多方的情绪和态度。一方面是情绪。当沟通者处于比较亢奋、激动的状态，沟通往往会比较顺畅，但同时也会比较感性；如果沟通者处于悲伤、忧虑的情绪，则思维比较混乱，沟通会受到干扰。另一方面是态度。如果沟通双方关系处于淡漠或者竞争状态，那么，沟通很可能由于偏见而产生误差；如果双方关系和态度处于良好状态，沟通编码和解码则都会比较流畅。

2. 社会背景

社会背景主要是指沟通双方的社会角色关系。不同社会角色关系下的沟通模式是不同的。比如，中高层管理者对基层管理者和员工可以使用激励的沟通方法，员工和基层管理者则要用汇报的沟通方式。但是，随着社会角色关系的变化，同事之间、上下级之间的界限会发生变化，如果采用固定的沟通方式，则会形成沟通障碍。

3. 文化背景

文化背景主要包括价值取向、思维逻辑、心理结构。文化背景对沟通的影响，表面上是不明显的，但这种影响通常会贯穿沟通的全过程。比如，直率的表达方式与委婉间接的暗示之间就会发生碰撞，这种差异会使得沟通主体需要花费一定的时间去调整和适应。

4. 物理背景

物理背景是指沟通发生的场所、环境和氛围。不同的沟通内容，决定了选定的场所不同，营造的环境和氛围也大不相同。比如，企业去学校招聘，场地一般要求比较大，气氛利于沟通；如果是企业内部会议，环境要求私密，且要求有相关的设备支持。

5. 噪声

噪声是指沟通过程中影响信息传递和理解的干扰因素。噪声的构成因素很多，比如不精准的表达、方言、固有习惯、难以辨认的字迹、不速之客、意外事件等。总体而言，分为三种形式：外部噪声、内部噪声和语义噪声。

外部噪声主要存在于沟通的环境中，如隔音不好的教室、工厂中运转的机器、马路上飞驰而过的汽车，甚至还有不合适的温度、刺眼的光线等。内部噪声是指沟通主体的状态，如固执己见、注意力不集中、过分解读等。语义噪声往往存在于沟通的措辞，如方言的使用、不合时宜的词汇的运用等。

三、沟通的原则

（一）尊重性原则

尊重是沟通中首先要注意的原则。在社会群体中生活的人，都有被人认可的需要和被关注、肯定、欣赏的期望。这种需要如果被满足，人的自信和成就感就会被激发，反之则会产生被忽略、没干劲的心态。尊重性原则要求沟通者言谈举止得体，表达时顾及对方的自尊，尊重对方的文化、思想和言行，少用质疑、反问的语气，营造平等、亲切的沟通氛围。正如古人所说，要做到“以诚感人者，人亦诚而应”。

大国对话

（二）简洁性原则

“文不过夜，会不开长”。一次良好的沟通还体现在简洁和效率方面。由于每个人的时间精力有限，生活的背景不尽相同，烦琐的流程和毫无结果的争论对于沟通没有任何帮助，因此，沟通要遵从简洁原则。需要注意的是，简洁性原则并不是过分地减少信息，或者是隐瞒信息，而是要求沟通中突出重点、详略得当，保证沟通的重点内容传达到位，实现沟通效果。

（三）理解性原则

在沟通中，沟通者立场不同，其成长环境、兴趣爱好、想法观念、擅长领域、利益相关等各有差异，在面对同一沟通信息时也会表现出不同的看法、情绪和态度。如果彼此互不理解，互不相让，很有可能导致沟通失败。理解性原则就是要求沟通的双方换位思考，展现同理心，设身处地地站在对方的角度思考，采用对方可以接受的方式进行沟通，这样才可以更加深刻地理解对方。

（四）包容性原则

在沟通中，产生分歧、引发争论，甚至牵涉个人、组织、团体的利益，这是非常常见的状态。沟通双方要正确地看待分歧，既要维持原则，也要适当灵活，保持谦虚谨慎的态度，委婉耐心，与人为善。

（五）准确性原则

准确性原则，是指沟通中有关的信息是准确的，不存在夸张和偏见，且这些信息还可以准确地传递给对方。为了保证沟通的准确无误，在沟通前要对信息进行核对，选择可靠的信息来源。在沟通中，要用准确的数字和凝练的语言进行表述，尽可能地排除认知障碍，减少各种因素对信息的干扰。

（六）及时性原则

无论什么样的信息，都是在特定的时间地点内产生的，因此，离开特定的时间，跨出特定的范围，信息很可能变得毫无价值。这就要求沟通者要及时地传达信息，避免因为时间和场景的变化而导致信息价值的流失。沟通的及时性原则就是要求信息在传达的过程中，既要注意主要内容的传递，又要注意给对方留出足够的时间去消化和反应。

四、沟通的障碍

（一）发送者的障碍

1. 目的不明，导致信息传递失准

沟通首要要求是目的明确，如果发送者不知道向对方传达什么，或者传达过程中不分主次，也不知晓对方需要什么，这会让沟通在一开始就充满障碍，甚至会让对方觉得不明所以，浪费时间。因此，在信息传递之前，发送者要明确自己沟通的目的，理清沟通的逻辑。

2. 表达模糊，导致信息传递失真

无论采用何种沟通媒介或者方式，都要求沟通双方清晰地表达自己的意思，如果遮遮掩掩、语无伦次、字迹模糊，或断章取义、添油加醋、言过其实，都会造成信息传递的效果大打折扣，导致接收者无法在短时间内真正理解对方的真实意图。

3. 选择有误，导致信息传递失败

选择方面存在三个“误”。首先，信息传达时间偏误，时间上的耽搁与拖延会导致信息过时而无用，严重降低信息的价值；其次，沟通通道选择失误，则会致使信息传递受阻，或延误传递的时机；最后，沟通对象选择错误，很可能会造成话不投机、自讨没趣的局面，直接影响信息交流的效果。

4. 形式不当，导致信息传递失效

当人们进行信息传递时，一定要合理地组合内容，方式和内容要协调，比如，对于复杂的问题，首选是面对面沟通，如果选用电话、邮件，很可能会出现没有讲解清楚或者不能深入了解的情况；对于紧急的问题，哪种方式能最快速地沟通和解决问题，就采用哪种方式。

（二）接收者的障碍

1. 自我选择，导致信息理解偏差

在接收信息时，人们很难摒弃自身的情绪情感，也习惯以自己的兴趣和利益去要求对方，所谓爱屋及乌、以己度人。一旦信息不利于自己，要么视而不见，要么过分担忧，这样会导致信息传递过程中的阻碍。

2. 心理定式，导致信息理解极端

如果信息接收者曾经有过不良体验，或者周围的人曾经受过伤害，那么，这种心理定式很可能会影响对于相似信息的接收。一旦接收到类似信息，他们就会感到忐忑和恐惧，对发送者的信息心存疑惑、抗拒排斥，甚至关闭沟通、拒收信息。

3. 忽视反馈，导致信息传递受阻

相比信息的发送，及时反馈同等重要。不及时反馈很可能产生以下问题：一是发送者焦急等待，或者另寻他人；二是反复发送，浪费时间；三是影响进度，重复劳动。

4. 思想差异，导致信息交流困难

在信息传递之前，尽可能找到沟通双方的共同点，或者了解对方的教育水平、社会阅历、性别、年龄、禁忌等，否则会让发送者的用心良苦变成徒劳无功，或者造成两者的隔阂与误解，甚至引发冲突，导致信息交流的中断和人际关系的破裂。

5. 文化差异，导致信息理解殊异

文化差异约定俗成地影响接收者的沟通效果。例如，不同国家和地区的身体语言的表达、生活习惯、饮食民俗都不尽相同，这就要求沟通双方要了解差异、求同存异。

任务小结

班级：		学号：	姓名：
	学习索引		学生自测
	沟通的概念		
		发送者与接收者	
		编码与解码	
知识点	沟通的要素	信息	
		通道	
		背景	
	沟通的原则		
	沟通的障碍		

任务思考

1. 什么是沟通？
2. 沟通具备哪些要素？
3. 沟通的原则有哪些？
4. 沟通存在什么样的障碍？

任务二

了解管理沟通知识

任务目标

1. **知识目标：**了解管理沟通的概念、类型、作用。
2. **技能目标：**具备根据实际情境应用不同类型管理沟通的能力。
3. **素质目标：**初步形成管理沟通意识。

任务导入

德国之声记者郑州采访被民众围攻

2021年7月24日，微博用户@vanessa言午发布两段视频，一名外媒记者与陪同人员一起，试图在刚刚遭遇极端特大暴雨后的郑州采访，遭到郑州民众的抗议和阻拦。

这名外媒记者是“德国之声”（DW）驻北京记者马蒂亚斯·比灵格（Mathias Bölinger）。他在德国之声24日发布的新闻短片中，神色局促，停顿颇多，但依旧不忘借河南灾情抹黑中国。

@vanessa言午介绍说，两段视频分别是在郑州钱塘衣城和郑州火车站门口拍摄的。比灵格的身边有位身着灰色衣服的陪同人员，帮助他与民众交流。

灰衣女子翻译后，比灵格笑着回复说：“看到大家，我感到很开心。”

镜头正前方的一名男子说：“你报道可以，但要真实，对我们中国有一个好的看法，不要攻击我们！”还有人讽刺说：“你们在报道德国和中国洪水的时候，口径非常不同。若有确切的损失，在德国就是‘姗姗来迟’，但在中国，就是‘政府肯定隐瞒了什么’。”“现在说政府还没有公布死亡人数是不公平的，因为灾情还没有结束，每个人都在尽最大努力营救人民。这就是为什么重点是救援，要投入尽可能多的资源去帮助别人，而不是站在街上，看着别人挣扎，质问别人。”

不过，在发布视频的YouTube平台，有很多评论批评这段采访“不公正”，比灵格的表现“很紧张”。

（资料来源：观察者网，有改动。）

问题思考

1. 案例中，比灵格“被围攻”的原因是什么？
2. 沟通真正的作用应该是什么？

任务描述

一、管理沟通的概念

（一）定义

不同的人有不同的沟通方式，因此，沟通的效果很难进行考核及鉴定，沟通的过程也很难控制。为了保证组织中的沟通效果，必须要对沟通进行有效的管理。管理沟通就是管理者为了实现组织目标，整合沟通过程中的信息、观念、想法，然后传递给他人的过程。也就是说，为了达到管理的目的而进行的有计划的、规范性的、有规律的沟通的行为就是管理沟通。

（二）内涵

对于管理沟通的内涵，可以从它与管理的三个“一致”上深入理解。

1. 过程和范围一致

管理沟通要求沟通的行为和组织中的职能范围相吻合，这样的行为就是管理沟通行为。比如，教师在上课过程中，分享了发生在自己身边的案例，如果这个案例和课程相关，有助于加深学生的理解，这就是一种管理沟通；如果这个案例对于学生掌握知识没有明显的帮助，那么这次沟通就不会被认为是管理沟通。在企业中也是一样，对组织管理有用的就是管理沟通。这是管理沟通与管理在过程和范围上的一致。

2. 目的和目标一致

管理沟通的目标应该与管理的目的一致。如果沟通的目标仅仅是加强私下的感情交流，那么就不会是管理沟通。但是，职场中有一些非正式沟通，看似对于管理目的的达成影响不大，实际上对于管理目标的达成是有帮助的。比如，公司举办团建活动，员工加强情感交流的同时，也增进了对彼此的了解，在管理沟通过程中就可以更加有的放矢，缩短试探时间。这是管理沟通与管理在目的上的一致。

3. 职能和任务一致

在企业或者组织中，所有职能的实现和任务的达成都要依赖人的活动。那么，组织职能想要得以实现，必须设定相应的流程，清晰地布置任务，把责任落实到部门或者个人。比如，很多企业对新员工或者刚刚晋升的管理者都要进行培训，培训的一个重要目的是让员工更加清晰地了解新岗位的工作内容、这个岗位在组织中起到什么样的作用、考核的机制等。

这样会有效促进管理沟通与管理在职能和任务上保持一致。

二、管理沟通的类型

（一）按沟通方向分类

根据沟通的方向进行分类，可以将管理沟通分为纵向沟通、横向沟通和交叉沟通。

1. 纵向沟通

纵向沟通又称为垂直沟通，在企业组织中，组织结构是组织的骨架，它明确了沟通的层级与路径。由于人们在组织结构中所处的层级不同，对于组织中核心信息了解的程度就不一样。一般来说，中高层掌握更多管理方面的信息，基层和普通员工掌握更多顾客和市场方面的信息。这两方面的信息的传达就要依赖自上而下和自下而上两种沟通路径。纵向沟通中，通常认为自上而下是纵向沟通的主体，自下而上是纵向沟通的关键。

自上而下的沟通称之为下行沟通。组织中大部分的决策、任务都基本依靠下行沟通才能实现，这在组织中表现为：公司政策的公布、公司经营报告的发布、会议文件的传达等。

自下而上的沟通称之为上行沟通。上行沟通主要是开辟一条员工参与管理的特殊通道，这样的沟通既可以让员工有参与感，保证上下一致，也可以把外界的需求、顾客最新的动态反馈过来，然后迅速采取行动。在组织中通常的表现形式为：员工头脑风暴大会、员工反馈系统、例会、座谈会等。

2. 横向沟通

横向沟通又称为水平沟通。在组织中，大部分的横向沟通都发生在同一级别的员工之间，或者同一级别的部门之间。横向沟通在企业内部非常常见，定期沟通可以加强部门之间的合作，减少部门摩擦，跳出本部门的利益局限。横向沟通在组织中的表现形式为：跨部门会议、员工工作交接等。

3. 交叉沟通

交叉沟通，是指发生在组织内不同层级部门之间或跨部门个人之间的沟通，例如，一线部门与二线部门之间的沟通，质检部门与产品部门之间的沟通等。

（二）按沟通渠道分类

根据沟通的渠道进行分类，可以将管理沟通划分为正式沟通和非正式沟通。

1. 正式沟通

正式沟通，是指在企业内部明确规定采用何种沟通方式，通常表现为规章制度下指定的方式。一般来说，正式沟通比较严肃，有明确的组织纪律，约束力强，比较权威，效果也会比较好。

2. 非正式沟通

非正式沟通广泛存在于组织中，它是正式沟通之外的一种沟通形式，通常建立的基础为感情和动机上的需要。有时候，非正式沟通是正式沟通的一项补充，往往不拘泥于形式，简单、直接、及时、快速。但是，这种沟通的缺点在于信息难以控制，很可能传递过程中失真，也容易建立小圈子，传播一些内幕消息，影响组织的凝聚力和向心力。

三、管理沟通的作用

（一）实现有效管理

在企业管理中，建立通畅的沟通网络是企业组织变革中的一个重要方向，相比较层次分明的组织结构，人们更喜欢平等合作的协同伙伴。只有企业各部门、各环节沟通渠道通畅，才能实现上下、左右、内外之间的有机配合和协调，从而将机构庞大且业务繁杂的企业整合成一个具有功能放大效应的大团队。

管理沟通能力测试

（二）促进和谐发展

在一个大型组织中，员工的个人发展与组织的命运紧密相连。沟通做得好可以让各部门紧密配合，树立共同目标，促进企业良性循环，降低内耗，也会让员工积极参与到企业整体发展之中。这对企业整体绩效会产生巨大影响，员工之间也会营造出互相启发、互相学习的良性竞争，促进共同进步。

（三）改善人际关系

企业是由大量的人组成的社会组织，社交需要是员工不可或缺的需求。企业一定要建立完善的沟通渠道，让员工之间可以及时有效地沟通，创造沟通的环境，营造沟通的氛围，提升员工的参与性，改善员工之间的人际交往，激发员工的积极性和创造性。

（四）有利信息收集

管理沟通不仅是信息的发送，还包含信息的收集。只有及时地将内外部信息进行收集，才能够洞察企业部门之间的关系，提升管理的效率，在问题处理时掌握来龙去脉。不仅如此，通过企业内部上下左右的信息传递与交流，还能够实现信息的共享和集成，从而做到上情下达，最后实现上下一致，形成一个有机的整体。

（五）增强责任意识

在企业管理中，管理者的知识、经验及观念往往通过沟通影响着员工的知觉、思维与态度。特别是管理者为适应发展的需要必须进行某项改革时，他的一个重要任务就是通过管理沟通来转变员工的态度和行为。只有这样，改革才能得到员工的支持和配合。可见，管理沟通不仅有助于调动广大员工参与管理的积极性，而且能够增强员工的责任感，并进而实现员工行为的根本转变，由“要我干”转变为“我要干”。

（六）激发创新思维

在管理沟通过程中，要时刻要求大家创新，开展全方位的沟通，通过构建畅通无阻的沟通渠道，让员工积极讨论、思考、探索企业发展中的各种问题。这样不仅能够集思广益，激发员工的创意和灵感，还能够为企业的科学决策提供依据，从而使管理决策更加科学。

任务小结

班级：	学号：	姓名：
知识点	学习索引	学生自测
	管理沟通的概念	
	管理沟通的类型	
	管理沟通的作用	

任务思考

1. 管理沟通的概念是什么？
2. 管理沟通包含哪些类型？
3. 管理沟通有什么样的作用？

任务三

掌握管理沟通策略

任务目标

1. **知识目标：**掌握管理沟通的三步策略。
2. **技能目标：**能够运用管理沟通的策略解决实际问题。
3. **素质目标：**感受管理沟通的智慧和优秀管理者的基本素养。

任务导入

完璧归赵

赵国有块“和氏璧”，秦王很想得到它，说愿以十五座城池来换。赵国感到很为难，因为秦国历来不讲信义。但是，如果不给，又怕秦国就此发兵来犯。在这进退两难之时，有人推荐请蔺相如想想办法。蔺相如见到赵王，说："秦强赵弱，我们不能回绝。如果大王没有人可以派遣，我可以勉强凑数。秦王把城划给我们，我就把璧留在秦国，反之，我一定把和氏璧完好地带回来。"

几日后，当蔺相如把璧捧给秦王，秦王看了又看，还传给宫女和妃子看。大家都赞不绝口，高声向秦王道贺。蔺相如站在堂下，无人理睬，秦王也不提交割十五座城池的事。蔺相如意识到秦王又在欺诈了，对秦王说："璧上有点小毛病，不经指示很难看出来，请让我指点给大家看。"秦王没多想，就把璧递给了蔺相如。蔺相如接过璧，立刻跑到大殿中的柱子前，怒发冲冠地对秦王说："普通百姓交往尚且讲究信义，何况大王是一国之君呢？您一字不提交割城池的事，我就把璧要了回来。现在，玉璧在我手里，您如果一定要强迫我，那我就让我的头颅和玉璧一起撞碎在这柱子上！"

秦王担心他砸毁了玉璧，连忙赔礼道歉，并让人拿来地图，指点着说从某地到某地的十五座城池归赵国。蔺相如知道秦王并非认真，对秦王说："大王既然喜爱和氏璧，赵国不敢不奉献。只是赵王送璧前曾沐浴斋戒五日，表示恭敬，大王也该沐浴斋戒五日，才可接受和氏璧。"秦王只好答应。蔺相如回到馆舍，连忙周密部署，让人穿着麻衣布衫，化装成老百姓，偷偷地揣着和氏璧从小道逃回了赵国。

五天后，秦王举行了隆重的仪式，准备接收和氏璧。蔺相如从容地走上前对秦王说："我担心受了您的骗，已派人把宝玉送回赵国了。赵是弱国，秦是强国，我不愿看着大王背上欺骗赵国的坏名声。如果是真心诚意地用十五座城池换和氏璧，只要派一个使臣去，赵国马上就会送来。"秦王和大臣们十分恼怒却无可辩驳，只好放蔺相如回赵国。

蔺相如"完璧归赵"，既保全了赵国的玉璧，又没给秦国落下把柄，还为赵国赢得了好名声。

（资料来源：商务印书馆辞书研究中心．新华成语词典[M]．北京：商务印书馆，2002.）

问题思考

1. 这一历史典故告诉了我们什么道理？
2. 完璧归赵说明了管理沟通有哪些重要作用？
3. 我们在面对强敌时，如何才能像蔺相如那样，敢于斗争，善于斗争，重信守义？

任务描述

一、了解管理沟通的对象

（一）了解沟通对象的原因

1. 找到沟通的切入点

沟通的本质是信息的传达，但是由于沟通对象的个人背景不同，对事情的理解会出现不同的反应。想要准确传达信息，沟通切入点的选择就尤为重要，对沟通对象越了解，管理沟通则越顺畅。

2. 规避沟通出现障碍

管理沟通是为了解决企业经营过程中出现的障碍，如果预先了解沟通对象的一些禁忌，或者不愿意提及的方面，则可以规避沟通中的风险，防止出现不愉快，影响沟通效果。

3. 促进管理沟通设计

在了解沟通对象的基础上，可以有针对性地设计沟通方案。沟通方案的设计要结合沟通的具体情况，最终实现良好的沟通效果。

（二）了解沟通对象的内容

1. 年龄

不同年龄阶段的人，他们的经历、观念、态度以及对待事物的看法有所不同，特别是代际沟通，往往会理念不合，观点不一致，甚至是误解，这对沟通的准确理解是一项挑战。

2. 教育

教育背景对于沟通的效果影响深远，受教育程度、知识结构、擅长领域等都对信息的准确传达有着重要影响。

3. 性别

沟通的第一原则是尊重，特别是在性别方面，一方面，应该避免性别歧视；另一方面，针对不同性别的生理和心理特点应该有所注意。

沟通的性别差异

4. 民族

不同民族和不同地域出生的人，由于生活环境、地域特色、文化环境等的差异，生活习惯、习俗、语言、表达方式、价值观都有所不同。提前了解这些差异，有助于避免冲突，也有助于更好地理解沟通信息。

5. 经济

收入不同，人们关注的东西也不同。面对经济因素，一方面，正确看待不同经济条件下对同一沟通信息的理解；另一方面，需克服经济差异带来的沟通障碍，跨越心理鸿沟。

二、设计管理沟通的路径

（一）明确目的

在沟通前，首先要明确沟通的核心内容是什么，是否必要，想要达到什么效果，否则沟通越多，偏差越大，最终影响沟通效果。因此，沟通首先要做的就是明确目的，这个目的最好以指标化的形式出现，如优秀、良好、合格等。具备可以量化的指标后，沟通的目标设定更加清晰，沟通的结果也更加明确，一定程度上保证了沟通的意义和影响。

（二）建立逻辑

沟通是信息传递、接收、再反馈的过程，这需要掌握沟通的节奏、调节氛围、控制情绪，对信息进行符合逻辑的安排。在管理沟通中，一般分为六个步骤整理沟通逻辑：准备好要解决的问题、确认双方的需求、阐述观点、认真倾听、处理异议、达成共识。

（三）选择方式

信息是自己直接传达还是寻求专业人士帮助转达，场地布置是偏正式还是偏随意，这些都是管理沟通过程中必须考虑的因素。比如，在企业中，关于职位调整的沟通，有时候书面通知的沟通方式较为理想，有时候面对面沟通或者微信沟通更能安抚员工的情绪。

（四）配备工具

在沟通过程中，可以选择一些辅助工具来帮助理解，比如挂图、样品、实物、流程图、工作标准、视频、黑板（白板）、图表等，这样可以节省沟通时间，也可以方便沟通对象对沟通内容一目了然。

三、打造管理沟通的网络

（一）优化机制

管理沟通使用场景往往在企业中，因此有效沟通的前提是组织内具有良好的沟通机制，主要分为三点：一是组织中的成员必须具备沟通知识，还要有能力把沟通技巧运用到实践中去；二是在组织中营造适合沟通的氛围，这种氛围可以让大家敞开心扉、畅所欲言，并且引导成员关注组织发展；三是制定共同的目标，促使成员目标一致。

（二）疏通渠道

一个企业想要沟通顺畅，就要定期检查管理沟通的渠道是否通畅，这样才能减少组织中的沟通出现障碍，实现顺利且有效的沟通。企业需要关注和疏通的渠道，一是企业管理的政策、规章制度、办事流程，管理层级；二是当遇到新的情况和机会时，用于提出建议和及时反馈的通道；三是内部激励中，嘉奖、榜样、职位提升等情况的公示渠道；四是企业出版物、宣传栏、对外媒体宣传等指导性渠道。

（三）建立体系

管理离不开沟通，沟通渗透于管理的各个方面，没有沟通就没有管理，企业管理实际上就是管理沟通的过程。因此，组织必须把各项工作按照做出计划、计划实施、检查实施效果的逻辑安排妥当，然后将成功的纳入标准，不成功的留待下一循环解决，以此为企业管理者设计出全方位、全过程的沟通体系，并且建立监督管理机构，保障管理沟通体系规范运行。

（四）健全空间

传统的组织主要依靠单向沟通，即在组织内从上到下传递信息和命令，下级无法表达自己的意见和建议，管理沟通很可能陷入停滞状态。在现代企业管理中，扁平化的沟通与立体化的沟通必须相结合，形成一条路走不通还有多条路可走的多维表达空间，让管理沟通流动起来。

任务小结

班级：	学号：	姓名：
	学习索引	学生自测
知识点	了解管理沟通的对象	
	设计管理沟通的路径	
	打造管理沟通的网络	

任务思考

1. 管理沟通的对象是什么？
2. 怎样设计管理沟通？
3. 管理沟通的有效策略有哪些？

无处不在的管理沟通

项目训练

画一画，问一问

游戏规则：

1. 图形贴于写字板后。
2. 人只能站在板后，不可走出来，有30秒思考时间。
3. 描述第1张图时，做单向沟通，即同学们只允许听，不许提问。
4. 描述第2张图时，做双向沟通，即同学们可以发问。
5. 每次描述完，统计答对的人数，比较单向沟通与双向沟通效果的差异。

项目练习

一、单项选择题

1. 根据沟通的内涵，下面哪一个选择是不正确的？（　　）

A. 沟通是信息的传递　　B. 沟通是双向的过程

C. 沟通是信息的理解　　D. 有效沟通等于意见一致

2. 下面不属于沟通要素背景因素的是（　　）。

A. 心理背景　　B. 社会背景

C. 道德背景　　D. 文化背景

3. 正式沟通的优点是（　　）。

A. 正式沟通需要层层传递信息　　B. 效果好，约束力强，易于保密

C. 存在信息失真或扭曲的可能　　D. 正式沟通没那么严肃

4. 下面属于交叉沟通内容的是（　　）。

A. 营销经理与生产部门经理之间的沟通

B. 办公室管理人员听取其员工意见

C. 财务部门的领导对财务人员的工作进行口头指示

D. 公司在员工工作平台公布了最新员工福利政策

5. 属于沟通中典型的不准确信息的是（　　）。

A. 数据不足　　B. 资料解释充分

C. 关键因素知情　　D. 不存在偏见

二、多项选择题

1. 沟通的原则有（　　）。

A. 尊重性原则　　B. 简洁性原则

C. 理解性原则　　D. 包容性原则

2. 以下什么情况可能会出现沟通障碍？（　　）

A. 目的不明　　B. 表达不准

C. 选择有误　　D. 形式恰当

3. 管理沟通的内涵与管理的三个“一致”是指（　　）。

A. 表达与内涵一致　　B. 过程和范围一致

C. 目的和目标一致　　D. 职能和任务一致

4. 下行沟通表现形式通常为（　　）。

A. 报告　　B. 信函

C. 备忘录　　D. 谈话

E. 电子信箱

5. 当我们想进行管理沟通时，应该注意沟通对象的（　　）。

A. 年龄　　B. 教育

C. 性别　　D. 民族

三、判断题

1. 在沟通前，首先要明确沟通的核心内容是什么，是否必要，达到什么目的，实现什么效果。否则，沟通越多，偏差越大，最终影响沟通效果。（　　）

2. 一般来说，非正式沟通不拘泥于形式，直接明了，速度快，容易及时了解到正式沟通难以提供的“内幕新闻”。（　　）

3. 在某种程度上，沟通并不能改善人际关系，还可能造成时间资源的浪费。（　　）

4. 任何信息都是在一定的时空背景下产生的，都有其特定的使用范围，离开特定的时间和限制，原本非常重要的信息可能变得毫无价值。（　　）

5. 沟通难免发生分歧，有的还会牵涉个人、团体或组织的利益。（　　）

项目二

点亮沟通火把　我自聚沙成塔
——自我沟通

项目导学

◎ 了解自我沟通
◎ 认清自我沟通的障碍
◎ 掌握自我沟通的技巧

学习导航

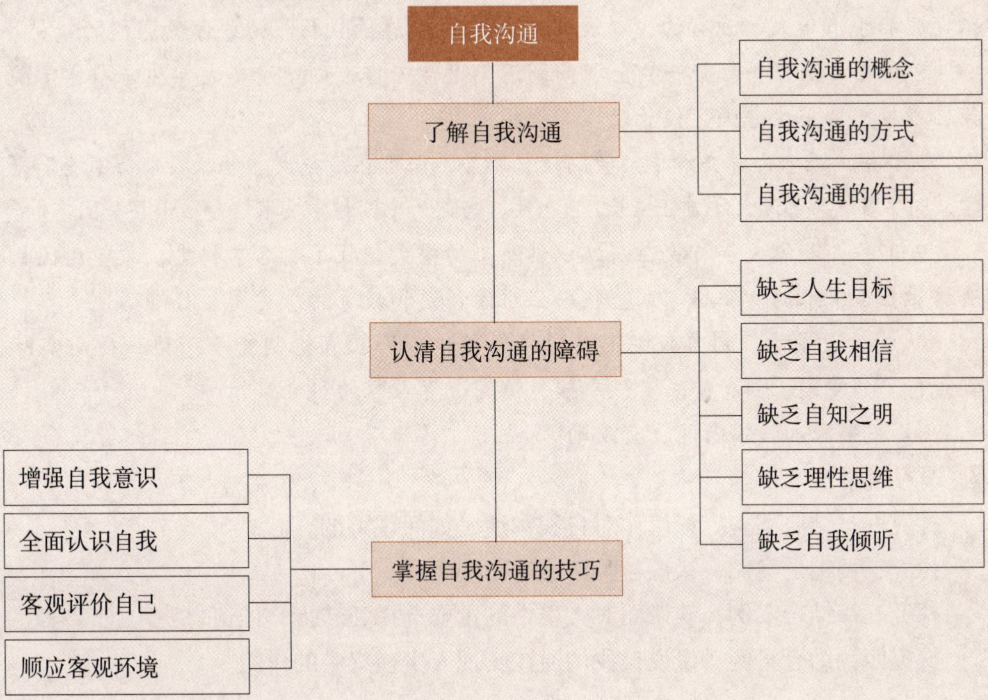

学前思考

自我突围　向理想前行

《自我突围——向理想前行》是结构生物学家、时任清华大学副校长、西湖大学首任校长施一公的首部作品集。该书记载了施一公在人生关键大事上的抉择，是以“爱国、创新、求实、奉献、协同、育人”为主要内涵的当代科学家精神的鲜活写照。

1987年，面对父亲的意外去世，痛苦之余，正处于大学三年级的施一公开始为自己谋出路，先后在从商和创业两条赛道上“小试牛刀”，最终选择出国留学。出国初期，他先后去两家餐厅打工体验生活、遭遇过抢劫、买车换车最终被盗，这些经历也代表了一批留学生共同的异国体验。

在这段迷茫探索期之后，施一公开始在学业和科研方面找到了一些“感觉”，博士第二年，随着逐渐适应科研的“枯燥”，开始“对科学研究有了一点儿兴趣”，对科研能力有了一点自信，到了第三年，施一公已经“开始领会到科研的逻辑和奥妙”。

2001年，施一公和著名生物学家王晓东在从美国去北京的飞机上巧遇，他平平淡淡地说了一句话：“一公，我们都欠中国15年的全职工作。”这句话道出了施一公内心长久以来的惆怅，也让他又一次受到震撼。

2008年，施一公毅然辞去美国普林斯顿大学终身教授职务，返回祖国，助力国家科技和教育事业，全职回到母校清华大学主持生命学科建设，在海内外引起极大关注。以外界眼光来看，当时的他已经实现了“美国梦”。但施一公在《自我突围》中写下了内心深处的真实想法：“我总觉得缺了点儿什么，内心怅然若失。我缺什么？缺少让我振奋的帮助同胞的成就感!”

施一公“欠中国15年的全职工作”的自觉来源于他满怀家国情怀的祖辈、父辈；这种认识也脱胎于清华大学独有的、以校训“自强不息 厚德载物”为载体的深厚的精神。

2008年至2018年，施一公全职回到清华大学工作，创建清华大学生命科学学院，历任院长，教授、博士生导师，校长助理、副校长。

2018年，施一公辞去清华大学副校长职务，保留在清华大学的教授职务，全职筹建西湖大学，同年当选为西湖大学首任校长。2021年，当选为中国科学技术协会第十届全国委员会副主席。

2022年，西湖大学首次在浙江以创新班的模式招收了60名本科生，希望用因材施教的做法培养担当未来的青年科学家。施一公对于科研和教育的“突围”日渐落地。

从成长、成才，到自我突围，引领科研体制和教育机制变革：施一公用实际行动，扎实践行了“爱国、创新、求实、奉献、协同、育人”的科学家精神。

（资料来源：搜狐新闻，有改动。）

思考探究

探究一：结合案例，谈谈你对自我沟通是如何理解的。

探究二：结合案例，谈谈自我沟通有哪些障碍。

探究三：结合案例，谈谈面对人生中的重要选择和转折，如何自我沟通，自我突围。

探究四：结合案例，说说自我沟通在实现人生理想中的作用。

任务一

了解自我沟通

任务目标

1. **知识目标**：理解自我沟通的概念、方式和作用。
2. **技能目标**：学会与自己开展有效的沟通。
3. **素质目标**：坦诚地面对自己的内心，把自我沟通看作常用的沟通工具。

任务导入

斯芬克斯之谜

在希腊神话故事《俄狄浦斯王》中，有这样一则故事。一个狮身人面的女妖，名叫斯芬克斯，她每天坐在忒拜城堡附近的悬崖上向路人提出一个谜语："什么动物早晨用四只脚走路，中午用两只脚走路，傍晚用三只脚走路？"据说，这便是当时天下最难解的斯芬克斯之谜。如果回答不出，就会被她吃掉。她吃掉了很多人，直到少年俄狄浦斯给出谜底。俄狄浦斯的谜底是"人"。他解释说："在生命的早晨，人是一个娇嫩的婴儿，用四肢爬行；到了中午，也就是人的青壮年时期，他用两只脚走路；到了晚年，他是那样年迈无力，以致他不得不借助拐杖作为第三只脚。"斯芬克斯听了答案，就大叫了一声，从悬崖上跳了下去。俄狄浦斯猜中了，斯芬克斯之谜，其实就是人的谜、人的生命之谜。

公元前342年，亚历山大率领一支军队东征到达埃及。他们在雄伟壮丽的金字塔前面，赫然发现了一座巍然耸立的狮身人面像。这些希腊人惊得目瞪口呆，他们立即把这座狮身人面像命名为斯芬克斯。

《俄狄浦斯王》的故事好像在暗示我们世间最大的奥秘就是人，而人类迄今远未完成的认知难题之一也是认识自己。

（资料来源：周晨. 希腊神话故事［M］. 武汉：武汉出版社，2009.）

问题思考

1. 这个故事给了我们什么样的启示？
2. 人为什么需要自我沟通？

任务描述

自我沟通的目的在于取得自我认同，从而更有效率地解决现实问题。自我沟通与其他沟通方式相比有着诸多的差异，具有很强的独特性，表现为多种多样的形式。

一、自我沟通的概念

（一）自我沟通的定义

自我沟通即信息发送者和信息接收者为同一行为主体，自行发出信息，自行传递并自我接收和理解信息。在自我沟通的过程中，通过自身的独立思考、自我反省、自我知觉、自我激励、自我冲突以及自我批评，从而实现自我认同。所以，可以把自我沟通能力理解为是一种内向的沟通能力。

（二）自我沟通的特征

1. 主体和客体的“一致性”

沟通是发生在人与人之间的信息传递过程，自我沟通却是发生在同一行为主体身上的行为。“主我”承担信息编码功能，“宾我”承担信息解码功能。

2. 沟通的目的在于说服自己

在自我沟通的过程中，通过个体自身的独立思考、自我反省、自我知觉、自我鼓励、自我冲突以及自我批评，达到自我认同，实现内心平衡，保持良好的心态。

3. 沟通过程的反馈来自“我”本身

沟通信息的输出、接收、反应和反馈几乎同时进行。通俗地说，自我沟通就是自己与自己对话，实现认识自我、提升自我和超越自我的过程。

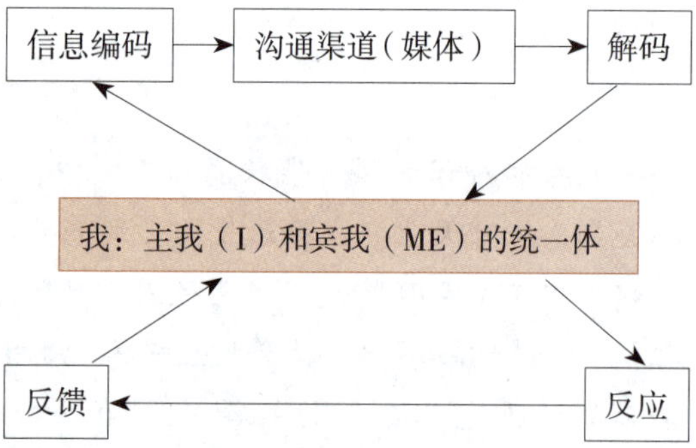

自我沟通的过程与特征图示

4. 沟通媒介通过“我”自身

自我沟通的媒介主要依赖于自身，可以是自言自语、日记、随感或心理暗示。

二、自我沟通的方式

就人的本质而言，自我沟通也是一种个体思维的过程。因此，自我沟通既可以在闲暇之时进行，也可以在工作中进行；既可以躺平在床上进行，也可以端坐在办公室里进行。主要有以下几种方式。

（一）自我认知

自我认知是指正确、客观地认识和评价自我，即综合评估自己的生理状况、心理状况以及与他人和社会的关系状况，在此基础上形成一个客观的自我评价。

SWOT 分析模型

（二）自我分析

自我分析是个体借助自我认知能力，对自己进行全方位的解析与评价。管理学上常用的“SWOT分析法”也可用于自我分析，即针对自身优势（strength）、劣势（weakness）、环境中可能的机会（opportunity）和威胁（threat）进行态势分析。

（1）评估自己的优势和劣势。例如，确认自己擅长做什么，不擅长做什么，然后基于自己的实际情况做出两种选择：一是发挥自己的优势，提高自己的技能去弥补自己的劣势；二是暗示自己放弃某些技能要求很高但自己并不擅长的事务。

（2）找出可能的发展机会和威胁。例如确认自己面临哪些机会和威胁，一旦明确，就努力抓住机会，同时积极回避或努力减少威胁出现的可能。

（三）自我反思

自我反思是个体对自身知识、意识、观念、思想加以检查，进行审视与重构，是对自身过去或当前行为、经验、实践活动的反思。孔子说："见贤思齐，见不贤而内自省也。"通过自我反思，可以清醒且理性地认识自己，帮助自己及时改正过错，时刻保持清醒的头脑和明辨是非的能力。

（四）自我批评

自我批评就是个体对自己的缺点和不足进行自我检讨与纠正。当人们被指出缺点和错误时，出于自尊，时常感到不快，并常常拒绝接受批评和意见，即使这些批评和意见是善意和正确的。如果通过自我反思，事先意识到自己的问题，就可以坦然接受批评，并很快进行自我纠正。

（五）自我暗示

自我暗示，就是我们与自己的潜意识对话，主动地把现实的自己与某些特定的事物和情况联系起来，使我们的身体、心理和行为产生相应的变化。自我暗示具有双重性，既有积极的自我暗示，也有消极的自我暗示。前者有助于激励自我，振奋精神；后者则使人意志消沉，丧失斗志。运用自我暗示进行自我沟通时，应多用积极的自我暗示，帮助自己建立、追求目标并采取相应的行动。

姚明赛前为什么不刮胡子

（六）自我调适

自我调适指的是个体为了不断提高自身的社会适应能力，对自身的认识、情感、行为等进行调整的过程。在管理过程中，尤其是在新组建的工作团队里，成员自身的行为习惯与新的环境之间必然存在差异，从而导致成员的内心承受环境不适的压力。要消除这种压力，就必须进行自我调适。

（七）自我激励

自我激励是指个体主动地通过对自身的了解和认识，应用科学的激励方法，适时地激发和鼓励自己。它强调的是个体的自控，而非他人的诱导和干预。外部激励毕竟是有限的，多数成功者的经历表明，强烈的自我激励是成功的先决条件。

（八）自我超越

自我超越是指个体对自我行为惯性的突破。在社会生活中，由于受世界观、价值观、行为逻辑等因素的影响，个体会形成某种积习，这种积习有时会严重地限制自我与外界沟通的空间。因此，通过建立个人愿景、保持创造力、坚持学习、挑战自我，把自己从束缚中解放出来，不断地发展和进步。

三、自我沟通的作用

“人贵有自知之明”，自我认知是自我沟通的核心。良好的人际沟通是建立在良好的自我沟通基础上的，自我沟通不仅关系到我们自己能否认知自我，而且事关我们能否与他人建立有效的合作关系。

一般来说，通过自我沟通，我们能够：

（1）了解自己的优势和不足。

（2）明确自己与他人的差异所在。

（3）制订并实施自我完善的计划。

（4）量身定制适合自己的人生规划和职业目标。

（5）提升自己对环境的适应力。

（6）改善人际关系。

（7）懂得差异存在的价值。

（8）有效地实施企业管理。

（9）显著提高工作效率。

任务小结

班级：	学号：	姓名：
	学习索引	学生自测
知识点	自我沟通的概念	
	自我沟通的方式	
	自我沟通的作用	

任务思考

1. 你对自我沟通是怎样理解的？
2. 自我沟通的方式有哪些？
3. 根据自身的经历，谈谈自我沟通的作用。

任务二

认清自我沟通的障碍

任务目标

1. **知识目标：**了解自我沟通的障碍。
2. **技能目标：**能够在实际的自我沟通中识别障碍。
3. **素质目标：**拥有面对自我沟通障碍的勇气。

任务导入

自知之明

冰心的《春水》里有一句话：“墙角的花，当你孤芳自赏时，天地便小了。”这说的是一种心态，即过于关注自身，认为自己是最完美的，看不到其他事物的优点。如果跳脱出现在的环境，换个角度看世界，就知道世界很大，自我很渺小，才能学会谦虚，找到真实的自我，也就是自知之明。

有自知之明的人，不会怨天尤人。西楚霸王的悲壮自刎与越王勾践的卧薪尝胆形成极大反差。同是帝王，两种截然不同的抉择迎来的也是不同的人生。失败并不可怕，很多时候，失败与成功之间仅一步之遥；可怕的是，经历失败的当事人缺乏自知之明。没有自知之明的人，在失败之后总是唉声叹气，怨天怨地；有自知之明的人，则会从自己身上找到失败的原因，潜心修炼，换来成功。

有自知之明的人，才会懂得取舍。正是源于同样的追求和执着，鲁迅先生毅然决定了弃医从文、以笔代枪。他知道自己想要什么和能做什么，那就是不甘于只治好肉体的疾病，更渴望治愈国人内心的顽疾。他放弃了，但他也成功了。笔锋犀利的他在黑暗的旧社会，为人们照亮了前行的路。在通往成功的道路上，当一条路走不通时，应该学会换个方向去走。转变方向，或许，曙光已悄然在前方点亮。

有自知之明的人，就会甘于平凡。他入伍时只有初中文化，现在也只是一名普通的上士，他知道自己当不了元帅，但这不等于没有追求，他的目标就是当一个好兵。11年的坚持和努力，他把自己训练成最出色的三栖尖兵。他就是2011年“感动中国十大人物”之一的“兵中之王”何祥美。成功的人生不一定要轰轰烈烈，即使在最平凡的岗位上，甘于平凡，脚踏实地，也能活出绚烂的人生。

（资料来源：百度知道，有删减。）

问题思考

1. 结合故事，说说阻碍自我沟通的障碍有哪些？
2. 结合故事，谈谈如何克服自我沟通中的障碍？

任务描述

良好的自我沟通，可使自己的情绪保持乐观，心态趋于理智，同时能够坚定自己的信念。然而，具备良好的自我沟通能力，并非易事，存在五种障碍。

一、缺乏人生目标

缺乏人生目标，使人意志消沉，不思进取。在遇到挫折时，找不到一个明确的动机，让其引领自己走出困境。寻找走出困境的动机的过程，就是自我沟通的过程。也就是说，当一个人没有人生目标，他便无法在人生的危情时刻对自身完成有效的沟通，也就阻碍了他解决问题的道路，进而导致他加深自我怀疑，造成自我沟通的消极循环。

二、缺乏自我相信

自信是一种基于自我评价的积极态度，也是进行有效的自我沟通必备的心理素质。缺乏自信，会滋生许多烦恼，使自己的预期与差距更大，并致使自己更加没有自信。因此，缺乏自信不仅是自我沟通的忌讳，也是个人职业生涯迈向成功的阻碍。

三、缺乏自知之明

《老子》提到“知人者智也，自知者明也”。一个严于剖析自己的人，往往是有自知之明的，但做到这一点比较难，所以人们又说“人贵有自知之明”。一个人如果缺乏自知之明，就不会对自己有一个客观的评价，尤其对自己的缺点和弱点缺乏清醒的认知，致使个体很难与自己的内心进行理性的自我沟通。

四、缺乏理性思维

自我沟通也是一个自我反省的过程，通常需要理性思维。如果一个人缺乏理性思维，就常常表现为性情急躁。尤其当情感方面的问题沟通不畅时，个人就难以消解苦闷或愤怒的心理状态，更谈不上冷静地自我沟通。因此，要做好自我沟通，就必须具备理性思维。

五、缺乏自我倾听

自我倾听就是个体倾听自己的心声，让自己明白“我”究竟是谁和究竟去哪里。缺乏自我倾听会使我们在遇到逆境时迷失方向。这时候更要让自己保持冷静，扪心自问，仔细倾听内心的声音：自己有多大的能耐？自己是否真的喜欢这份工作？问题究竟出在哪里？通过自我倾听，了解自己的真实感受，寻找解开困惑的方法。

任务小结

班级：	学号：	姓名：
知识点	学习索引	学生自测
	自我沟通的障碍	

任务思考

1. 自我沟通存在哪些障碍？
2. 根据自身经历，谈谈自己有什么样的自我沟通障碍。

任务三

掌握自我沟通的技巧

任务目标

1. **知识目标：**了解提升自我沟通能力的四种技巧。
2. **技能目标：**掌握自我沟通的技巧。
3. **素质目标：**主动用适当的技巧调节与自己的沟通。

任务导入

不抱怨　靠自己

崔万志，安徽省合肥市肥东县人，蝶恋服饰、崔之恋旗袍CEO，浙江大学客座讲师。中国旗袍“十大领军人物”、2011年被评为安徽年度“十大新闻人物”、2015年参加安徽卫视《超级演说家》获亚军。

崔万志出身安徽省合肥市肥东县的一个农户家庭，出生的时候脚先落地，这导致他出生的时候没有呼吸。赤脚医生就抓着他的腿，头朝下使劲地抖，一直抖了十个小时，崔万志才有了第一声啼哭。就这样，这个孩子活了下来，但小儿麻痹症也伴他终身。

上小学的时候，崔万志每天都要经过一条沟。别人很容易就跨过去了，但对他来说，太难了。懂事的他不忍心父母每天背着他上学，他就自己蹲下去，趴在地上，然后爬下去，最后再爬上来。每次过了沟，他都很开心。他觉得，也许是上天在告诉他：人生没有跨不过去的坎。

中考那年，崔万志考上了县里的重点高中。当爸爸带着他交了学费铺了床，准备迎接新生活的时候，校长见到了崔万志。校长看到崔万志的样子，非常惊讶，感叹学校怎么来了个残疾人。他不同意崔万志入学，还指着崔万志说："就算你考上大学，也没有学校会要你！"崔万志的爸爸当时就跪下来央求校长给个机会，一跪就是两个小时，却改变不了校长的决定。崔万志看着为了自己放下尊严的爸爸，想不通为什么命运要这么对待自己。爸爸用双手捧着崔万志的脸说："孩子，你听着，没有为什么，抱怨没有用。书，还要不要读？"崔万志坚定地说："要！"爸爸欣慰地点了点头，拉着他回家，告诉他，咱们不抱怨，一切靠自己。

崔万志不断地给自己打气，几年后，考上了大学。由于上高中这件事情带来的恐惧，他害怕没有大学录取他。于是，他选择了一所位置偏僻的大学。幸运终于眷顾了他，他被录取了。

大学毕业后，崔万志和所有的大学毕业生一样面临着找工作的现实。他投了多少次简历就被拒绝了多少次，甚至被面试官指着鼻子说："你快走开！别挡着后面的人！"走在街上，一阵风吹过，倔强的眼泪再也忍不住了。一个声音在心中响彻："我要养活我自己！"他想起了爸爸说的话："不抱怨，靠自己。"他告诉自己，既然改变不了现实，就不必在乎别人的看法了，把自己做好，一切都会好起来的。

崔万志开始摆地摊、卖旧书，一顿饭当作几顿吃。就这样，他坚持了半年。后来，他还先后开了小书店、音像店、超市、网吧。然而，书店被烧、超市被偷、网吧被拆。好不容易开个网店，却亏了几年的积蓄。可是，他告诉自己不要抱怨，要继续努力。他成立了电子商务公司，欠了四百万元的外债。他还是没有被打倒，把所有的痛苦都埋在心里。他凭着韧劲，最终迎来了柳暗花明，他的旗袍店成为天猫头部品牌。

回看来时路，崔万志觉得，一切都是最好的安排。世界是一面镜子，照射着我们的内心。我们内心是什么样子，这个世界就是什么样子。选择抱怨，我们的内心就会充斥黑暗、绝望和恨；选择感恩，这个世界就会充满阳光、希望和爱。

（资料来源：根据崔万志演讲稿改写。）

问题思考

1. 崔万志是如何开展自我沟通的？
2. 你从崔万志的故事里获得了什么样的启示？
3. 你觉得有哪些有效的自我沟通方式？

任务描述

自我沟通是人际沟通的基础，要实现有效的人际沟通，首先必须做好自我沟通。一般来说，自我沟通能力与个人的成长阅历和自我修炼的程度密切相关，通常可以采取以下策略来提升自我沟通的技巧。

一、增强自我意识

增强自我沟通的意识，就是培养自己养成自我对话的良好习惯。个体经常将自身作为沟通对象，倾听自己的心声，有助于个体清楚自身的个性与处境，逐步找到真正的自我，从而以更好的自己，自信且从容地应对人际沟通的各种状况。

二、全面认识自我

全面认识自我有助于我们给自己准确定位。我们可以通过不断学习和实践，看清自己到底在追求什么，全面认识自己的能力、地位、优点、偏见、态度、价值观和领悟能力，从而找到自己的社会价值，充分发挥自己的最大潜能。如果把人的心灵比作一扇窗，其中的四个区域分别代表个体特征中与沟通有关的部分。

第一扇窗：公开的我。这个区域包括我们和他人都知道的信息，比如同公司同部门的员工对彼此的工作能力与工作表现都非常了解，他们之间就会减少一些相关的沟通障碍。

第二扇窗：背脊的我。这个区域包括那些他人知道而自己却一无所知的信息，是一个隐藏且难以觉察的区域。比如，我们在紧张时下意识表现出来的行为，对方知道，但我们在对方不告知的情况下，不容易获悉。“当局者迷，旁观者清”这句话可适用于此。

第三扇窗：隐秘的我。这个区域包括自己知道但他人完全不知道的信息。比如，考虑到个人前途，或者害怕被针对，我们在职场会显得很含蓄，不会对所有的同事敞开心扉。换言之，有的时候，我们不得不戴着“面具”与人沟通。

第四扇窗：潜在的我。这个区域由自己不知道他人也不知道的信息组成，是一个具有潜力与创造力的区域。通过有效沟通，可以加强自我认知，缩小未知区域的范围，将潜在的意识变成美好的现实。

三、客观评价自己

正确认识和客观评价自己是使自己的心理保持平衡的重要因素，也是决定自己是否与环境相适应的重要前提。使自己的心理处于平衡状态，本质上就是使自己与环境处于适应状态。如果一个人对自己评价过高或过低，都会影响人际关系。因此，我们在生活和工作中应正视自我，既充分了解自己的优势，又正确认识自身的不足。唯有如此，才能保持心理平衡，以健康乐观的心态适应环境。通常，人们可以借助来自各方面的反馈来客观地认识和评价自己。

（一）来自亲友的反馈

亲友会有意无意地对我们的举手投足进行评价，往往认同占主导地位，即他们在指出我们的优点或缺点时，会不自觉地淡化实际情况。

（二）来自好友的反馈

经常往来的好友之间，心理上没有特殊的倾向性，他们对我们的评价也是认同多于否定。他们会直言不讳地指出我们的缺点和不足，且评价大致接近真实情况。

（三）来自同学或同事的反馈

由于这些人与我们相处时间长，学习和工作的联系密切，相互更加了解，但还没有到关系非常亲近的程度。这种了解是一种更趋理性的了解，其评价更能反映客观实际。

（四）来自自身的反馈

这是一条审视自我、了解自我的特殊途径，通过自我肯定、自我评价等内心的沟通活动来实现，客观性因人而异。

综合以上多方面的反馈，方可正确、客观地描绘一个真实的自我，从而为良好的自我沟通和人际沟通奠定基础。

自我排解能力测试

四、顺应客观环境

走入一个新环境，加入一个新团队，需要了解它们的特点，然后做出针对性的自我调整。以调适自己的方式适应新环境和新团队，也是为了调整好自我与他人之间的关系。多以积极的视角去审视新出现的令人不快的人和事，重新认识客观实际，保持自己内心的平衡感。

任务小结

班级：	学号：	姓名：
	学习索引	学生自测
	增强自我意识	
知识点	全面认识自我	
	客观评价自己	
	顺应客观环境	

任务思考

1. 认识自我的方法有哪些？
2. 谈谈你对“人不能改变环境，只能适应环境”的理解。
3. 根据自身经历，谈谈自我评价对个人成长与职业生涯的作用。

我让自己更好了　想把我们说给你听

项目训练

寻找最好的自己

学生们起立、闭眼、抬头、挺胸。教师先引导大家在眼前浮现一团最喜欢的色彩，那是每个人的光。当大家的心都安定了，教师开始带领大家走进自己的内心深处，在眼前清晰地浮现几个人，让他们的面容、衣服、鞋子颜色等非常清晰地浮现，在心里分别与他们对话，寻找被日常琐事遮蔽的初心。

1. 与童年最好的自己

音乐：《童年》（纯音乐）

引导：问问童年的自己，行走了这么多年，还记得最初的梦想吗？

2. 与帮助过自己的陌生人

音乐：无须音乐

引导：也许我们和他们萍水相逢，再不会相见，但他们曾经无私地帮助过我们，我们可能没来得及说一声感谢，在心里，说出来，同时，和他说说，现在的你，还保留着最初的善良吗？

3. 自己很讨厌却拿他/她没有办法的人

音乐：《无间道》（纯音乐）

引导：总有一些人让我们难受，却是我们挥之不去的梦魇，我们在现实中甚至不敢和他们反抗。现在，在你自己的世界里，有什么想说的，尽情地嘶吼，可以用肢体辅助，大声地问问他：你把我最初的勇气扔到哪里去了？

4. 带给自己温暖的家人

音乐：《烛光里的妈妈》（纯音乐）

引导：我们总认为家人会包容我们，不会随便离我们而去，但时间会带走他们。我们会因为误会和他们闹别扭，也会不好意思表达对家人的爱，为了我们实现自己的幸福，他们甚至会牺牲自己的幸福，但那是他们的初心啊。此刻，勇敢地在心里喊出在现实里难以启齿的声音，也问问自己：我最初的温柔还在吗？

5. 想要成为的自己

音乐：《追光者》（纯音乐）

引导：在训练最开始，我们在眼前也浮现了一道属于自己的光。现在，伴着这首音乐，和未来的自己说说话，问问TA：你是我最初的梦想吗？

以上5个步骤，到了2、3、4，会逐渐有学生流泪，这就是起到作用了，释放了被遮蔽的心，完成了对自我的梳理。这一环节的最后，深呼吸，让眼前的光再次浮现，慢慢睁开眼睛。

教师引导大家体会到，最初的梦想、最初的善良、最初的勇气、最初的温柔，合在一起，就是最好的自己，这样的自己里，有那些陪伴我们的人们的影子，这正是我们要守护的幸福。

（资料来源：安徽职业技术学院主题班会一等奖作品。）

项目练习

一、单项选择题

1. 自我沟通的目的在于（　　）。

A. 表达自我情感　　B. 理解对方情感

C. 认清目标，全面知己　　D. 推敲意图，准确知彼

2. 以下关于自我沟通的特征，表述正确的是（　　）。

A. 主体和客体的“差异性”　　B. 目的在于说服对方

C. 沟通过程的反馈来自“我”本身　　D. 沟通媒介书面化

3. 自我沟通的作用不包括（　　）。

A. 改善人际关系　　B. 不利于倾听他人的意见

C. 提高工作效率　　D. 提升对环境的适应力

4. 在与自我沟通时，需要依靠的途径不包括（　　）。

A. 客观的自我评价　　B. 准确的自我分析

C. 弱化的自我激励　　D. 积极的自我暗示

5. 进行自我沟通时，不恰当的做法是（　　）。

A. 适时地自我调适　　B. 消极地自我暗示

C. 坦然地自我批评　　D. 持续地自我超越

二、多项选择题

1. 自我沟通的作用体现在（　　）。

A. 了解自己的优势和不足　　B. 明确自己与他人的差异所在

C. 提升自己的工作实践能力　　D. 制订并实施自我完善的计划

2. 自我沟通的方式主要有（　　）。

A. 自我认知　　B. 自我批评　　C. 自我暗示　　D. 自我调整

3. 自我沟通与管理沟通的联系主要体现在（　　）。

A. 自我沟通能力是其进行管理沟通的先决条件

B. 自我沟通能力是其进行管理沟通的必要基础

C. 管理者自我沟通的好坏，在某种程度上决定着管理沟通的效果

D. 管理者的自我沟通与管理沟通存在着相互影响、相互制约的关系

4. 下列哪些是自我沟通的障碍？（　　）

A. 缺乏自知之明　　B. 缺乏人生目标

C. 缺乏横向沟通　　D. 缺乏自我倾听

E. 缺乏理性思维

5. 下列哪些方面有助于提升自我沟通能力？（　　）

A. 增强自我沟通意识　　B. 全面认识自我

C. 客观评价自己　　D. 顺应客观环境

三、判断题

1. 从人的本质而言，自我沟通也是一种个体思维的过程。（　　）

2. 即使一个人没有人生目标，他也能在人生的危情时刻对自身完成有效的沟通。（　　）

3. 自我沟通也是一个自我反省的过程，通常需要理性思维。（　　）

4. 自我沟通能力与个人的成长阅历和自我修炼的程度密切相关。（　　）

5. 走入一个新环境，加入一个新团队，只需要了解它们的特点，无须做出针对性的自我调整。（　　）

项目三

传你沟通秘籍　走出人际困局
——人际沟通

项目导学

◎ 了解人际沟通
◎ 认清人际沟通的障碍
◎ 掌握人际沟通的技巧

学习导航

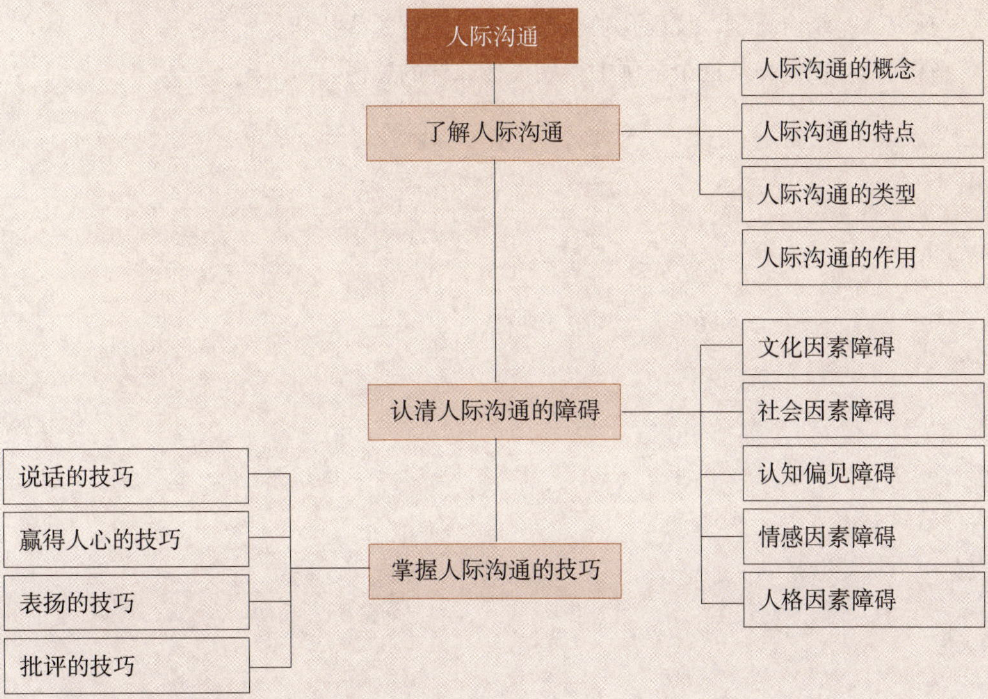

学前思考

眼见不一定为实

孔子和众弟子周游列国，曾行至某小国，当时遍地饥荒，有银子也买不到任何食物。没过多日，又到了邻国，众人饿得头昏眼花，见有市集可以买到食物，弟子颜回让众人休息，自告奋勇地忍饥做饭。当大锅饭将熟之际，饭香飘出，这时饿了多日的孔子，虽贵为圣人，也受不了饭香的诱惑，缓步走向厨房，想先弄碗饭来充饥。不料，孔子走到厨房门口时，只见颜回掀起锅的盖子，看了一会，便伸手抓起一团饭，匆匆塞入口中。孔子见到此景，又惊又怒，一向最疼爱的弟子，竟做出这等行径。读圣贤书，所学何事？学到的是偷吃饭？孔子懊恼地回到大堂，沉着脸生闷气。没多久，颜回双手捧着一碗香腾腾的白饭来孝敬恩师。孔子气犹未消，说道："天地容你我存活其间，这饭不应先敬我，而要先拜谢天地才是。"颜回说："不，这些饭无法敬天地，我已经吃过了。"这下孔子可逮到了机会，板着脸道："你为何未敬天地及恩师，便自行偷吃饭？"颜回笑了笑，说："是这样子的，我刚才掀开锅盖，想看饭煮熟了没有，正巧顶上大梁有老鼠窜过，落下一片不知是尘土还是老鼠屎的东西，我怕坏了整锅饭，赶忙一把抓起，又舍不得那团饭粒，就顺手塞进嘴里了。"

孔子恍然大悟，原来不只是心里想的未必正确，有时竟连亲眼所见之事，都有可能造成误解。于是，他欣然接过颜回手中的碗。

（资料来源：百度文库。）

思考探究

探究一：结合案例，谈谈什么是人际沟通。

探究二：结合案例，说说人际沟通存在哪些障碍。

探究三：结合案例，说说孔子与颜回的沟通有哪些技巧。

探究四：谈谈你从这个案例中得到了什么样的感悟。

任务一

了解人际沟通

任务目标

1. **知识目标**：了解人际沟通的概念、特点和作用。
2. **技能目标**：掌握区分人际沟通类型的能力。
3. **素质目标**：提升建立良好人际关系的意识。

认识人际沟通

任务导入

坦诚拉近人与人之间的距离

小何担任业务部经理，他为人很直率，即使是陌生人也能感觉到他的热情与坦诚。一次，公司遇到了一个非常难缠的客户，因为比较重要，公司方面不愿意放弃。小何就自荐要去试试。客户是一个非常严谨的人，做事一丝不苟。小何亲自去拜访客户。他来到客户的办公室时碰巧听到客户正在打私人电话，客户见到小何就匆匆结束了谈话，但是小何还是从只言片语中听到该客户的孩子又在学校打架了，刚才估计是学校教导主任的来电，要请他到学校看看他儿子做的"好事"。

此刻这个客户的心情肯定不好，不过这个客户还是很礼貌地招呼小何坐下，小何犹豫了一下就坐下来。小何说道："真是抱歉，刚刚恰好听到您的谈话，虽说我还没有孩子，但是我小时候可是相当调皮。""嗯？"客户很惊讶，小何居然谈论起这个话题，不过客户倒也露出一副很感兴趣的样子。小何接着说："我的父亲比我到学校的次数还多，简直是学校的常客，我不是和同学们打架，就是毁坏了学校的凳子，拿了同学的东西，大大小小的事不断，我父亲都担心我长大后变成一个流氓。呵呵，可是长大后一切渐渐地就变了，现在我们班的同学就数我最有出息呢！"客户听后舒心地一笑："现在可的确看不到你小时候的影子了，哎，做父母的就是这样。听了你这番话我倒觉得没有那么压抑了。好了，现在谈谈我们的合作吧！"当日小何就和那位客户签订了协议。

（资料来源：百度文库。）

》问题思考

1. 根据案例，谈谈你对人际沟通的理解。
2. 结合案例，说说人际沟通有哪些特点、类型和作用。
3. 这一案例对我们有哪些启示？

任务描述

从出生开始，婴儿就要学习与父母沟通，以认识世界；幼儿与伙伴沟通，以游戏和玩耍；学生必须与教师沟通，以获得知识；下级必须与上级沟通，以完成指令；领导必须与下属沟通，以完成管理；商家必须与客户沟通，以改善经营。人际沟通对我们每个人来说都是非常重要的课题。美国普林斯顿大学曾进行过一项调查，通过分析一万份人事档案，发现成功的75%取决于良好的人际沟通，而“专业技术”“智慧”和“经验”却只占25%。没有沟通的生活是难以想象的，学会人际沟通，能够掌握说话和倾听的技巧、改善沟通问题和增强灵活性、提升从他人处获取信息和向他人提供信息的能力等。

一、人际沟通的概念

心理学家认为，一个人除了睡眠外，其余80%的时间要花在人际间的各种交往和沟通上。一个事业和生活方面的成功者，往往也是善于沟通、勤于交流的人。那么，什么是人际沟通呢？人际沟通是指个体之间信息、思想及情感互相传递的过程。它是沟通的主要方式之一，通过语言、表情、动作、体态等表达信息。良好的人际沟通能力可以赢得和谐的人际关系，沟通不畅会使人际关系变得更坏。

二、人际沟通的特点

（一）目的性

在人际沟通中，沟通双方都有各自的动机、目的和立场，都设想和判定自己发出的信息会得到什么样的回答，而双方的动机、目的和立场可能相同，也可能不相同。

（二）象征性

沟通可能是语言性的，也可能是非语言性的，例如，文字和面部表情都能够传达特定的含义，均有象征作用。

（三）关系性

在任何的人际沟通中，人们不只是分享内容意义，也显示彼此间的关系。

（四）互动性

有效的双向互动沟通，必须包含三个行为，即说的行为、听的行为、问的行为。

三、人际沟通的类型

（一）口头沟通和书面沟通

根据信息载体和传送渠道，人际沟通可分为口头沟通和书面沟通。

口头沟通是借助口头语言进行的信息交流，如会谈、演讲、电话联系等。口头表情、语调、姿势等可以辅助口头沟通，提升口头沟通的效果。

书面沟通指以布告、通知、书信等为载体，运用文字、图像进行的信息交流。应用电子邮件、社交媒体等网络载体传递文字和图像信息的沟通，也可被视为新式的书面沟通。很多人际交往都是通过书面沟通进行的。它的优点是便于检查、存档和查证，不易在传达中被歪曲，有一定的规范性。这类沟通的局限在于对文字能力要求较高，耗费时间，反馈较慢，不够灵活。

（二）单向沟通和双向沟通

根据发送者与接收者之间是否反馈，可将沟通分为单向沟通和双向沟通。

单向沟通是一方向另一方发出信息，另一方只接收，双方无论在语言上还是在情感上都不存在信息反馈，报告、指示、命令、演讲等都属于单向沟通。

双向沟通是发送者以协商、讨论或征求意见的方式面对接收者，信息发出后，立刻得到反馈。必要时，双方还需要多次沟通。招聘会、座谈会、家人之间通电话等都属于双向沟通。

这两种人际沟通的类型，哪一种效率更高呢?

从沟通时间看，单向沟通比双向沟通耗费的时间更少；从沟通过程看，单向沟通简单、规矩，双向沟通“噪声”则大得多，易受干扰；从沟通效果看，相对于单向沟通，双向沟通产生更多信息，接收者也更容易理解发送者的意图，促进双方了解，有助于建立良好的人际关系。

所以，无论单向沟通还是双向沟通，都各有优缺点，采用哪种沟通类型，要根据实际情况决定。如果双方需要快速传达信息，无须反馈，可以采取单向沟通；如果需要准确地传达信息，适宜采取双向沟通。

四、人际沟通的作用

人际沟通能力测试

人际沟通传递的信息种类非常丰富，包括思想、知识、经验、情感等多方面内容，它对于调整人的行为和改善人际关系具有重要的作用。具体来说，人际沟通的作用主要表现为下述几个方面。

（一）丰富知识经验

任何一个人，要适应社会环境的变化，具备生存能力，就必须掌握一定的知识和经验。在人际沟通过程中，个体可从对方那里吸取对自己学习、工作和生活有意义和价值的知识与经验，以别人的长处弥补自己的短处，借鉴别人的优势改变自己的劣势，学习他人的成功经验，吸取他人的失败教训，更好地提高自身对环境的适应能力。这既是社会现实提出的客观要求，也是个人谋求生存发展的必然选择。

（二）协调人际关系

在社会实践中，人们为了各方面事务有秩序地进行，避免矛盾和冲突，形成了调整人与人之间社会关系的行为规范和准则。这些规范和准则要想发挥作用，必须通过人际沟通，把信息传递给每个成员，促使人们的行为符合规范和准则。个体只有通过人际沟通，掌握人类社会的行为规范和道德准则，才能完成由自然人向社会人的转变，从而实现人的社会化。在这个过程中，人与人之间实现情感的联结。良好的人际沟通促使积极的情感体验加深，消极的情感体验减弱，让人际关系不断地得到改善。

（三）有助认识自我

个人对自己的认识总是以他人为镜，即通过与别人的比较，把自己的形象反射出来，从而加以认识。人们从他人对自己的反应、态度和评价中，发现自己的长处和短处，找到自己恰当的社会位置。离开人际沟通，人就永远无法客观地认识他人，也无法真正地了解自己。因此，有必要多方位、多层次地开展人际沟通，通过与他人的密切接触，获取更多可靠信息，找到关于"我是谁"的答案。

（四）有益心理健康

沟通与交往是人类基本的社会需要之一，同时也是人们同外界保持联系的重要途径。根据马斯洛的需求层次理论，每个人都有归属和社交的需要，通过彼此间的相互沟通和交往，诉说个人的喜怒哀乐，增进成员之间思想和情感的交流，促使情绪的释放。所以有人说，当我们快乐时，把我们的快乐告诉自己的朋友，会使快乐加倍；当我们痛苦时，把我们的痛苦告诉自己的朋友，会使我们的痛苦减半。事实表明，"交往的剥夺"同"感觉的剥夺"一样，对人的心理损害是极其严重的。例如，被长期关押在单人牢房的囚犯，由于交往被剥夺而导致精神失常的事例并不鲜见。

（五）打造高效团队

人类得以生存发展的一个主要条件是人与人之间能够通过沟通建立各种关系，然后分工协作，相互依从，协调一致，从而达到目的。同样，我们在为某一事业奋斗的过程中，也需要努力与他人沟通合作，把每个人的知识和经验融合在一起，打造一支高效的工作团队。

（六）实现管理功能

人际技能是管理者必备的基本技能。所谓人际技能，就是在组织中与人共事、理解别人、激励别人的能力，这一切必须以人际沟通为基础。离开了人际沟通，管理功能的发挥和管理目标的实现是不可能的。因此，在日常管理活动中，每一个管理者都避免不了与别人打交道。例如，在新产品研发中，通过沟通，我们可以集思广益，拓展思路；在绩效管理中，通过沟通，上下级之间可以制订出恰当的绩效计划，并对员工的绩效做出公正的评价，据此发现组织和个人存在的问题，以采取措施，改进绩效；在服务管理中，通过沟通，了解客户诉求，企业可以校准服务标准，完善服务规范，达到服务消费者的目的。

任务小结

班级：	学号：	姓名：
	学习索引	学生自测
知识点	人际沟通的概念	
	人际沟通的特点	
	人际沟通的类型	
	人际沟通的作用	

任务思考

1. 什么是人际沟通？
2. 人际沟通的类型有哪些？
3. 人际沟通的作用是什么？

任务二
认清人际沟通的障碍

任务目标

1. **知识目标：** 认识人际沟通的障碍表现。
2. **技能目标：** 能够在人际交往中辨识出阻碍人际沟通的因素。
3. **素质目标：** 意识到人际沟通对改善人际关系的重要性。

任务导入

扁鹊见蔡桓公

春秋战国时期，有一位著名的医生叫扁鹊。有一天，名医扁鹊去拜见蔡桓公。扁鹊在蔡桓公身边站了一会儿，说："大王，据我看来，您皮肤上有点小病。要是不治，恐怕会向体内发展。"蔡桓公说："我的身体很好，什么病也没有。"扁鹊走后，蔡桓公对左右的人说："这些做医生的，总喜欢给没有病的人治病。医治没有病的人，才容易显示自己的高明！"

过了十几天，扁鹊又来拜见蔡桓公，他仔细看看蔡桓公的脸色说道："您的病已经发展到皮肉之间了，要是不治还会加重的。"蔡桓公听了很不高兴，没有理睬他。扁鹊又退了出去。又过了十几天后，扁鹊再一次来拜见，对蔡桓公说："您的病已经发展到肠胃里，再不治会更加严重。"蔡桓公听了非常不高兴。扁鹊连忙退了出来。

又过了十几天，蔡桓公出宫巡视，扁鹊远远地望见桓公，只看了几眼，就掉头跑了。蔡桓公觉得奇怪，派人去问他："扁鹊，你这次见了大王，为什么一声不响，就悄悄地跑掉了？"扁鹊解释道："皮肤病用热水敷烫就能够治好；发展到皮肉之间，用扎针的方法可以治好；即使发展到肠胃里，服几剂汤药也还能治好；一旦深入骨髓，只能等死，医生再也无能为力了。现在大王的病已经深入骨髓，所以我不再请求给他医治！"蔡桓公听后仍然不相信。

五六天之后，蔡桓公浑身疼痛，连忙派人去请扁鹊给他治病。扁鹊早已料到蔡桓公要来请他，几天前就跑到秦国去了。不久，蔡桓公就病死了。

（资料来源：百度文库）

问题思考

1. 结合案例，谈谈什么是人际沟通障碍。
2. 结合案例，说说人际沟通的障碍有哪些表现。
3. 结合案例，说说影响人际沟通的障碍因素有哪些。
4. 这个案例对我们有哪些启示？

任务描述

一、文化因素障碍

（一）语言障碍

人际沟通中的语言障碍主要有以下两种表现形式：一是语言差异障碍。这种障碍源于不同语系、语族的差异。一方面，全球化趋势创造了新的沟通方式；另一方面，不同国家、不同民族、不同地域的语言差异常常会产生沟通问题，这时翻译工作就显得尤为重要。二是语言表达障碍。这种障碍往往是因为语言表达能力不足导致的。现实生活中，经常由于沟通者语言表达能力不足，词不达意，造成误解，甚至产生矛盾和冲突。

（二）文化程度障碍

与一般意义上的沟通不同，人际沟通往往由于沟通双方的受教育水平差距过大，在编码和译码时会受到干扰，导致信息接收者对信息的内涵不理解，甚至曲解，从而产生沟通障碍。

（三）文化传统障碍

文化传统会影响一群人的思维方式，沟通双方在生活观念、风俗习惯和行为方式上的差异会导致沟通障碍。我们应该认识到，这种差异既存在于国家之间，也存在于同一国家的不同区域之间。

（四）态度障碍

态度是指个体在自身价值观基础上对事物的看法和采取的行为倾向。良好的态度会指引个体以正确的认知和健康的情感支配行为。沟通双方如果态度不端正，就很难收到预期的沟通效果。

二、社会因素障碍

（一）社会地位差异障碍

社会地位是个体在社会系统中所处的位置。当身居高位的领导重视自己的权力、声望、地位，远离群众，那么，上下沟通的渠道便会被阻塞。因此，想要克服社会地位带来的障碍，需要充分发扬民主精神，广泛联系群众，与群众对话，听取群众的建议和意见，解决群众关心的问题。

（二）社会角色差异障碍

企业的不同岗位具有不同的功能，执行该功能的人也就担任了不同的身份和角色。如果某种角色干涉了其他角色的业务范围，或者发表了不属于其担任角色应该表达的言论，沟通障碍就会生成。

与经理的沟通

（三）年龄差异障碍

由于生活年代的不完全重合和人生阅历的数量差异，不同年龄的人在世界观、人生观、价值观和行为习惯上经常存在分歧，也就是所谓的“代沟”。代沟会成为不同年龄的人群开展人际沟通的障碍。例如，就家庭里的人际沟通而言，年轻人去大城市闯荡还是就近从事稳定的工作，婚后何时生育孩子，能否在家里养小动物，老人住养老院还是在家被赡养，这些问题都会因为代沟的存在而演变为复杂的家庭冲突。

（四）性别差异障碍

由于性别差异，男性和女性拥有不同的思维习惯和表达方式。例如，当男性听到女性表达愤怒情绪的时候，他们希望的是女性不要小题大做，能够安心协商。女性则将表达愤怒看作是寻求认同和支持的方式之一，她们需要的是陪伴与安慰，并不想在这样的时候听见男人喋喋不休的所谓道理。

三、认知偏见障碍

认知偏见是人们在认知他人时，因带有浓厚的主观色彩使得认知结果出现失真、扭曲的现象。换句话说，人类在判断问题时，总在一定的心理作用驱动下加工整理外部输入的信息，在脑海里形成某种印象，然后把这个印象附加在对象身上，认为这个人的形象本就如此。常见的晕轮效应、刻板印象和首因效应等都是在人际沟通过程中极易产生的认知偏差。

（一）晕轮效应

晕轮效应，是把人的某一方面的特征，泛化到其他一系列相关特征，也就是仅依据局部信息就生成一个完整的印象，从而造成人际沟通障碍。这是一种夸张的认知现象，就如日月的光辉，在云雾的作用下从一个中心点逐渐向外扩散成越来越大的光圈，产生光环的视觉效果。在日常生活和工作中，“晕轮效应”正悄无声息却强有力地影响着我们对别人的认知和评价。看到一个人一个方面的好，人们对这个人的其他品质也会给予较好的评价，他就会被“好”的光圈环绕，可称之为“爱屋及乌”；反之，人们对这个人的其他品质会给予较差的评价，可称之为“以貌取人”。也就是说，晕轮效应最大的弊端就在于以偏概全，让人们不能够冷静和全面地认知沟通对象，良好的人际沟通也就无从谈起了。

（二）刻板印象

刻板印象是忽视个体差异，对他人及其相似群体形成的概括且笼统的看法。刻板印象一旦形成，就像戴着有色眼镜看人。比如，男主外女主内，四川人都爱吃辣，中国台湾省的女生说话都很“嗲”，年纪轻轻就走上领导岗位的人一定有背景。这些刻板印象不仅容易误导自己的判断，更会影响我们与相关人群的沟通和相处。

（三）首因效应

首因效应是个人与他人第一次接触的时候，对他人做出的第一个判断，且该判断会在一定时期内占据对这个人认知的主导位置，俗称“第一印象”。第一印象主要来自性别、年龄、衣着、打扮、行为、表情等，因此，我们在这些方面呈现的状态会在对方的认知里代表着我们的内在素养和其他特征。“新官上任三把火”，就反映了管理者想带给员工良好第一印象的愿望。但是，“路遥知马力，日久见人心”。仅仅通过第一印象就下结论，往往是不准确的。例如，我们作为初入职场的员工，没有很好地完成第一项工作任务，给领导和同事留下了我们工作能力很弱的第一印象。之后有新的任务需要安排人员，领导也许会忽略我们。这就会阻碍我们与同事和领导的沟通，进而影响职场人际关系。我们会觉得委屈，因为我们自己最清楚，没有做好工作的原因未必在于工作能力，而是有诸如不适应新的工作环境、没有老员工提醒、其他事情干扰等外在因素。实际上，这样的首因效应完全可以通过努力工作加以改善。

（四）自我投射

自我投射是内在心理的外在化，把自己的情感、意志、特征投射到他人身上，认为他人的感受也和自己的一样。例如，父母觉得奶茶不健康，看见孩子喝奶茶便会唠叨几句，当孩子不同意和不耐烦的时候，父母认为自己是为孩子好，孩子应该对自己的关心和担忧感同身受才对。在人际沟通过程中，应辩证地对待他人与自己的不同点，从他人的实际特点和具体情况出发，认知和理解他人，克服沟通障碍。

四、情感因素障碍

情感是人对外界的态度，是人的需要是否得到满足的反映，可通过表情和动作表现出来。情感可分为两种：一种是积极的，如满意、喜爱、快乐、自豪等；一种是消极的，如愤怒、恐惧、厌恶、嫉妒等。人的认知特别容易受到情感的影响。积极的情感赋予人勇气，推动人们与外界开展健康的沟通。消极的情感让人丧失对外界的兴趣，无法合理地与他人交流，甚至引发错误的行为。情感导致的沟通障碍主要体现在以下几个方面。

（一）愤怒导致的沟通障碍

根据程度不同，愤怒可以表现为不满、生气、激愤和暴怒。在愤怒爆发前，身体会发出一系列的信号，甚至表现为侵犯性的言语或行为。愤怒的情绪状态会中断沟通进程，损伤人际关系，扭曲判断能力，阻碍行动计划，是职场的大忌。

（二）恐惧导致的沟通障碍

根据程度不同，恐惧可分为不安、担心、惧怕等。现代人的恐惧不仅是身体方面的，如受伤或死亡，还有心理和社会方面的，如担心考试不及格，焦虑找不到好工作，害怕业绩不达标，生怕与领导近距离接触，排斥毕业多年后的同学聚会等。这些恐惧情绪让人放大困难，更不愿意与他人沟通，进而让恐惧随着沟通障碍的加倍而加剧。

（三）嫉妒造成的沟通障碍

嫉妒是在意识到自己对某人、某事、某物的占有受到现实的或潜在的威胁时产生的情感。它可能会朝着两个相反的方向转化。有的人能严格控制嫉妒，适应它、消化它，直至淡化它，甚至可以把它往积极的方向推动，产生积极的竞争行为；有的人则不能控制好这种情感，使其向消极的一面转化，产生痛苦、忧伤的情绪，甚至发表和采取攻击性的言论和行为，导致人际冲突和沟通障碍。

五、人格因素障碍

人格，也称之为个性，指人经常地、稳定地表现出来的心理特点，包括性格和气质等。人格的差异会使人际沟通产生误解、矛盾甚至冲突。

（一）性格差异造成的障碍

性格表现为一个人在后天社会实践活动中形成的对现实的态度及与之相应的行为方式，具有相对稳定的特点。性格影响着人们对人和事的态度，并表现在一言一行中。著名心理学家荣格把性格分为外向型和内向型。两个外向型性格的人相处，会相互抱怨对方做事急躁，暴躁的性格，没有耐心，难以共事。两个内向型性格的人相处，则会认为对方高冷、孤傲、优柔寡断、迟缓等。只有了解彼此的性格，相互理解、沟通，才能减少人际沟通中的障碍。

一次不欢而散的谈话

1. 自卑造成的沟通障碍

在人际交往中，由于与他人比较，存在差距，进而产生了心理落差，主要表现为缺乏自信，自我否定，遇事退缩，难以主动与人沟通。一方面，自卑能够促进个体对自身的认识，加强对缺点的弥补，对自身成长有一定的意义。另一方面，害怕表达自己的意见，即使知道自己是正确的，往往也缺乏表达的勇气与信心。

2. 自负造成的沟通障碍

自负本质上是无知的表现，在人际交往中常常不能正确地评价自我，看不起身边的人，降低了自己分析和判断问题的能力。当与熟悉的人沟通交流时，经常高估彼此之间的亲密程度，使对方出于心理防卫而采取疏远态度。

3. 孤僻造成的沟通障碍

孤僻的人习惯独处，即便与他人相处，也缺少热情与活力。孤僻还会对他人产生戒备的心理，甚至让孤僻者厌烦人际交往，直接关闭了人际沟通的门。

（二）气质不同造成的障碍

气质是人典型的、稳定的心理特点，不同的人的情绪、情感、言语、速度、力量、持久性和灵活性等方面都有差异，使人的全部心理活动都染上了个性化的色彩。气质一般可分为四种不同的类型：

胆汁质，表现为好动、热情、直率、急躁、易激动、精力旺盛、缺乏耐性、心境变换剧烈等。

多血质，表现为活泼、好动、敏感、反应迅速、善交际、适应力强、热情、乐观、敏捷。

黏液质，表现为安静、沉着、稳重、有耐心，但固执、反应缓慢、沉默寡言。

抑郁质，表现为敏感、多疑、体验深刻、多愁善感、孤僻、善于观察、行动缓慢。

从人际交往中我们常常可以看到，不同的人在一起会因气质的不同而摩擦出不同的火花。胆汁质的人情绪易激动，会因为一点小事而突然间情绪不可遏制，暴躁而有力，使抑郁质的人感到委屈和不满，而冲突过后，前者会很快把事情忘却，后者却始终耿耿于怀。黏液质的人做事稳重而沉着，严格遵守工作规章制度和生活秩序，有耐心，但做事比较缓慢，难以同时处理几件事情，无法迅速从一个问题转入另一个问题，这会导致多血质的人很不耐烦，容易产生冲突。需要指出的是，气质主要是在人的生理素质的基础上发展而来的，虽然后天的条件可能在某种程度上对气质有一定的影响，但由于气质的稳定性特征，很难彻底改变。在与不同气质的人沟通时，要认识到每种气质都有有利的一面，也各有其不利的一面，在处理人际沟通的问题时，宽以待人，防止发生不必要的冲突。

任务小结

班级：	学号：	姓名：
知识点	学习索引	学生自测
	文化因素障碍	
	社会因素障碍	
	认知偏见障碍	
	情感因素障碍	
	人格因素障碍	

任务思考

1. 人际沟通有哪些障碍？
2. 形成人际沟通障碍的原因有哪些？
3. 说说你遇到的人际沟通障碍，你又是如何克服的。

任务三

掌握人际沟通的技巧

任务目标

1. **知识目标：**掌握人际沟通的技巧。
2. **技能目标：**能够依据具体情境使用适当的人际沟通技巧。
3. **素质目标：**养成正确的处世观念，构建和谐的人际关系。

人际沟通实训

任务导入

一次成功的推销

李森是一家电机公司的推销员，有一次，他去拜访了一家他们刚刚发展不久的新用户，打算再推销一批新电机。刚走进这家公司，他就遭到了该公司总工程师的厉声质问："你还指望我们再买你们的电机吗？！"李森对总工程师这样的情绪感到惊讶。经过了解，他得知了总工程师气愤的原因。原来，该公司认为刚从李森手里购买的电机发热已超过正常标准。李森明白，他们公司的电机性能良好，至于发热超常问题，肯定不是电机本身的原因，而很可能是操作条件所致。尽管责任在用户，但李森并未针锋相对。为了双方更好地合作，他以温和的态度说明情况、分析原因，坚持以理服人，消除对方的敌意。

他先是善解人意地对总工程师说："好吧，老总，我的意见和你的相同，假如那些电机发热过高，别说再增加订购量了，就是已购来的也该退货，您说是吧？"

总工程师点了点头。李森接着说："自然，电机是会发热的，但是，它的热度绝不可以高于国家标准，是吗？"总工程师再次表示赞同。

李森见时机已到，便开始转入正题。他说："按国家标准，电机的温度可以比室内温度高，对吗？""的确如此。"总工程师回答道，"但你们产品的温度却超过了标准很多，让人根本没法摸，这就是事实。"李森并未反驳总工程师的话，他又问总工程师："你们车间的温度是多少？"总工程师指着远处的温度仪，回答："平均就是这个温度。"

李森感到循循善诱的效果已经达到了，他立即接过总工程师的话，说道："好极了，车间温度很高，加上应高出的标准温度，温度就更高了。如果有人把手放入这样的热水里，肯定会引起烫伤的吧？"总工程师虽说是有些不情愿，但还是点头称是了。

为进一步缓和气氛，李森又幽默地说："以后可要记住不要用手去触摸电机啦！也请您放心，电机温度很高，但这完全是正常的。"

这番话激起了对方爽朗的笑声，在和谐友好的气氛中，双方又达成了一笔新交易。

（资料来源：个人图书馆。）

问题思考

1. 根据案例，谈谈你对人际沟通技巧的理解。
2. 李森在与总工程师的沟通中采取了什么策略和技巧？
3. 如果你遇到这种情况，你会运用哪些更为有效的方法和技巧？

任务描述

一、说话的技巧

说话是一门艺术，每个人都会说话，但是说话的效果却千差万别。会说话的人，其话语让人感觉如沐春风；不会说话的人，其言谈让人听了退避三舍，所以我们要学习说话的艺术，掌握一些说话的技巧。

（一）主动问候

在人际交往中，无论是相熟多年的朋友，还是生意场上的合作伙伴，甚至是不太熟悉的两个人，主动问候能够瞬间拉近双方的距离，营造良好的沟通氛围。通常来说，晚辈应主动问候长辈，下属应主动问候上级，男士应主动问候女士。问候时需面带微笑，态度友好，目光时刻注视对方，语气温和有礼，不可高傲、冷漠、急躁。

（二）使用礼貌用语和谦辞

说话可以体现一个人的高雅或粗俗。想要获得良好的人际关系，就应该说话得体，运用礼貌用语和谦辞，使人际关系如沐春风。常用礼貌用语有您好、谢谢、不好意思、别客气、请、再见等，常用谦辞有家父、家母、见教、见谅等。注意语气要温和、音量要适当，就会展现自己的教养和风度。

（三）察言观色

由于性格、阅历、价值观等的不同，不同的人爱听不同的话，这就需要我们察言观色，观察对方的表情和体态。如果对方全神贯注，面带笑容，还时不时点头，这就表示他对交谈内容感兴趣；如果对方神情凝重，心不在焉，若有所思，就要注意对方对交谈内容是否感兴趣。在人际沟通的过程中，要尽可能地用眼睛捕捉能看到的信息。例如，从一个人的衣着打扮，可以把握其气质和习惯；从一个人住所的布局和设计，可以了解其家庭条件和生活情趣；从一个人日常的娱乐活动，可以知道其兴趣和爱好。获得以上内容，我们就懂得如何看人说话，打开共同话题。

（四）不冷落任何人

在人际交往中，如果我们只跟和自己谈得来的人说话，忽略、冷落其他人，可能在无形中得罪他们，不利于未来沟通的开展。对和我们聊天的人，要立刻给予回应和反馈，让每个人都感受到被尊重和被重视。

（五）善用无声语言

我们在说话的时候，如果只是运用嘴巴，会带给对方特别呆滞的观感，不利于沟通信息的有效传递。配合着说话的内容，做一些匹配的眼神、表情、手势，有助于对方更好地理解我们要表达的内容，也可以让整个沟通过程更显生动。眼神、表情、手势，就是经常用到的无声语言。除此之外，穿着、站姿、说话时刻意或不经意的小动作，都会向对方传递我们在说话时候的情绪。用好无声语言，能辅助有声语言的表达，甚至达到“此时无声胜有声”的效果。

（六）不轻易打断对方

打断别人说话是无礼的行为，应该等其说完后再提问或发表见解。如果中途确有必要打断别人发言，应事先打招呼，说“对不起，我插一句话”，得到对方允许后，再表达自己的想法，说完后，礼貌地请发言者继续说下去。

二、赢得人心的技巧

（一）记住对方名字

在与别人见面时，记住对方的名字，而且很自然地叫出来，这无异于给了对方一个肯定和赞美。因此，在沟通中多叫几次对方的名字，可以增进彼此的感情。有时候记住一个人的名字确实很难，这里介绍一个小窍门。把对方的名字听准，并将这个名字与主人的外貌、行为或其他特征相联系，在心中默念几遍，事后再多次提醒自己便可。

建立与发展人际关系的四阶段

（二）把握赞美分寸

赞美是博得好感与维系好感的有效方法，它可以为人际沟通锦上添花，还可以创造和谐的人际关系。赞美别人的时候，需要把握分寸，既要真诚、热忱，还要实事求是、有理有据，不能空说乱说，也不能巴结讨好，更不能掺杂不良企图。

（三）学会良好倾听

在别人说话时，如果我们心不在焉，哈欠连天，时时看表，只能使说话者意兴阑珊，甚至愤然离场。一个良好的倾听者，当别人言谈风趣时，能够露出会心的微笑；当别人说了非常不错的道理时，能够连连点头；当别人欲言又止时，能够诚恳地鼓励对方说下去；当别人讲话结束时，能够提炼总结，给对方反馈。良好的倾听能够感染他人，让他人愿意与我们建立良好的人际关系。

（四）善于换位思考

换位思考就是感同身受，或者说是对他人抱有同理心。我们站在对方的立场上思考问题的时候，沟通对象会觉得自己得到了尊重，将非常乐于与我们沟通。同时，我们也多了一个思考问题的角度，能开拓思路，看到问题的更多面。

（五）适时帮助别人

俗话说：“赠人玫瑰，手有余香。”在别人陷入困境时帮助别人，维护对方的自尊心，会为我们带来好人缘，有助于人际沟通的顺畅和人际关系的维护。适时帮助别人有两个值得注意的地方。一方面，关注对方状况的变化，在合适的时候与对方沟通，介入对方的困境；另一方面，提供的帮助未必是大手笔的支援，有时候，一句问候、一个微笑、一次拍肩、一份陪伴，都是美好的沟通，都能够给沟通对象带来鼓舞和希望。

三、表扬的技巧

人际交往，需要适度的表扬来调剂关系。善于表扬的人，能够让优秀的人获得鼓励，让失落的人重拾信心。但是，表扬不当则会带来负面的影响。因此，在进行表扬时，需要讲究表扬的技巧，主要包括以下几个方面。

（一）当面背后皆可表扬

当面表扬就是在被表扬者在场的情况下进行表扬。当面表扬有个别表扬和当众表扬之分。个别表扬就是只有表扬者和被表扬者在场，被表扬者得到认可，有助于其对表扬者的认同，是常见的也是便捷的当面表扬方式。如果被表扬者的成绩突出，对企业的发展有指导作用，或者希望在全体员工中推广这种良好的行为，可以召开被表扬者在场的大会、工作例会，也可用公告、黑板报、电子屏幕等形式当众表扬，特别是对一些成就感强的职工，当众表扬的形式可起到很大的鼓舞作用。

背后表扬就是在被表扬人不在场时进行的表扬，或者通过别人去传话表扬。背后表扬能使被表扬者感觉到领导对他的表扬是发自内心的。因此，作为领导者，如果想表扬某个人，又不方便当面表达，可以在跟他关系友好的朋友面前把他夸奖一番，用不了多久，这个表扬的信息就会传到被表扬者的耳中。被表扬者听到这种表扬后，会觉得惊喜，也会感受到真诚，双方的关系将更加亲密。

（二）表扬方式因人而异

对不同的人应采取不同的表扬方式。对有威望的长者，夸奖中应带有敬重的意味；对年轻人，为避免对方骄傲，可适当夸奖；对聪明的人，只要三言两语，他就能心领神会；对有隔阂的人，可以采取背后表扬的方式，显得更加诚恳；对有疑虑的人，表扬应该直白，把话说通透，否则可能会让被表扬者误解，以为是在讽刺他或是变相批评他。

（三）表扬态度诚恳热情

俗话说："精诚所至，金石为开。"想让别人敞开心扉，诚恳是最好的钥匙。如果忽略表扬的真诚度，随意、恭维、走形式，就等同于造假，总会被识破，反而不利于人际关系。在表扬时，要发自内心地对他的优点进行赞赏，以诚恳热情的态度对他表示赞扬，并热切地希望他继续发挥优势，做出更好的成绩。

（四）表扬内容真实公正

表扬必须实事求是，恰如其分，如果任意夸大、失真，不仅起不到表扬的作用，还会引起对方的质疑和反感。同时，还需注意，表扬要公平公正，不能掺杂私人成见，不能有亲疏之分，否则会适得其反。

（五）表扬行为以理服人

对一个人的表扬，要重点表扬他的某个行为，这会激励他不断强化这种行为，做出更大的成就。如果笼统地表扬他整个人，如某某真厉害，这样的表扬，只会让对方觉得敷衍，也会让其他人不明白为何表扬他，达不到预期效果。

四、批评的技巧

人们喜欢听到表扬而不愿意遭受批评，但在现实的人际交往中，批评又是难以避免的，如果不讲究批评的方式方法，往往伤了和气又达不到目的。俗话说："良药苦口利于病，忠言逆耳利于行。"在人际沟通的实际开展中，批评也可以做到不"苦口"和不"逆耳"。所以，有效的批评是有方法和技巧的。

（一）明确批评必要性

在批评别人之前，一定要考虑清楚，对方的言论或行为是否一定要被批评。如果批评比正常沟通更有效果，且更利于事情的进展，还不会损伤人际关系埋下隐患，那么，这样的批评是必要的。

（二）保持批评建设性

批评的目的在于帮助别人认识到自己的错误并加以改进，最终是为了更好地开展沟通和推动事情的进程。保持批评的建设性，就是不但指出问题所在，还提供改进的方法。这样既能让对方茅塞顿开，懂得怎么做，又能避免对方陷在被批评的情绪里，让他意识到批评的良好目的。

（三）批评范围限定性

批评并不是针对对方本人，而是限定在他做的某件事情，不要把对行为的批评上升到对人的批评，更不能否定对方人格、伤害对方自尊。在针对他做的某件事情的时候，务必梳理清楚来龙去脉，以客观事实为依据，不可翻旧账作为参照，也不可道听途说，更不可听信传言。

（四）看准时机恰当性

选择恰当的批评时机，有两个方面的意思。第一个意思，即"冰冻三尺非一日之寒"。大多数问题不是突然产生的，而是慢慢积累的，量变引起质变。在问题初现端倪的时候，就要及时地与对方沟通，避免问题进一步严重。这时候的批评，本质上是善意的提醒和指导，也容易为人所接受。第二个意思，就是后果已经产生，需要追责，那么，尽量选择对方情绪平和的时候进行批评，防止对方情绪激动，达不到批评的目的。

（五）确保场合适当性

批评要选择当面批评，切勿背后指责。但是，在当面批评时，尽量不要当着外人的面，更不要当着被批评者的下属的面，否则会增加被批评者的心理负担，让对方误解为刻意让其难堪，从而影响双方的人际关系。所以，批评通常采取私下交谈的方式，营造适宜的氛围，让被批评者感受到关怀和爱护，这样有利于其放下戒备，正确认识到问题。如果有些问题确实需要当众批评或通报，那么，应事先做好对方的思想工作，降低可能带来的负面影响。

（六）批评称赞结合性

批评一个人，但又不想伤害双方之间的感情，可以先称赞对方的优点，再指出其不足之处，给予建设性意见，这能够使批评变得柔和，并且容易被接受。需要注意的是，称赞必须发自内心，否则，对方会认为这是套路，产生抵触情绪。

（七）批评方式差异性

每个人的经历、知识、气质、性格等都有差别，对批评的认识和接受能力也不同。因此，批评的方式不能一概而论，需针对每个人的性格特点采用不同的批评方式。对于性格温顺的人，宜用“温和式批评”，即和他敞开心扉地沟通，以鼓励的方式结尾；对于拥有惰性心理、依赖心理和试探性心理的人，宜用“触动式批评”，通过强烈的语言启发他，使其醒悟，但注意不要引起对抗情绪；对自尊心较强、脾气执拗的人，宜用“渐进式批评”，即批评时要有层次，逐步深入，不要一下子和他“摊牌”，这样能使其逐渐适应、慢慢接受；对脾气暴躁、情绪不稳定、行为容易被语言激怒的人，宜用“缓和式批评”，即心平气和地把批评的信息传递给对方，营造舒缓的气氛，缓解对方可能产生的对抗情绪，在这个基础上再帮助他认识问题。

（八）避免批评压制性

批评的最终目的不是要把对方打垮，而是帮助他成长。领导虽然拥有批评和纠正下级错误的权力，但是不能倚仗这种权力压制下级。有些领导和下级发生争论时常说“是你说了算，还是我说了算”“你这是无视领导的决定”这样的话，甚至用处分、降职、调动工作来威胁下级。采用这种以权压人的手段，往往收效甚微，可能会遭到下级的反抗，即使下级当面不说什么，心里也会因此产生心结。

任务小结

班级：	学号：	姓名：
	学习索引	学生自测
知识点	说话的技巧	
	赢得人心的技巧	
	表扬的技巧	
	批评的技巧	

任务思考

1. 结合自己的实际经历，谈谈说话的技巧有哪些。
2. 结合具体案例说一说如何赢得人心。
3. 分别说说表扬与批评的技巧。

项目训练

阅读下面的案例，回答问题。

沟通的智慧

谷歌公司原全球副总裁兼中国区总裁李开复在一封信中讲述了“沟通的智慧”：

我以为的真的是我以为的吗?

记得我刚进入苹果公司开始我的第一份工作时，公司里有一位经理叫西恩。大家都知道他是一个非常有才华的人，尤其在开会的时候，他得体的言辞完美地展现他过人的才学、情商与口才，足以让在场的所有人钦佩不已。

有一天，我鼓足勇气去向西恩讨教有效沟通的秘诀。西恩说：“我的秘诀其实很简单，我并不总是抢着发言。当我不懂或不确定时，我的嘴巴闭得紧紧的，但是，当我有好的意见时，我绝不错过良机。如果不让我发言，我就不让会议结束。”

我问他：“如果别人都抢着讲话，你怎么发言呢?”西恩说：“我会先用肢体语言告诉别人：下一个该轮到我发言啦！例如，我会举起手，发出特殊的声响（比如清清嗓子），或者用目光提醒主持人让我发言。如果其他人霸占了所有的发言机会，我就等发言人调整呼吸时迅速接上话头。”

我又问他：“如果你懂得不多，但是别人向你咨询呢?”西恩说：“我会先看看有没有比我懂得更多的人帮我回答，如果有，我会巧妙地把回答的机会‘让’给他；如果没有，我会说‘我不知道，但是我会去查’，等开完会，我一定会去把问题查清楚。”

（资料来源：搜狐网。）

请回答，你认为有效沟通的秘诀是什么?

项目练习

一、单项选择题

1. 人际沟通是指个体之间（　　）互相传递的过程。它是沟通的主要方式之一，主要是通过语言、表情、动作、体态等表达信息。

A. 信息、思想及情感　　B. 信息

C. 思想　　D. 情感

2. 信息发送者以协商、讨论或征求意见的方式面对接收者，信息发出后，又需要立刻得到反馈。必要时，双方进行反复多次协商，直到双方共同明确为止。父母与子女之间沟通、电话、招聘会、座谈会等都属于（　　）。

A. 单向沟通　　B. 双向沟通

C. 书面沟通　　D. 文字沟通

3. 由于沟通双方的受教育水平、文化程度、思想修养、经验水平等差距过大，在编码和译码时会受到文化因素的干扰，导致信息接收者对信息的内涵不理解，甚至曲解，从而产生（　　）。

A. 文化程度障碍　　B. 语言障碍

C. 文化传统障碍　　D. 态度障碍

4. 在管理过程中，管理者与下属之间社会角色、分工不同，地位存在差异。倘若管理者不能以平等的态度与下属和同事相处，他与下属和同事之间容易产生误解和隔阂。这样的管理沟通障碍称为（　　）。

A. 社会地位差异障碍　　B. 年龄差异障碍

C. 社会角色差异障碍　　D. 性别差异障碍

5. 下列不属于说话技巧的是（　　）。

A. 主动问候　　B. 使用礼貌用语

C. 多察言观色　　D. 记住对方名字

二、多项选择题

1. 人际沟通除包括信息的传递外，还包括情感、思想、知识和经验等多方面的交流，它对于改善人际关系、调整人的行为都具有十分重要的意义和作用。具体来说，人际沟通的作用主要表现在（　　）。

A. 丰富知识经验　　B. 协调人际关系

C. 有助于认识自我　　D. 有助于心理健康

E. 营造高效工作

2. 人际沟通的文化因素障碍除了语言障碍，还包括（　　）。

A. 文化程度障碍　　B. 文化传统障碍

C. 态度障碍　　D. 认知障碍

3. 人际沟通的认知偏见障碍有（　　）。

A. 晕轮效应　　B. 刻板印象

C. 首因效应　　D. 自我投射

4. 在人际沟通中，说话的技巧有主动问候、使用礼貌用语、（　　）。

A. 多察言观色　　B. 不冷落任何人

C. 善用无声语言　　D. 不轻易打断对方

5. 赢得人心的技巧有记住对方名字、学会使用赞美、（　　）。

A. 多察言观色　　B. 学会倾听

C. 换位思考　　D. 适时帮助别人

三、判断题

1. 良好的人际沟通能力可以赢得和谐的人际关系，沟通不畅会使人际关系变得更坏。（　）

2. 个体只有通过人际沟通，掌握人类社会的行为规范和道德准则，才能完成由自然人向社会人的转变，从而实现人的社会化。同时，人际沟通不仅可以交流信息，还可以增进情感。（　）

3. 社会因素障碍是指当沟通双方由于文化传统、风俗风貌及行为方式的差异过大，会导致沟通障碍。我们应该认识到，这种差异既存在于国家之间，也存在于同一国家的不同区域之间。（　）

4. 所谓晕轮效应是指在人际交往中，常常对人身上表现出的某一方面的特征，泛化到其他一系列相关特征，也就是从局部信息形成一个完整的印象，从而导致人际认知的障碍。（　）

5. 表扬需要注意技巧，批评则不需要技巧。（　）

项目四

搭建沟通桥梁　组织无人可挡

——组织沟通

项目导学

◎ 了解组织沟通

◎ 认清组织内部沟通与组织外部沟通

◎ 掌握团队沟通技巧

学习导航

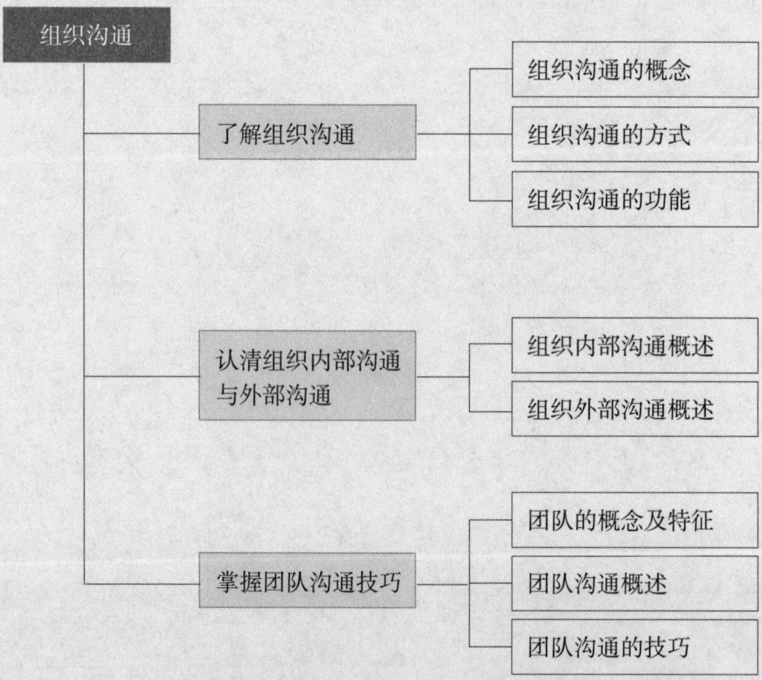

学前思考

党员长期外出时怎么开展汇报？

——线上线下　形式多样

“我在外执行任务已满3个月，现向组织汇报一下近期的思想和工作情况……”3月下旬，火箭军某旅某连几名抽调至外单位执行任务的党员，按时向连队党支部书记上交书面思想汇报，详细汇报了思想和工作情况。

党员外出期间，应定期主动进行思想汇报，才能确保教育管理跟得上，有针对性地开展工作。对此，连队党支部书记深有感触。

此前有一次，连队选派党员骨干赴高原执行任务，因所属专业不同、点位分散，不便于开展思想汇报，且支部并没有对党员汇报形式作出规范要求，导致个别党员思想汇报不及时不主动，支部无法及时掌握党员真实思想。

正在基层挂钩帮建的旅组织科干事进一步调研发现，个别基层党组织不同程度存在思想汇报形式单一、事后补写汇报等情况。机关干事带领大家分析研究感到，党支部对组织生活制度落实不够灵活，会在一定程度上影响外出党员思想汇报的积极主动性。

“越是动态分散，越要严格落实党员汇报制度。”很快，该连党支部把脉开方，为每名外出党员明确了联络人，要求大家以电话、视频、语音等形式听取外出党员汇报，及时掌握思想，帮助外出党员解决矛盾困难，督导他们更好完成任务。

该旅组织科朱科长表示，针对部队任务驻点位置偏远、工作内容繁杂、人员长期分散等情况，他们明确党员可就近就便采取口头、电话、音频、视频及书面等形式，向党组织汇报思想和工作情况，并规定外出时间半年以上的应当采取书面形式进行汇报。

前不久，某营党员小李外出执行任务紧张且即将返营，打算归队后再向支部汇报思想。党支部一名支委及时打电话提醒他，按规定应当在归队前完成一次思想汇报。“接到提醒电话，我立即通过会议系统，以视频形式向支部汇报了外出期间的思想和工作情况。”小李告诉笔者，党支部还采纳了他的建议，以网上党课的形式，为外出执行任务的党员进行了一次教育动员。

该旅还积极探索党支部之间的联动协同，由联系人掌握外出党员思想状况，依托临时党支部跟踪了解党员在外期间的综合表现。一次，某连党员小魏在外出学习期间考核成绩下滑，便有了“躺平”思想。在临时党支部书记督导下，小魏向原党支部书记打通视频电话汇报思想，两位书记“线上+线下”联动，合力帮小魏解开思想疙瘩，他们还指定两名党员骨干远程指导小魏专攻精练。最终，小魏在考核中取得佳绩，受到上级表扬。

（资料来源：中国军网，有改写。）

思考探究

探究一：结合案例，谈谈你对组织沟通是如何理解的。

探究二：结合案例，说说该连队党员外出时存在哪些组织沟通障碍。

探究三：结合案例，谈谈该连队为确保党员顺利进行思想汇报采用了哪些组织沟通方式。

探究四：请你说说在以后的工作中为顺利进行组织沟通应具备哪些素质。

任务一

了解组织沟通

任务目标

1. **知识目标：**了解组织沟通的概念和功能。
2. **技能目标：**具备选择适当的方式开展组织沟通的能力。
3. **素质目标：**树立组织意识，优化个人与组织的关系。

了解组织沟通

任务导入

旅游的名额

乐星公司准备组织员工去北京冬奥会举办地之一的张家口旅游，董事会分配给宣发部10个名额，但该部门共有13名员工。员工们都想去，部门的两个经理也担心拿到名额后分配不公惹来麻烦。于是，管经理和童经理想找分管他们部门的李总协商一下。

正好第二天管经理去李总办公室汇报工作，快结束的时候，李总顺便问道："对了，小管，昨天和你说的公司请大家去张家口旅游的事情，你们宣发部哪些人去，选出来了吗？""李总，我们部门13个人都想去，可只有10个名额，剩余的3个人恐怕有意见。"他试探性地问，"能不能再给3个名额？"

李总没想到管经理居然这么直接地提了要求，有点不高兴地说："筛选一下不就完了吗？公司能拿出10个名额就花费不少了，你们怎么不多为公司考虑？"他端起桌上的茶杯，吹了吹杯沿的茶叶，"你们呀，就是得寸进尺，不让你们去旅游就好了，谁也没意见。"李总看管经理一副无辜的样子，更来气了："我看这样吧，你这个部门经理姿态高一点，明年再去，这不就多一个名额了嘛？"管经理这下慌了神，原本只是想替员工们争取好处，还能在领导面前树立体恤下属的形象，哪想到弄巧成拙。他赶紧找补："我……我就是说一下他们的想法。没……没事的，李总，我回去按您的意思办。"李总发现管经理其实不是诚心想为同事们争取名额，反而感到失望。"你别办了，喊童经理过来。"李总冷冷地回应。

旅游的名额

管经理窘迫地走了，灰头土脸地喊童经理过去。童经理大概猜到了是什么情况，定了定神，往李总办公室走去。

李总开门见山地问道："小童，旅游的事，你怎么看？"童经理立刻接话："李总，大家听说去旅游，可高兴了。"李总感到有点意外，他原以为童经理也会提诉求，但还是半信半疑："哦？是吗？"童经理很沉着，继续说："是啊，大家都觉得公司越来越重视员工了。李总，这是您突然给大家的惊喜，不知当时您是怎么想出这么好的主意的？”

李总本来就是一个自我感觉良好的人，一听到这样的夸赞，有点放松戒备了：“真的是想给大家一个惊喜。这一年，公司效益不错，是大家的功劳。考虑到大家辛苦一年，该轻松轻松了，这样才能更好地工作，也能增加公司的凝聚力。”童经理见李总接受了自己说的话，就顺着话茬说道：“这计划太好了，大家都在争这10个名额。”李总高兴地回忆起昨天董事会的决定：“当时啊，给你们部门10个名额，是因为觉得有几个人工作不积极。你们评选一下，不够格的就不安排了，算是对他们的提醒吧。”童经理也做出思索的样子：“我也同意您的想法，有几个人的态度是不够积极。不过……”他见李总的情绪很稳定，就打算说出自己的想法。他有点忧伤地说：“他们可能有一些生活中的原因……”李总还沉浸在对自我的肯定中，但也开始意识到童经理似乎话里有话。于是，他想尽快截断对方的话头：“那还是他们的问题。”

童经理发现李总知道自己的意图了，但越是这样的时候，越要坚持住。他做出自我反省的姿态：“其实，这与我对他们缺乏了解，没有及时调整有关系，责任在我。”他看李总没有再打断他，进一步站在对方刚才的意思的基础上说道：“如果不让他们去，对他们打击会不会太大？如果这种消极因素传播开来，影响不好。公司花了这么多钱，要是因为这3个名额降低了效果，太可惜了。”李总听到会对公司有影响，就有点重视童经理的话了，他这样的感觉良好的人怎么能允许自己好心办坏事？童经理看到李总在思考自己说的话，也就越来越有底气：“我知道公司每一笔开支都要精打细算，如果公司能拿出3个名额的费用，让他们有所感悟，促进他们来年改进，那么，他们多给公司带来的利益要远远大于这部分的支出。”李总这回是完全听进去了，他觉得童经理的意思和自己的本意基本相符。“公司如果能让他们去，能帮他们放下包袱，树立积极的工作态度。李总，您能不能考虑一下？”李总一边想一边端起茶杯，抿了口茶水，回答道：“你说得在理，我考虑考虑。”

两天后，宣发部收到了新增的3个名额。宣发部一片欢腾，唯独管经理高兴又忧愁着。

（资料来源：有效沟通优秀案例库。）

问题思考

1. 管经理的沟通为什么失败了？
2. 为什么童经理的沟通得到了李总的认可？
3. 通过本案例，你觉得在公司里的沟通有哪些需要特别注意的地方？

任务描述

良好的组织沟通是协调组织与其成员之间、成员与成员之间以及组织与组织之间的相互关系、完成组织目标的重要条件之一。领导者通过有效的组织沟通，可以使组织内部分工合作更为协调一致，使组织更好地适应外部环境，增强应变能力，也可以使组织成员之间、组织之间相互加深了解，融洽感情，增进友谊，激发斗志，使组织更加充满活力。

一、组织沟通的概念

老董懂了

所谓组织沟通，是指在商务活动中组织围绕既定的目标，通过各种信号、媒介和途径有目的地交流信息、意见和情感的信息传递行为，一般由沟通来源、沟通传译、沟通信息、沟通渠道、沟通接受和沟通反馈六个要素连接而成，是组织内部和外部沟通的有机整合，旨在协调好组织内外部的各种关系，为组织的发展创造良好的沟通环境。

二、组织沟通的方式

组织沟通的方式主要有正式沟通与非正式沟通两大类型。

（一）正式沟通

正式沟通是指通过组织明文规定的渠道进行的与工作相关的信息传递和交流，它与组织的结构息息相关。

正式沟通的优点是效果较好，比较严肃，有较强的约束，易于保密，可以使信息沟通保持权威性。重要和权威的信息都应当采用这种沟通方式，其缺点是依靠组织系统层层传递，速度较慢，比较刻板，不够灵活。因此，组织为顺利进行工作，需要用非正式沟通弥补正式沟通的不足。

（二）非正式沟通

非正式沟通是正式沟通渠道之外的信息交流和传递，它是以社会关系为基础的沟通方式。它不受组织的监督，可以自由选择沟通渠道，如朋友聚会、小道消息等。

非正式沟通的优点是沟通方便、内容广泛、方式灵活、速度较快，由于比较容易表露思想、情绪和动机，因而能提供一些正式沟通中难以获得的信息。它的缺点也很明显，即消息的来源未必可靠，消息本身也未必可信。

三、组织沟通的功能

概括起来，组织沟通主要有控制、激励、情绪表达、信息传递和积淀企业文化等功能。控制、激励、情绪表达主要应用于组织内部沟通，信息传递和积淀企业文化则是组织内部沟通与外部沟通都具有的功能。

（一）控制

组织运行过程中，组织成员必须遵守组织中的权力等级和各项规章制度，向直接主管汇报工作进展情况，反映工作中存在的问题和对工作的意见。这些任务的实现都要依赖沟通的控制功能。

（二）激励

善意和良好的沟通可以激励员工，如明确告诉员工应该做什么、怎么做，以及达不到标准时怎么改进。组织具体目标的设置、实现目标过程中的持续反馈以及对理想行为的强化过程都有激励作用，而这些过程都离不开沟通。

（三）情绪表达

对很多员工来说，工作地点是主要的社交场所，员工通过群体间的相互沟通来表达自己的满足感和挫折感。因此，沟通是宣泄情感的渠道，它满足了员工的社交需要。

（四）信息传递

企业的运行离不开信息。各种任务信息、指令信息、协调信息的流动，保证了企业按既定目标运转。企业里每位成员既是信息的发出者，又是信息的接收者，所以企业管理也被理解为一种信息处理的机制。信息流动是企业运行的神经，流动的完成主要依靠企业成员的广泛沟通。因此，组织沟通又是企业获取信息、传递信息的最直接、最有效的手段。

（五）积淀企业文化

组织作为一个集体，在沟通和交往中逐渐形成并发展集体心理，培养出情趣一致的态度、观念和价值取向，从而积淀企业文化，更好地实现组织目标。

任务小结

班级:	学号:	姓名:
知识点	学习索引	学生自测
	组织沟通的概念	
	组织沟通的方式	
	组织沟通的功能	

任务思考

1. 你对组织沟通是怎样理解的？
2. 组织沟通的方式有哪些？
3. 根据自身的经历，谈谈组织沟通的功能。

任务二
认清组织内部沟通与外部沟通

任务目标

1. 知识目标：了解下行沟通、上行沟通、横向沟通和外部沟通的内涵、特点、障碍。

2. 技能目标：具备在组织内部和外部开展有效沟通的能力。

3. 素质目标：树立配合组织管理工作、营造和谐组织氛围的意识。

任务导入

老总牵线，矛盾不见

有一家企业，采购部和财务部平时缺少沟通，在一些事情上，两个部门经常产生矛盾，然后无休止地扯皮。这不仅影响了部门之间工作的协作与配合，也影响了企业的名誉。细心的老总发现了这个问题，就把两个部门经理叫到一起，让他们坦诚地、推心置腹地说出对彼此的意见和建议。

两个部门没有什么本质矛盾，主要就是采购部想尽快给供应商支付货款，但财务部想把公司的活动资金多周转一次，就谎称公司账户上临时没有钱。于是，采购部就经常把客户带到财务部讨债，并且两个部门的员工私下里都在说对方的不是，这就导致两个部门之间的矛盾越积越多。

老总没有指责两个部门，反而肯定了他们的出发点是好的，都是为了公司的利益着想。两位经理听到老总这么说，情绪也就轻松了许多，也有点不好意思了。采购部经理表示自己可能操之过急了，没考虑到财务部和公司经费的实际难处，给大家添了麻烦。财务部经理见采购部都表态了，表示自己可能也是顾虑太多了，没顾及采购部那边承受着市场和业绩的压力。老总再次表扬了他们能站在对方的立场上思考问题了。接着，老总请两个部门彼此交换建议，说说怎样做才可以更好地互助协作。两位经理真诚地交换了意见，甚至提到了老总之前都没想到的部分。意见交换完毕后，两位经理主动向老总提出，回部门就会召开部门会议，收集部门员工更多的建议。在此基础上，再召集两个部门的所有同事，开一个座谈会，进一步深入地就如何更好地开展工作交流心声。老总非常高兴，他觉得这次沟通达到了预期的效果。

（资料来源：腾讯网，有改写。）

问题思考

1. 本案例提到的沟通涉及组织里的几种层级？
2. 采购部和财务部之间的沟通为什么会出现问题？
3. 老总是怎么解决两个部门之间的矛盾的？

任务描述

企业的生存与发展离不开沟通。从企业内部看，企业是由各个部门和环节组成的有机整体，每个成员都有自己特定的目标、职能和特点，并按既定的任务和路径进行综合的运作，但企业的目标有时要随着市场形势及企业的发展阶段而变化。为了适应这些变化，企业必须调整内部成员的工作方向，通过必要的沟通，传递新信息，确定变动因素，甚至改变原来的战略和策略，更好地实现预定目标。

再从企业外部看，企业与外部环境的沟通是一个信息互换的动态过程。企业在生产经营活动过程中，不断地从外部环境获取各种各样的信息，并把这些信息传送到企业内部，然后经过处理和加工，再把相关信息传送到决策层，由决策层对信息给出处理意见，形成企业的具体决策或宏观的企业发展战略。不仅如此，企业还必须把自己的信息传达给外部环境。如市场营销过程中的广告宣传，就要充分展现企业和产品的信息，以解决消费者对企业信息了解匮乏的问题。同时，企业与供应者、合作者、政府和技术机构等都是通过广泛的沟通来达到资源合理配置的。这一切都离不开沟通。

一、组织内部沟通概述

组织内部沟通，指的是组织内部各部门、各环节之间进行的信息传递与交流。组织内部沟通包括纵向沟通和横向沟通，纵向沟通又包括下行沟通和上行沟通。

（一）下行沟通

1. 下行沟通的内涵

下行沟通，是指信息从组织的高层结构向低层结构传递的过程，即自上而下的沟通。

在下行沟通的过程中，信息发送者是上级、管理层或企业的代表，接收者是下级、工作群体和团队、全体员工。下行沟通的内容通常是管理决策、规章制度、工作目标和要求、对工作业绩的反馈等企业经营管理中正式的和严肃的内容。下行沟通的媒介包括文件、通知、手册、报告、会议、口头指示等。

下行沟通是组织中最重要和最强大的沟通流程，是各级领导使下级了解其意图、统一思想与行动的重要手段。下行沟通的主要目的有五个：一是传递工作指示；二是促进员工对工作及其他任务的了解；三是向下级提供关于程序与操作实务的资料；四是向下级反馈其工作绩效；五是向职工阐明企业的目标，增强职工责任感。

2. 下行沟通的优点

下行沟通使下级主管部门和员工及时了解企业的总体奋斗目标和具体措施，增强职工的责任心和使命感，并且可以协调企业内部各层次之间的活动，加强彼此间的联系。

3. 下行沟通的缺点

如果企业的组织机构层次过多，信息通过层层转达后，往往会被歪曲，甚至遗失。同时，沟通过程迟缓，影响其传递效果。所以，如果企业内部缺乏民主管理的习惯与气氛，下行沟通极易挫伤职工的积极性，而且容易给下属执行具体决策带来心理负担。

4. 下行沟通的障碍

造成下行沟通不良的原因是多方面的，既有组织机构的问题，也有上级的问题。一般来说，下行沟通的障碍主要表现在以下几个方面。

（1）企业组织机构复杂化。当企业规模较小时，管理层与员工可以频繁地面对面接触，信息沟通层次少，沟通渠道通畅。随着企业成长，企业规模越来越大，出现了更多的层次和更复杂的职权结构，在这种情况下，信息要经过层层机构进行传递，就有可能导致信息传递延误、失真甚至错误的情况发生。

（2）对沟通的忽视。许多企业不断地修订长期目标和短期目标，却很少注意用有效的沟通去传达这些目标，让全体员工都理解并接受它。

（3）管理层与员工的隔阂。员工和管理层之间，存在不信任情绪，常常产生“我们”

和“他们”之感。尤其在非参与式的管理模式里，常常出现员工想要的信息和上级所给予的信息完全不符的现象。

（4）上级很少检查自己的沟通技巧。某些上级养成了一些与下属沟通的方式和习惯，但从不考虑这些方式和习惯是否恰当，是否还需要改进或者是否存在更加有效的方式，甚至也不知道信息是否被接收或正确接收。

（5）上级不愿意与下属沟通。在企业中，有些上级把信息的了解当作一种权力和管理工具，有意隐瞒信息，不愿意与下属沟通，或者将信息作为奖赏的手段，传达给个别员工。

（6）传递中信息的遗漏和曲解。组织机构层级越多，信息传递中的遗漏和曲解就越多，而不恰当的沟通媒介也会给信息传递造成损失。关于公司管理沟通状况的一项调查显示，信息在下行传递中好像经过一个个漏斗，层层过滤，假设董事会的原始信息是100%，口头传递经过五个层次，到达最后一个接收者那里，就只剩下20%，80%的信息由于各种原因被过滤或丢失了。

（二）上行沟通

1. 上行沟通的内涵

上行沟通，是指信息从组织的低层结构向高层结构传递的过程，即自下而上的沟通。在上行沟通的过程中，信息发送者是下级、工作群体和团队、全体员工，接收者是上级、管理层或企业代表。

上行沟通有两种表现形式：一是层层传递，即依据一定的组织原则与组织程序逐级向上反映；二是越级传递，即减少中间层次，让决策者与组织成员直接对话。在管理过程中，上行沟通的内容通常表现为下级的工作汇报和工作总结、当前存在的问题、申诉、建议和意见等。沟通媒介主要包括口头汇报、交谈、书面工作总结、座谈会、意见书等。

2. 上行沟通的优点

上行沟通的优点是下级可以把自己的意见向上级反映，激发参与热情，获得心理满足；管理者也可以通过这种方式了解企业的经营情况，与下属形成良好的关系，提高管理水平。

3. 上行沟通的缺点

在沟通过程中，上下级因级别不同而拉开心理距离，形成一定的心理障碍，可能抑制或歪曲所反映情况的真实性与客观性，最终导致信息失真。

4. 上行沟通的障碍

引起上行沟通障碍的原因是多方面的，概括起来，上行沟通的障碍主要表现在以下几个方面。

（1）高层管理者不鼓励上行沟通。一些企业的管理者，尤其是高层管理者，认为自己了解下级员工的需要，坚信自己的决策正确，因此，不鼓励上行沟通。他们既不设置上行沟通的渠道，又不重视上行沟通的信息，久而久之，就会严重损害或全面排除上行沟通，埋下无法估量的隐患。

（2）各级管理者过滤上行沟通信息。研究表明，企业内上行沟通的每一步骤几乎都会有信息过滤和扭曲的情况发生，尤其是在明确了解决某些问题有可能对自己不利时，对信息的过滤就更严重。各级管理者过滤上行沟通信息的主要原因有二：

一是不愿上交问题。上行沟通中的一部分信息是反映问题的，各级管理者都希望在自己这一层面解决问题，认为如果解决不了会被看作无能或管理不力，因此有意无意地延迟信息的流动。

二是报喜不报忧。各级管理者都快速回应高层主管感兴趣的事情，或者报告好消息而延迟报告坏消息，阻止不好的信息向上流动。

（3）存在沟通瓶颈。有时上行沟通不畅是由于沟通链上出现了瓶颈。这个瓶颈可能是上级的秘书或行政助理，他们过滤接收到的信息，并传送他们认为上级应该知道的信息；也可能是力图升迁者，他们占有信息资源以显示自己的优势；还可能是竞争者，他们希望自己或自己的部门比其他人或其他部门更好，而保留了可能有利于其他人和其他部门的信息。

（4）下层员工缺乏上行沟通的动机。高层管理者不鼓励上行沟通，各级管理者对上行信息层层过滤，致使相当部分的下层员工认为上行沟通是无意义的行为，缺乏上行沟通的动机，整个企业气氛沉闷，沟通和工作效率明显下降。另外，上下级关系不良，双方又不肯花时间去相互了解和真诚沟通，也会导致下属不愿意与上级进行沟通。

（三）横向沟通

1. 横向沟通的内涵

横向沟通，是指发生在同一工作群体的成员之间、同一等级的工作群体之间，以及任何不存在直线权力关系的人员之间的沟通。

2. 横向沟通的类型

根据沟通涉及的主体是否来自同一部门，可以将横向沟通分为两种类型：同一部门内的横向沟通和不同部门间的横向沟通。后者又可分为不同部门同级管理者之间的横向沟通、某部门员工和其他部门同级员工之间的横向沟通。

根据沟通主体是否来自同一管理阶层，我们也可以将横向沟通分为两种类型：一是同一层次成员之间的横向沟通，包括部门管理者之间的沟通和部门内部员工之间的相互沟通；二是不同层次的没有隶属关系的成员之间的交叉沟通。

3. 横向沟通的作用

横向沟通的存在是为了增强部门间的合作，减少部门间的摩擦，对公司的整体利益起着重要的作用。

（1）保证公司总目标的实现。横向沟通能够增进员工对其他部门的了解，便于本部门从宏观层次上认识本职工作，并自觉协同其他相关部门，最终实现公司总体目标。

（2）弥补纵向沟通的不足。不管企业多么致力于疏通上下行沟通渠道，仍难免会有信息遗漏、沟通误解等情况的出现。多数情况下，横向沟通可以简化上下行沟通的程序，加快工作速度，使信息更快捷、有效和准确地传递。与纵向沟通相比，横向沟通还能够创造比较轻松的沟通氛围，有利于部门之间和员工之间愉悦地达成共识。

（3）实现各部门信息共享。企业中各个部门不是孤立作战的个体，而是作为整体内的若干子系统相互依存。只有协调好各子系统间的关系，才能为企业创造更好的整体效益。认识到这一点，也就清楚了各个部门间合作的需要，而且这种需要又缔造出分享信息的需要，横向沟通恰好能满足部门间信息共享的需要。

4. 横向沟通的障碍

从理论上讲，横向沟通由于不存在等级差异，沟通主体是平等自主的，这样的沟通应该更加有效。然而，横向沟通的现状同样令人担忧。正因为没有权力关系的约束，许多沟通主体采取“事不关己，高高挂起”的态度，沟通不畅的情况时有发生。产生横向沟通障碍的原因主要有以下几个。

（1）部门本位主义。很多情况下，一些部门为了达到自己的目标或维护自己的利益，无视其他部门乃至整个组织的利益而擅自行事，许多人也认为没有必要了解其他部门正在发生的事情。当部门经理们置身于自己戒备森严的城堡之中时，坚硬冰冷的四壁便阻断了他们的视线，使他们彼此看不到沟通的需要，甚至还会由于利益、目标的差异而冲突不断，工作业绩、利益的不同以及评估体系的存在，是造成部门本位主义泛滥的主要原因。

（2）认为自己的价值最大。有些部门只站在本部门的角度认识、看待问题，只强调本部门的价值，认为本部门最重要，而忽视其他部门对公司的贡献。例如，营销部门认为本部门贡献最大，比其他部门重要，而人力资源部门也同样认为本部门贡献最大，比其他部门重要。如此一来，每个部门都只看到自己的价值，轻视其他部门。这种认为部门有高低之分的成见，必然会影响横向沟通的正常进行。

（3）部门之间职责交叉。分工是管理的基础。不少企业在管理过程中由于未能进行科学的分工，或者分工不够明确，导致部门之间职责交叉、权限不明、责任不清，结果是各个部门都把利益归于自己，把责任推给别人，很难使企业内部各个部门形成一个有机的整体。

（4）性格冲突。沟通各方性格以及思维习惯的不同，会形成不同的沟通方式。如果缺乏对沟通对象性格的了解，不能够针对不同性格采用对应的沟通方式，就会产生沟通障碍。一个部门里的人多猜疑的性格，另一部门里的人多内向性格，这两个部门进行横向沟通，在不采取技巧而直接沟通的情况下，沟通效果很难令人满意。

（5）对有限资源的争夺。部门之间或员工之间为工作资源、职位展开竞争、爆发冲突，也是横向沟通常见的障碍。当一个人拥有的资源越是稀缺和不可替代时，他在组织中的影响力就越大。为了保持这种稀缺性和不可替代性，人们可能会采取被认为不合逻辑的行为，如不愿透露自己的工作技巧和经验，编撰专门的语言和术语来防止别人了解他们的工作，或者故意神秘行事，使工作看起来比实际更复杂和更困难。

二、组织外部沟通概述

组织外部沟通，是指企业或其他机构为达到某种目的，与本身以外的其他个体或组织进行沟通交流的行为，旨在为顾客提供服务、与外界交换信息、构筑发展网络、拓展发展空间、优化外部环境、维护组织形象、达到组织目标。

内外结合疗效好

企业生存于一定环境之中，因而必须与顾客、股东、上下游企业、社区、新闻媒体、政府等进行有效的沟通，才能够充分发挥外部资源优势，维持并改善企业的生存与发展状况。

（一）企业与顾客的沟通

顾客是企业最重要的外部公众，是企业提供优质产品和服务的对象，满足顾客的需要是企业生存与发展的基础和保证。在企业满足顾客需要的过程中，组织外部沟通起着重要的作用。

企业与顾客沟通是一个相互作用的过程：企业通过产品与服务向顾客提供信息，通过了解顾客的需求和顾客反馈的意见，企业获得顾客关于产品和服务的消费与体验数据。一般来说，企业与顾客沟通的内容主要包括向顾客提供产品和服务、直接接触、打电话、信函往来、顾客调查、广告宣传、公关关系、CIS（企业形象识别系统）设计等。

（二）企业与股东的沟通

股东是企业的出资者和所有者，企业的生产经营活动要符合股东的利益。但是，由于大多数股东不直接经营企业，企业有必要不断地向股东汇报企业经营活动的信息。因此，企业必须重视与股东的沟通，并掌握相应的沟通技巧。企业与股东的沟通方式主要包括信函、股东会议、年度报告、邮寄新产品样品、个人拜访、宴会等。

（三）企业与上下游企业的沟通

上下游企业主要指企业的供应商和经销商（或代理商）。企业与上下游企业的关系影响着企业的生存与发展，企业必须与之建立融洽的关系，而建立良好关系的重要途径就是沟通。企业与上下游企业沟通的基本方法包括商务谈判、建立电子通信网络、增强信息交流、邀请参与决策、提供各种支持等。

（四）企业与社区的沟通

企业与社区之间是相互依赖、相互促进的关系。社区为企业提供各种资源，包括环境、设施等物质资源和潜在劳动力等人力资源，而企业可以为社区解决就业问题、向社区缴纳税收以及资助社区的公益事业。企业与社区沟通的主要方式包括宣讲会、招聘会、发行内部出版物、志愿者活动、公益慈善活动、发布地面广告等。

（五）企业与媒体的沟通

无论是以报纸、杂志、广播、电视为代表的传统媒体，还是以PC、手机、平板为代表的网络媒体和新媒体，作为公众离不开的传播媒介，是企业营造良好舆论环境的关键渠道，对企业打造好形象和树立好口碑起到了举足轻重的作用。企业与媒体的沟通方式包括新闻发布会、记者招待会、软文、制造热搜等。

任务小结

班级：		学号：	姓名：
	学习索引		学生自测
知识点	组织内部沟通	下行沟通	
		上行沟通	
		横向沟通	
	组织外部沟通		

任务思考

1. 组织沟通包括哪些类型？
2. 纵向沟通和横向沟通分别存在哪些障碍？
3. 如何看待小道消息？试分析小道消息的利弊。
4. 结合实例，讨论组织内外部沟通的作用。

任务三
掌握团队沟通技巧

任务目标

1. **知识目标：**理解团队及团队沟通的含义、类型和特征。
2. **技能目标：**具有良好的团队沟通能力和以此为基础的团队协作能力。
3. **素质目标：**养成积极、团结、合作的团队意识。

任务导入

人力资源部的调查行动

2022年3月15日下午，刚开完例会的富煌酒店人力资源部孙经理接到总经理的电话，要求人力资源部着手调查近段时间酒店员工离职率高、工作情绪低落、顾客投诉增加的原因。

人力资源部通过讨论，决定通过员工意见征询、座谈会和多方面的摸底等沟通形式，先找到问题产生的原因。经过征询、座谈和摸底，人力资源部归纳出了以下原因：一是酒店人力资源规划不健全，欠缺员工职业生涯发展规划，导致员工认为在酒店没有发展前途；二是酒店管理层与员工未建立高效的沟通渠道，没有经常倾听员工的想法和意见，沟通存在短板，员工不能畅所欲言，使员工产生不够被重视的感觉；三是酒店不够关注员工工作之余的福利设施建设，没有为员工提供一个良好的工作环境。

针对员工反映的一系列问题，人力资源部立刻向上级汇报，并在分析和研判后，建议采取有针对性的措施：关注员工职业发展诉求，定期开展职业规划培训，为员工制定切实可行的职场发展路径；设立总经理意见箱，由总经理亲自处理意见箱里的内容，鼓励员工多提意见，一经采纳，予以奖励；设立员工活动室为员工提供休闲放松的娱乐空间，里面设有乒乒球室、台球室、书吧等；成立员工文体组织，丰富员工的业余生活，组织丰富的活动，提振员工士气。

随着员工发出的声音被听见和接受，员工的工作积极性明显提升，离职率也骤减，富煌酒店的工作氛围和经营状况也越来越好，顾客的投诉自然也就越来越少了。

（资料来源：酒店管理专业资源库，天津职业大学，有改写。）

问题思考

1. 人力资源部做了哪些措施改善了酒店的状况？
2. 如果你是该酒店人力资源部的成员，你会怎样具体地与打算离职的员工展开沟通，以达到请他留任的目的呢？
3. 你觉得什么样的团队才是组织需要的团队？

任务描述

随着全球信息化时代的到来，传统的管理模式和管理方法面临着巨大的挑战。为了使管理更加适应经济和社会发展的需要，企业必须变大规模的福特制生产方式（即传送带式的流水线生产）为灵活的弹性生产方式，变分工和等级为合作与协调，充分调动员工的积极性，最大限度地发挥员工的专业技能。自工业革命以来形成的传统的垂直功能化管理组织模式已经不再适应如今的市场环境，一种全新的以团队为核心的企业组织结构应运而生，并迅速盛行。

一、团队的概念及特征

（一）团队的含义和类型

小湾有一支农民直播团队

20世纪70年代以来，团队精神日益受到企业的高度关注和重视。团队建设与团队精神在企业再造、建立学习型组织和无边界组织中得到了广泛运用，已经成为组织提高竞争力的基本手段，甚至连哈佛商学院也采用团队教学方式，它1/4的作业要以团队的形式完成。

1. 团队的含义

所谓团队，是按照一定的目的，由两个或两个以上的人员组成的工作小组。任何团队都包含五个要素，简称为“5P”，即目标（purpose）、定位（place）、职权（power）、计划（plan）和人员（people）。目标是指把工作上相互联系、相互依存的人们组成一个群体，使之能够以更加有效的合作方式完成某项任务；定位是指将团队结合到现有的组织结构中，创造出新的组织形式；职权是指团队负有的职责和应享有的权限；计划是指团队具体分配和行使组织赋予的职责和权限的规划；人员是指团队实现目标所需要的人员构成情况，它是团队能否成功的关键因素。

2. 团队的类型

团队的类型有很多。广义的团队包括企业间的战略联盟、国与国之间的经济联盟，以及政党、军队、企业中的团队等。通常提到的团队大多指的是企业内部的小团队。根据任务和目标的不同，企业团队可分为工作型团队、整合型团队和促进型团队。

（1）工作型团队。工作型团队是为完成企业的基本工作任务（如负责某个产品的质量、数量等）而组建的团队，其任务是生产并向内部或外部顾客提供产品或服务，评判其工作成效的标准是质量、成本、交货期及内外顾客的满意度等。工作型团队的任务一般比较具体，存续时间较长，相对比较稳定。

（2）整合型团队。整合型团队的任务是整合两个或两个以上的工作型团队，协调它们之间的矛盾，优化资源配置，促使组织内部不同部门的工作互相协调，形成整体的战斗力。

（3）促进型团队。促进型团队是为了提高企业的能力与效率而组建的。与整合型团队不同的是，它通过重新设计组织的基本工作方式，或改进组织完成基本工作的方法，以促进效益的提高。

（二）成功团队的特征

团队始终是组织内部的一个“任务的接受者”“问题的发现者和解决者”以及“发明的创造者”。一个高效和成功的团队，一般具有下述特征。

“伪团队”与“好团队”

1. 具有适当的体量

各种有效的团队，其成员大都少于10人。团队规模较小是出于实用的考虑，也是沟通方便快捷的需要。成员过多会增加团队沟通不畅的风险，阻碍观点分享，不利于共同信念的养成。

2. 具有共同的愿景

共同的愿景是团队之所以存在的主观原因，而共同的目标是共同愿景在客观环境中的具体化，并随着环境的变化有所调整。共同的愿景和目标包含了个人愿景与个人目标，充分体现了个人意志与利益，它们是鼓舞成员斗志、协调成员行为的核心力量，具有强大的凝聚力和吸引力，使团队中的每个成员都愿意为之奋斗。

3. 具有强烈的团魂

团队意识，俗称“团魂”，主要表现为团队成员对团队的责任感、归属感、满足感和自豪感。这种意识能凝聚人心、鼓舞斗志，吸引团队成员自觉地实现团队目标，自愿地为团队做贡献。形成团队意识的条件有以下几条：第一，共同的利益和目标是形成团队意识的基础；第二，合理的管理制度和奖惩制度有利于团队意识的形成；第三，友爱互助是团队意识的纽带；第四，开展团队之间的竞争有利于团队意识的形成；第五，自然形成的领袖人物是团队意识形成不可缺少的条件。

4. 具有良好的规范

团队规范是团队成员都必须遵守的行为准则，它影响着团队成员的行为，并规定团队对其成员行为可以接受或不能容忍的范围。每个成功的团队都具有良好的行为规范，或者是明文规定的，或者是不成文的。团队成员能够通过团队规范自觉约束自己的行为，也能够通过观察和学习其他团队成员的行为来使自己更好地符合团队规范。

5. 具有互补的技能

一个成功的团队不仅注重个人技能，还注重团队成员之间技能的互补和融合。好的团队能够将不同特质的人结合在一起，使他们互相协作，有效地完成团队的任务。一般认为，一个有效的团队至少应具备三个方面的技能，即技术性的技能、决策的技能、处理人际关系的技能。很显然，一个团队如果没有最基本的技能互补，尤其是没有技术技能和沟通技能的互补，是很难发挥其作用的。

6. 具有有益的竞争

有益的竞争对人的影响主要包括四个方面：一是使团队内部更加团结，其成员对团队更加忠诚，内部分歧减少；二是使团队成为组织严密、纪律严明的团队；三是使团队成员更加效忠和服从，形成坚强的阵线；四是更加充分地体现公平，使团队成员更好地发挥自己的聪明才智。在成功的团队中，既存在竞争又存在协作，团队的成功就是凝聚力和竞争力合理协调的结果。

7. 具有通畅的渠道

好的团队拥有正式的和非正式的沟通渠道，全方位覆盖，环节精简，畅通高效，气氛开放，队员在团队会议中愿意充分发表自己的意见，也能接纳他人的意见，并能够及时得到反馈。

8. 具有团结的意识

在一个成功的团队中，成员们不仅有过硬的专业知识、实用的技能和丰富的经验，更重要的是，大家能够互相学习、团结合作，还能够秉公忘私，把团队利益放在第一位。当遇到困难时，团队成员相互激励，齐心协力；当发现错误时，团队成员相互包容，共渡难关；当取得成功时，共享成果，分享喜悦。总之，一个成功的团队能够荣辱与共，在失败和成功中历练成长。

二、团队沟通概述

（一）团队沟通的含义和特征

团队管理是否成功以及团队在组织中的作用如何，其重要的一个因素就是团队能否进行有效沟通。可以说，团队的有效沟通是团队建设和管理的重要保障。所谓团队沟通，是指为了更好地实现团队目标，团队成员之间进行的信息传递与交流。概括起来，团队沟通具有下述特征。

1. 平等的沟通

团队成员之间的关系是平等的，是一种任务的协作和分工，而不是管理与被管理的关系。根据这一特点，团队形成了内部平等的沟通网络，团队成员之间是平等的沟通关系。

2. 规范的沟通

团队是工作的协作方式之一，团队成员为共同的目标工作，每个成员都要对团队所要达到的目标负责，也要对团队采用的工作方法负责。所以，在这种情况下，团队沟通是以任务为导向的，有一定的群体规范和路径。

3. 融洽的沟通

团队内充满着健康、坦诚的沟通气氛，成员彼此间不仅能有效地进行工作任务方面的沟通，还能进行情感上的沟通。

4. 频繁的沟通

团队要有效地实现自己的目标，必须处理好与其他团队的关系。例如，要处理好与组织内的处于垂直关系的团队之间的关系，以使信息和资金流动通畅；要处理好与水平层次上其他团队及部门之间的关系，以获得其他部门的支持；要处理好与外部顾客的关系、与社区的关系、与社会舆论的关系等。处理好这些关系，才能实现团队与其他团队之间的协作，最终更好地实现团队目标。

（二）影响团队沟通的因素

团队合作精神测试

团队沟通受到团队行为规范、成员角色分担以及团队领导个人风格等多种因素的影响。概括起来，影响团队沟通的因素主要体现在以下几个方面。

1. 团队成员的角色分担

每个团队都由若干成员组成，这些成员从团队成立之后到团队解体之前都扮演着不同的角色。按照团队成员对团队工作所起的作用，可将团队成员角色分成积极角色和消极角色两类。在一个团队中，如果积极角色多，消极角色少，则该团队沟通是畅通和有效的；如果两类角色比例相差无几，或者消极角色多过积极角色，那么这样的团队就无效率可言了。因此，在团队管理过程中，应根据工作需要不断调整成员构成，增加积极角色，减少或剔除消极角色。

2. 团队的行为规范

团队的行为规范是团队成员共同遵守的行为准则。一般来说，团队的规模越大，团队的行为规范就越复杂。团队行为规范可以以明文规定的方式存在，如规定、条例等，也可以以心照不宣的方式存在。通过理解并遵守团队规范，团队成员不仅会知道自己该做什么、不该做什么，还能够增强相互合作的主动性和自觉性。

3. 团队领导者的个人风格

领导者个人的性格特征、管理风格与团队沟通效果密切相关。如果团队领导者是专制型的或是放任自流型的，那么，团队沟通就会低效或无效。前者压制了团队成员的新思路、新建议，后者则会使团队沟通毫无章法。现代管理越来越强调柔性管理，如果团队领导采用民主型的领导风格，则会使团队沟通更加有效。

三、团队沟通的技巧

（一）讲故事法

在团队沟通中，讲故事往往比讲道理更平易近人，也更方便团队成员领悟相关道理。讲故事不仅能扫清沟通的障碍，还能让讲故事的人获得更大的影响力，这种影响力又能吸引来更多的故事。

（二）聊天法

聊天法属于非正式沟通方法，通过聊天更易走进对方的内心世界，更加了解对方的思想和想法。采用聊天法可以帮助团队舒缓情绪，释放压力；了解资讯，收获信息；传道授业，影响他人；感悟他人，体察自己；消除误会，增强互信。

（三）制订计划法

国内很多的大企业管理者都会跟下属或者员工进行沟通、交流，帮助其制订个人的发展计划，跟上公司的业务发展，以实现企业目标、员工个人目标等。

（四）越级报告法

有些公司总裁的办公室从来没有门，员工受到顶头上司的不公正待遇，或者看到公司的什么问题，都可以直接提出，还可以越级反映。这种企业文化使得人与人之间相处时，彼此之间都能做到互相尊重，消除了对抗和内讧。

（五）参与决策法

员工参与决策可以使员工对企业更加有归属感和担当感，真正把自己当作公司的主人，也就更加乐意为企业奉献更多的智慧。

（六）培养自豪感

一个在私营企业打工的大学毕业生，他对所在的企业和自己的工作都充满了自豪感。他说:“企业获得了很多专利，有些已经领先世界；企业的产品销往多个国家和地区，经常供不应求；工资比当地的公务员高出一倍，年底还有不小的红包；文化活动丰富多彩，比在学校里还充实和快乐。”这种自豪感激励和鼓舞着他在企业奋发向上，创造更加美好的人生。

（七）口头表扬法

表扬是一种有效的团队沟通方法。辛迪是一家上市公司的财务总监，有一次，财务部主任在公司的会议上做了一个报告，他的报告寻常无奇，没有博得任何掌声。散会后，辛迪和财务主任偶然间相遇，她对他说:“你刚才的报告很好，言简意赅，我很佩服你的能力。”财务主任本来对自己的报告没有任何信心，但是作为自己顶头上司的财务总监辛迪却对他赞许有加，这是让他没有想到的。这说明了上司对自己工作的肯定，让他从心底里非常感激自己的上司。从此，他对自己的工作充满了信心，而且更加努力。

任务小结

班级:	学号:		姓名:
	学习索引		学生自测
知识点	团队的概念及特征	团队的含义	
		团队的类型	
		成功团队的特征	
	团队沟通概述	团队沟通的含义	
		团队沟通的特征	
		影响团队沟通的因素	
	团队沟通的技巧		

任务思考

1. 好的团队需要具备哪些条件？
2. 影响团队沟通的因素有哪些？
3. 可以通过哪些方法改善团队沟通？

如何告诉他

项目训练

列队游戏

5~8位同学为一组，每人抽取一个号码牌，且只知道自己的号码。然后，这5~8位同学都戴上眼罩，尝试按号码从小到大的顺序，列成直线型的队伍。列队全程不能说话，只要有人说话或脱下眼罩，则列队失败。

游戏过程中，参与和观看的同学都可以思考：

1. 用什么方法让队员知道彼此的号码，安排大家的位置？
2. 沟通中都遇到了什么问题？怎么解决的？还有没有更好的方法？

项目练习

一、单项选择题

1. 在组织中，建立畅通沟通渠道的要诀不包括（　　）。

A. 认清目标，全面知己　　B. 推敲意图，准确知彼

C. 争取天时、地利、人和　　D. 不能打断、回应对方

2. 在与下级员工面谈时，上级不恰当的行为表现是（　　）。

A. 不与员工争论　　B. 打断员工说话

C. 不过早下结论　　D. 尽量多说，让员工多听

3. 在企业中，下达指令的常用方法不包括（　　）。

A. 吩咐　　B. 强制　　C. 请托　　D. 征询

4. 在与上级沟通时，需要遵循的原则不包括（　　）。

A. 少问选择题，多问判断题　　B. 有问必答

C. 接收批评，不推卸、不辩解　　D. 调整好心态，无怨言地接受任务

5. 进行跨部门沟通时，不恰当的做法是（　　）。

A. 学会换位思考　　B. 树立“内部顾客”的理念

C. 情绪缓和，尊重双赢　　D. 强调本部门的价值，认为本部门更重要

二、多项选择题

1. 组织沟通的类型包括（　　）。

A. 内部沟通　　B. 外部沟通　　C. 上行沟通　　D. 下行沟通

2. 组织沟通的方式主要有（　　）。

A. 上行沟通　　B. 下行沟通　　C. 正式沟通　　D. 非正式沟通

3. 不同部门间的横向沟通可以分为（　　）。

A. 不同部门同级管理者之间的沟通　　B. 部门管理者和其他部门员工之间的沟通

C. 不同部门员工间的沟通　　D. 公司领导和部门管理者之间的沟通

4. 下列哪些因素是成功团队的特征？（　　）

A. 有共同的愿景和目标　　B. 具有良好的行为规范

C. 通畅的沟通渠道　　D. 有效的技能互补

5. 下列哪些是上行沟通的障碍？（　　）

A. 高层管理者不鼓励上行沟通　　B. 各级管理者过滤上行沟通信息

C. 存在沟通瓶颈　　D. 下层员工缺乏上行沟通的动机

三、判断题

1. 组织内部沟通包括纵向沟通和横向沟通，纵向沟通包括下行沟通和上行沟通。（　　）

2. 正式沟通是指通过组织明文规定的渠道进行的与工作相关的信息传递和交流，它与组织的结构息息相关。（　　）

3. 下行沟通，是指信息从组织的高层结构向低层结构传递的过程，即自下而上的沟通。（　　）

4. 当你与上司发生矛盾或冲突时，最坏的情况是上司有可能会处处冷淡你，这时你应该针锋相对或漠然置之。（　　）

5. 在一个团队中，如果消极角色多，积极角色少，则该团队沟通是畅通的和有效的。（　　）

沟通
类型篇

项目五

语言也有刀锋　说话如沐春风
——口头沟通

项目导学

◎ 了解口头沟通
◎ 认清口头沟通的障碍
◎ 掌握口头沟通的技巧

学习导航

- 口头沟通
  - 了解口头沟通
    - 口头沟通的概念和特征
    - 口头沟通的类型
    - 口头沟通的作用
  - 认清口头沟通的障碍
    - 口头沟通的障碍表现
    - 影响口头沟通的因素
  - 掌握口头沟通的技巧
    - 面谈的技巧
    - 演讲的技巧

学前思考

让我们都学会“好好说话”

说话，也要“学”了。

有政协委员提案请教育部重视学生的口语表达，教育部答复提到，相关课程标准中已经纳入培养目标，“具有日常口语交际的基本能力，学会倾听、表达与交流，初步学会运用口头语言文明地进行人际沟通和社会交往”“运用口头和书面语言文明得体地进行表达与交流”，都安排得明明白白。

说话还要学吗？有人觉得不用，因为人人都会；有人觉得学也学不会，因为那是天赋。其实不是，口头沟通需要学，也可以学，语言能力既有天赋的因素，也有后天努力的加持。

那么，什么是说话的艺术呢？用上过《百家讲坛》的曾仕强教授的话说，就是“对不同的人说不同的话，这是高度的智慧”。

语言是交流的工具，交流就有对象。就像白居易写诗一定要老太太听懂，因为通俗晓畅的诗作，明显比那些炼字堆砌的诗更有生命力。

口语表达的对象，可以按人数多少，分成“一对一”和“一对众”。“一对一”就是两个人的沟通，“一对众”就是演讲、讲话、主持之类。就算我们认定自己一辈子只做观众，不去参加“脱口秀”，不上台演讲、发言，但是，与人沟通却是必不可少的。台上也好，台下也罢，凡是需要和人打交道的场合，就必然要运用表达的能力。

卡耐基在他那本《语言的突破》中提到，一个人事业的成功，只有15%取决于本人智力的技巧，而另外85%取决于沟通的能力，讲话的技巧以及说服他人的能力。别的不说，找工作面试，工作中与同事合作，与客户交流，与对手谈判，开会时做演示……这些场景无一不要用到口语表达。表达的技巧高低，很可能直接影响薪资的高低和职位晋升。

不谈事业，生活也需要说话的艺术，所谓“良言一句三冬暖，恶语伤人六月寒”。这正是教育部在《答复函》中提到的课程目标的价值：增强人际交往能力，在口语交际中树立自信，尊重他人，文明得体，仪态大方，善于倾听，敏捷应对。

（资料来源：今日头条，有改动。）

思考探究

探究一：通过上述资料，你认为口头沟通有哪些重要性？

探究二：通过上述资料，你认为口头沟通有哪些技巧？

探究三：请你谈谈对“良言一句三冬暖，恶语伤人六月寒”这句话的理解。

任务一

了解口头沟通

任务目标

1. **知识目标：**认识口头沟通的概念、特征和作用。
2. **技能目标：**能够灵活运用不同类型的口头沟通。
3. **素质目标：**养成勤于口头沟通的良好习惯。

任务导入

机智的导游

一位导游员在讲解过程中，正为祖国壮丽的山河和悠久的历史文化感到骄傲和自豪时，一位美国游客却提出问题："先生，你总说中国这里好，那里好，为什么不说中国有什么不好呢？"导游员回答："你们到中国来旅游，选的都是一些名山胜水、人文古迹，我当然要介绍这些景致的好了。就像我如果到美国，你也会告诉我，美国这好那好一样。世界上的孩子都认为自己的妈妈是最好的。人同此心，情同此理。中国是一个发展中国家，还有许多不尽如人意的地方，但中国正一天天好起来。"

客人不满足："如果拿中国和美国比，怎么样？"这位导游员并没有因此而发火，也没有去讲社会制度不同的大道理，那样会越来越纠缠不清，而是幽默地讲了句："你们美国是天上的东西多（指了指天），我们中国是地下的东西多（又指了指地）。你们天上有的，我们中国将来一定会有的；而我们地下有的，你们恐怕永远不会再有了。"话虽不多，却把矛盾化解了。

导游员是国家文化的传播者，一言一行维护着国家的形象，面对游客的刁难或者挑衅，一定要坚定立场，端正姿态，用睿智的沟通化解矛盾。

（资料来源：张舒哲，高娴子．导游口语技巧［M］．北京：旅游教育出版社，2006.）

问题思考

如果你在与客户沟通的时候，对方口头刁难你，你会如何应对？

任务描述

一、口头沟通的概念和特征

（一）口头沟通的概念

口头沟通是指人们借助口头语言实现的信息交流、表情达意的活动。它是日常生活中最常采用、最直接的沟通方式。口头沟通涉及的对象非常广泛，可能是家人朋友、公司的上司、同事或者是客户，又或者是政府代表等。所以，是否会恰当地进行口头沟通，小则影响我们与周围人的人际关系，大则影响一个企业的发展和一个人的幸福感。

（二）口头沟通的特征

1. 形式灵活多样

口头沟通形式多样，它既可以是两人之间的交谈，也可以是群体中的讨论或辩论，也可以是不同场合中的即兴发言。它既可以是正式的磋商，也可以是非正式的聊天。灵活多样的沟通方式可以让口头沟通变得专业、生动、有温度。

2. 信息传递快速

口头沟通是所有沟通形式中最直接的方式，可以把信息直接传递给对方，并且让其有效接收信息，观察沟通对象的反应，及时调整沟通内容，有助于沟通的成功。

3. 与态势语结合

眼神、表情、手势等态势语可以让口头沟通更传神，加强内容的表达力，让对方更好地理解或者更容易说服对方。

二、口头沟通的类型

（一）按照口头沟通的形式分类

按照口头沟通的形式，可以把口头沟通分为交谈、即兴发言和演讲三种类型。

口头沟通的12个要点

1. 交谈

交谈是两个或两个以上的人进行的面对面交流，是最常见的口头沟通形式，又可细分为聊天、谈心、问答和洽谈。

（1）聊天。聊天在生活和工作中处处可见，它是一种随意的、非正式的交谈。自由度较高，交谈双方可以随时随地进行聊天，很多时候没有准备的时间，比较轻松。

（2）谈心。谈心是双方针对某一问题进行的深度交谈，可能是想了解对方的真实想法，也可能是针对某件事情批评对方。谈心时倾听很重要，要根据对方的反应进行针对性的回应，这样才能激发双方表达真实的想法，达到良好的沟通效果。

（3）问答。问答是重在提问与回答的双向交谈，其特点是问题明确、针对性强，一问一答配合紧密，例如访谈等。

（4）洽谈。洽谈是与别人商量彼此相关的事项以达成协议的交谈。参与双方都有明确的目的，围绕一个中心话题阐述各自的观点，经过沟通、商讨，达成认识。政治交往与经贸交易中的谈判就属于这种交谈。

2. 即兴发言

即兴发言指在未做充分准备的情况下所做的临时性发言。一般有两种情况：没有外力邀请或督促的主动发言和在外力邀请和督促下的被动发言。即兴发言具有临场性、随机性、灵活性的特点，被认为是口语表达的最高形式。常见的即兴发言有传递信息的发言、引荐发言、颁奖词、欢迎词、祝酒词、口头报告等。

（1）传递信息的发言。有许多场合需要发言者向听众传递信息。例如，向员工介绍新的规定或手续，导游向游客介绍旅游行程和注意事项，商家向顾客提供有关新产品或其销售折扣的信息。为了更清楚与直观地说明问题，在进行传递信息的发言时，可以借助一些道具，譬如旅游行程单、商品传单、产品小样等。

（2）引荐发言。在正式的发言人发言之前，往往需要主持人或者企业领导进行引荐。引荐发言的目的是既让发言人感到有面子、有信心，又能引起听众对发言人的重视和期待。因此，引荐发言应简短且有感染力。一般来说，可以介绍发言人的成就、概述正式发言的内容和调动听众的情绪。需要强调的是，做好引荐发言的关键是要了解发言人和听众，要善于把双方背景中令人感兴趣的因素提取出来，找到双方的共鸣点。

（3）颁奖词。获奖对象在领奖前，颁奖者阐述其成就并肯定其贡献的话语，就是颁奖词。颁奖词的表达要注意三个方面的问题：一是颁奖对象的姓名和头衔一定要准确；二是介绍获奖者的成就或贡献，让获奖者体验荣耀感，同时激励听众；三是言简意赅，直击核心。

（4）欢迎词。当人们参观工厂、景区、学校或其他场地时，东道主应致简短且诚挚的欢迎词。多数情况下，致欢迎词应做到三点：一是表达对参观者的热烈欢迎；二是表达东道主的友善；三是简单明了。

3. 演讲

演讲又称演说、讲演，是在公共场合向众多人就某问题发表意见或阐明事理的口头沟通。从本质上看，演讲是艺术化的表达。

（二）按照口头沟通是否需要接收者现场反馈信息分类

按照口头沟通是否需要接收者现场反馈信息，口头沟通可分为互动性口头沟通和非互动性口头沟通。

1. 互动性口头沟通

互动性口头沟通是沟通各方采取轮流发言的形式进行的沟通，也就是常说的“你一言我一语”。面对面交谈、打电话、网络音视频、面试等都属于互动性口头沟通。

2. 非互动性口头沟通

非互动性口头沟通是沟通中的一方向其他方传递信息，而其他方只需接收不需反馈的沟通，如广播电视播音、口头报告、演讲等。

三、口头沟通的作用

作为沟通当中最常使用又较方便的沟通方式，口头沟通可以帮助双方迅速解决问题，改善关系，而且能够当场感知沟通效果。尤其是领导跟下属沟通时使用面对面口头沟通的形式，会让下属觉得被尊重，领导也可以通过下属的微表情等及时捕捉沟通效果。这样的沟通会润滑上下级关系，提升沟通效率。

口头沟通能力测试

任务小结

班级：	学号：	姓名：
知识点	学习索引	学生自测
	口头沟通的概念	
	口头沟通的特征	
	口头沟通的类型	

任务思考

1. 什么是口头沟通？
2. 口头沟通有哪些特征？
3. 口头沟通可分为哪些类型？

任务二 认清口头沟通的障碍

任务目标

1. **知识目标：**认识口头沟通的障碍表现和影响因素。
2. **技能目标：**能够在日常学习、工作和生活中发现、反思和避免口头沟通障碍。
3. **素质目标：**养成积极应对口头沟通障碍的良好心态。

任务导入

方言的差异

公元前666年，楚国司马子元在伐郑的过程中，发现郑人城门大开，等待楚人冒进深入，最后瓮中捉鳖。司马子元发现了敌人的预谋，于是用楚地方言“楚语”下令楚军有序撤退，这避免了己方的军事口令被敌军识破。但是，他们在和中原人交涉的时候，又普遍使用中原的雅言，方便沟通。可见司马子元会根据不同的情况使用不同的地方语言。

即使是相邻的两国，方言也有差异。《战国策·秦策三》记载，郑国人把没有经过加工的玉叫作“璞”，周人把没有晾干的老鼠肉叫作“朴”。有个周人怀里揣着没有晾干的老鼠肉，从一个郑国的商人门前经过，对那商人说：“你想买朴吗？”郑商说：“我想买璞。”等周人拿出朴来，郑商一看，原来是没有晾干的老鼠肉，只好谢绝购买。

（资料来源：百家号。）

问题思考

1. 司马子元是如何做到让楚军安全撤退的？
2. 郑国商人想买璞，而商人恰好卖朴，为什么交易还失败了呢？

任务描述

在口头沟通中，经常会发生这样的情况：人们自认为表述得很清楚，然而听者却没有理解，甚至误解。这是因为我们在口头沟通的过程中遇到了沟通障碍。口头沟通的障碍有哪些？为什么会出现这些障碍呢？这就是本次任务要解决的问题。

一、口头沟通的障碍表现

（一）准备障碍

现代管理学之父彼得·德鲁克曾说过，“一个人必须知道该说什么、什么时候说、对谁说、怎么说。”口头沟通不是直接张口就来的，需要在沟通前围绕沟通目的、针对沟通对象、梳理沟通内容，确保口头沟通有效地进行。但是，很多人往往不在意这一系列的准备过程，自认为心里想得差不多就可以了，这就容易让准备本身成为口头沟通的障碍。即便是口才再好的人，也需要做足准备，因为也许我们可以把控自己的沟通节奏，却难以预料沟通对象的临场反应。

没有准备的班干部

（二）表达障碍

表达障碍是口头沟通最常见和最典型的障碍。由于口语表达能力、语言习惯、逻辑思维、文化层次、价值观念等因素的影响，有的沟通者并不能够精准且简约地表达想要表达的意思。这种障碍和下文的理解障碍是有关联的。表达障碍会引发理解障碍，而信息接收者理解有误又会干扰其对所接收信息的反馈，生成进一步的表达障碍。

哭笑不得的求救电话

（三）理解障碍

沟通的一方没有明白另一方说话的意思，会根据自己的理解，回复另一方，导致另一方也开始偏离原先的沟通轨道。如果始终没有任何一方发现信息已经出现理解偏差，则容易损伤沟通效果，甚至不得不中断沟通。

阿维安卡 52 航班悲剧

二、影响口头沟通的因素

（一）环节过多

在内部层级较多的公司里，从高层传达信息到低层，或者从低层汇报情况到高层，如果中间环节太多，每经过一次传达，就容易出现信息遗漏、丢失或错误的情况。

（二）内容欠妥

口头沟通效果能否达成的关键因素是沟通内容本身。如果内容有问题甚至有错误，其他因素再好也无济于事。比如，网络直播让口头沟通有了新的载体和更丰富的样式，但是，部分主播和艺人在直播间说了违反法律规定、违背公序良俗、挑战公众心理接受底线的话，很快就遭到了“封杀”。

（三）形式不当

在口头沟通的类型里，我们提到过，按沟通形式，口头沟通可分为交谈、即兴发言和演讲，而最常用到的交谈又包括若干子类型。也就是说，我们在进行口头沟通的时候，有很多形式可以选择。特别是当口头沟通发生在公司里，沟通发起人选择了不恰当的形式，会直接导致沟通达不到预期效果。比如，部门负责人想就下属工作上的失误和他沟通一下，这时有两种口头沟通形式供负责人选择，一个是谈心，一个是问答。显然，如果负责人选择用问答的形式与下属沟通，下属会变得局促，甚至会觉得负责人有小题大做之嫌。同时，负责人可能还觉得委屈，认为自己对下属的工作是如此的负责，却没得到应有的体谅。

（四）口语滥用

口头沟通使用的是口语，口语的优点就在于精练、通俗、生动，再加上同一个文化体系里的人具有约定俗成的语言习惯，对于一些不符合语法规范的省略句、倒装句、病句，也能立刻理解。然而，滥用口语，或者口语里夹杂过多的书面语和网络用语，反而会让口语的优点变成缺点。两句话就能说清的问题，如果讲十分钟，就会让听者失去耐心，本来还理解，结果越听越糊涂。

（五）情绪不佳

口头沟通是理性与感性相结合和相作用的行为，任何一方的情绪不好，都会让感性思维占据上风，影响人们理性的思考，从而导致说话内容未必是原先打算说的，造成沟通双方人际关系的裂痕。

（六）环境嘈杂

口头沟通对环境要求很高，自然界与生俱来的声响、人为制造的噪声以及各种意想不到的声音，都可能覆盖沟通双方的音量和干扰说话的节奏，让人心烦意乱，无法集中注意力。

任务小结

班级：	学号：	姓名：
知识点	学习索引	学生自测
	口头沟通障碍的表现	
	影响口头沟通的因素	

任务思考

1. 口头沟通存在哪些障碍？
2. 口头沟通的障碍是怎样产生的？

任务三

掌握口头沟通的技巧

任务目标

1. **知识目标：**了解面谈和演讲的技巧。
2. **技能目标：**具备运用口头沟通技巧解决实际问题的能力。
3. **素质目标：**增强对说话的责任意识，在言语间传递关怀与友善。

任务导入

爱因斯坦解释相对论

爱因斯坦有一次参加一个晚会，有一位老太太跟他说："爱因斯坦先生，你真是了不得啊，得诺贝尔奖了。"爱因斯坦说："哪里哪里。""爱因斯坦先生，我听说你得诺贝尔奖的那个论文叫作什么相对论，相对论是什么东西啊？"面对一位70多岁的老太太，爱因斯坦要怎么回答呢？能量等于质量乘以光速的平方这种相对论的公式，显然，她听不懂。

爱因斯坦想了想，回答道："亲爱的太太，当晚上十二点钟，您的女儿还没有回家，您在家里等她，十分钟久不久？"

"真是太久了。"

“那么亲爱的太太，如果您在纽约大都会歌剧院听歌剧卡门，十分钟快不快?”

“真是太快了。”

“所以，太太，您看两个都是10分钟，相对不同，这就叫作相对论。”

“哈哈哈！我明白啦!”老太太满意极了。

（资料来源：百度文库。）

问题思考

1. 爱因斯坦是怎样让老太太理解相对论的?
2. 根据爱因斯坦的沟通方法，请你想想，还可以打什么比方，帮助老太太理解呢?

任务描述

“好言一句三冬暖”。掌握口头沟通的技巧，不但能够促进双方关系的健康发展，还能帮助我们有效解决各种情境中的沟通问题。但是，任何技巧都不是万能的，特别是在口头沟通中，我们需要根据不同的情况，灵活地使用技巧，才能达到理想的效果。

一、面谈的技巧

（一）了解沟通对象

1. 了解沟通对象的需要

沟通对象的需要分为生理需要、安全需要、社交需要、尊重需要、自我实现的需要、求知需要、美感需要等。沟通内容要贴合这些需要里的一个或若干个，否则，对方会觉得与他无关，对沟通失去兴趣。

2. 了解沟通对象的类型

对于积极型，选择对方感兴趣的话题，多进行互动。

对于浅听型，简明扼要地表述，清楚地阐述我们的观点和想法即可，不要长篇累牍，也不要晦涩难懂。

对于漫听型，不时地与他们保持目光接触，使对方专注于我们的讲话，并提出一些问题，主动讲些他们感兴趣的话题。

对于技术型，多提供事实和统计数据，直接描述我们的感受，多做明显的提示，带动对方积极地反馈。

3. 了解沟通对象的个性

对于随和型，我们也尽可能随和，能够灵活地进行双向沟通最好。

对于强硬型，需要以柔克刚，有时候也可以硬碰硬，但都需要以理服人。

对于内闭型，需要有耐心，先选择打动对方的话题，再慢慢将其心门打开，哪怕能够有一丝光进入他们的心门，沟通也会顺畅很多。

4. 记住对方的名字

在口头沟通中，记住对方的名字非常重要，既让对方觉得受到尊重，也可以润滑双方的关系。比如，与见过的客户再次重逢，准确无误地喊出对方的名字，会给对方非常美好的感受；如果没记住对方的名字，至少能叫出对方的姓氏或者头衔。

（二）寻找共同话题

收藏品、小孩、交通、汽车、美食、时事、天气、旅游、体育比赛、电影、电视剧、音乐、热门话题等都可以成为面谈的共同话题。但是，选择话题的时候应注意：对不知道的事，不要冒充内行；不要向陌生人夸耀自己的成绩；不要在公共场合谈论朋友的失败、缺陷和隐私；不要谈容易引起争执的话题；不要到处诉苦和发牢骚。

（三）直言婉转结合

有时候需要直言不讳，但直言不讳只有建立在实事求是、坚守底线、平等协商的基础上才能起到效果，切忌给别人咄咄逼人的感觉。有时候，面对对方难以理解的和自己难以回答的问题，需要委婉和迂回，可以采用修辞手法，甚至绕着圈说话，既不伤害或为难别人，又保护自身。

（四）多用赞美语言

赞美要发自内心，而且越具体越好。赞美对方漂亮时，可具体到发型、妆容、衣服。找不到这些方面赞美时，可以赞美他的工作业绩、工作环境或者所在团队等。

二、演讲的技巧

（一）分析听众

亚里士多德曾说："演讲有三个要素：演讲者、主题和听众，后者决定演讲成功与否。"

1. 分析听众的意愿要求

分析听众的意愿要求，以便有针对性地确定主题、选择材料、撰写演讲稿。听众的意愿要求大致如下：

慕名而来：目的是一睹名人风采，对演讲水平不太计较。

求知而来：演讲的内容充实，条理清楚即可，不计较演讲技巧。

存疑而来：演讲内容交代清楚，不在意演讲者的身份地位和演讲水平。

欣赏而来：目的不在于演讲内容，而在于演讲技巧。

不得不来：出于应酬或任务，如报告会、比赛观摩、庆典等，对内容和技巧均不关心。

2. 分析听众的构成

听众的年龄、性别、受教育程度、职业、兴趣等方面的不同，决定了他们会倾向于听什么样的演讲。分析一场演讲的听众主要由哪些年龄段、什么性别、何种受教育程度、哪种职业、什么喜好的群体构成，有助于在演讲的准备阶段就有的放矢，确保演讲达到预期的效果。

（二）吸引听众

1. 注意第一句话

高尔基曾说："最难的开场白，就是第一句话，如同音乐一样，全曲的音调都是由它决定的。"有以下几种方式可以借鉴：结合与本次演讲有关的内容，开适宜的玩笑；以讲故事的方式引出演讲内容；围绕演讲主题，提出引起听众思考的问题；展示与演讲有关的物件；引用名言名句；制造悬念，勾起听众对演讲内容的好奇心。

2. 引发和保持听众的注意力

研究显示，人的注意力的持续时间非常有限，大约只有3秒到24秒。因此，演讲者要吸引和保持听众的注意力。与听众相关且通俗生动的演讲内容最能够引起听众的注意，再加上演讲者自身的履历和精彩的开场，听众的注意力会得到最大程度的吸引。保持听众的注意力，需要演讲内容能够持续输出优质的语段、演讲节奏能够持续把控听众的情绪、演讲风格能够持续获得听众的喜爱。

（三）设计演讲内容

1. 准备提纲

演讲不一定要有讲稿，但必须有提纲。演讲的展开应按照提纲的顺序进行，不宜随意增减。第一，坚持提纲的安排，提纲是经过深思熟虑，认真准备的。第二，带而不念提纲，带上提纲并放在讲台上，一方面可以表示有充分准备；另一方面也可避免忘掉演讲内容，方便查阅。

杨利伟：与责任对话

2. 把握时间

一般控制在1~2小时。时间太长，内容庞杂，容易使听众疲惫，分散精力；时间太短，演讲者无法把问题说清楚。具体时间需要依据演讲的主题、内容和其他客观情况而定，该长则长，该短则短。

3. 深耕正文

正文是演讲的主体，是分析听众阶段的成果展现，也是吸引听众的各种技巧的落脚处。首先，正文需要有完整的结构，可以是总—分—总，也可以是总—分，还可以是分—总；其次，不管是哪种结构，正文都应该有严谨的逻辑线，将各段落连接成一个有机的整体，并列也好、递进也罢，只要是能帮助听众顺藤摸瓜地梳理演讲内容、把握演讲主题就可以；再次，正文最好以叙事为主，夹叙夹议也可以，但尽量避免道理占太多篇幅；最后，语言风格以口语为主，或幽默，或柔情，或接地气，通俗易懂，平易近人。

4. 精彩结尾

精彩结尾能给听众留下难以忘怀的印象，“余音绕梁，三日不绝”。常见的收尾方式有：总结演讲内容，重申观点；提出令人深思的问题；激情地号召；深情地呼唤；提出真诚的请求。

任务小结

班级：	学号：	姓名：
	学习索引	学生自测
知识点	面谈的技巧	
	演讲的技巧	

任务思考

1. 面谈需要哪些技巧？
2. 我们需要了解面谈对象的哪些方面？
3. 演讲有什么样的技巧？
4. 如何设计演讲内容？

项目训练

下面是一位前台服务员的接待情况，请你指出她的口头沟通存在哪些问题，并提出改进建议。

一位客人入住某酒店，想让前台给他的房价打个折扣。服务员说："这不是我说调就能调的，这是酒店的规定。"客人说："我出差常到你们这里住，这次是来旅游的，你们优惠一点吧。"服务员说："那你就应该知道我们房价的调整政策，现在一律不许打折，就这种房价都还供不应求呢。出来旅游花点钱没什么呀！你要嫌房价高，那你到别的酒店去看看吧，小酒店便宜。"说完便接待别的客人去了。

后来，这位客人自己或者与别人一起再来出差时，选择了另一家档次相当的酒店入住，而这家酒店从此失去了许多客源。

挑错训练

表达沟通训练

项目练习

一、单项选择题

1. 下列不属于交谈的形式的是（　　）。
   A. 聊天　　B. 谈心　　C. 洽谈　　D. 演讲
2. 演讲时如何做到吸引听众打动听众，下列说法错误的是（　　）。
   A. 语言精练易懂　　B. 听者专注认真
   C. 减少沟通环节　　D. 可以随意选择沟通方式
3. 下面有关口头沟通的障碍说法错误的是（　　）。
   A. 理解障碍　　B. 沟通媒介不当
   C. 沟通环节过多　　D. 基本上都是表达障碍
4. 下面有关口头沟通的作用，说法错误的是（　　）。
   A. 任何事情都可以通过口头沟通解决　　B. 可以及时看到沟通效果
   C. 可以随时补充　　D. 可以借助手势等增强沟通的效果
5. 关于如何突破口头沟通的障碍，下列说法错误的是（　　）。
   A. 提前充分准备　　B. 语言精练易懂
   C. 听者专注认真　　D. 增加沟通环节

二、多项选择题

1. 常见的口头沟通类型有（　　）。

A. 演讲　　B. 正式的一对一讨论或小组讨论

C. 非正式的讨论　　D. 电话沟通

2. 口头沟通应该注意的问题有（　　）。

A. 不要使用可能被误解成歧视、偏见或者攻击性的言语

B. 口头沟通的时间选择很重要

C. 要注意沟通的被动性

D. 口头沟通应坦白、明确

3. 在口头沟通中，说话一定要非常明确，让对方有（　　）的理解。

A. 唯一　　B. 准确　　C. 多种　　D. 猜测

4. 演讲听众的类型一般有哪些？（　　）

A. 行人型　　B. 被动型　　C. 精选型　　D. 一致型

5. 面对面交谈时要注意（　　）。

A. 肢体语言的运用　　B. 神态的运用

C. 口头语言的清楚表达　　D. 因人而异的沟通

三、判断题

1. 口头沟通是沟通当中最常见且运用最多的沟通方式，任何事情都可以通过口头沟通来解决。（　　）

2. 口头沟通属于单向沟通。（　　）

3. 口头沟通之前一定要了解沟通的内容和对象，有针对性地进行沟通。（　　）

4. 在口头沟通中只要扫清了表达和理解障碍，口头沟通就会畅通无阻。（　　）

5. 演讲时要尽可能做到理解听众，语言幽默，表达清楚。（　　）

项目六

见字宛若见面　书写滋润心田

——书面沟通

项目导学

◎ 了解书面沟通

◎ 认清书面沟通的障碍

◎ 掌握书面沟通的技巧

学习导航

- 书面沟通
  - 了解书面沟通
    - 书面沟通的内涵
    - 书面沟通的特点
  - 认清书面沟通的障碍
    - 书面沟通的障碍表现
    - 影响书面沟通的因素
  - 掌握书面沟通的技巧
    - 写作的基本过程
    - 常用文书的写作技巧
    - 求职信和个人简历的写作技巧

学前思考

让聋哑孩子绽放自信笑容

近日，在重庆市聋哑学校一次文艺活动中，女学生小宇（化名）再次发挥化妆才能，为同学们扮靓造型。

小宇当上化妆师志愿者，与重庆仁怀青少年社会工作服务中心理事长、主任王丽萍的介入、鼓励密切相关。

“我想退学！”不久前，小宇走进学校社工室，通过书写告诉王丽萍。

两人书面沟通后，王丽萍了解到，小宇幼时父亲就离她而去，她和母亲生活在一起，后来母亲再婚，又生了一个妹妹，对她的关心逐渐变少。小宇表示：自己渴望交朋友，又不知从何入手；学习成绩不好，不知道未来的路该怎么走。

通过分析研判，王丽萍为小宇初步拟定了三套解决方案：疏导情绪，打消因学业不好引起的退学念头；敞开心扉，建立同伴支持，消除目前孤立无援的处境；发挥优势，找到展示自己的平台。

一次偶然的机会，王丽萍发现小宇擅长穿搭，对妆容有自己的理解。她邀请小宇当志愿者，为外出表演的同学化妆。这次技能展示，让小宇收获了满满自信。

敞开心扉后，小宇与母亲、妹妹的关系好转，还在王丽萍介绍下找到志同道合的小伙伴。现在，小宇定下人生“小目标”：毕业后向美容师这个职业发展。

小宇的转变，在重庆市聋哑学校并不鲜见。“聋哑孩子听力障碍导致沟通交流不畅，缺乏自信心。社工进驻学校，可以通过专业手法、资源链接，开展系列的、有深度的服务。”市聋哑学校相关负责人曾旁观王丽萍与孩子们沟通，她形容这是一种“隐秘的沟通交流”，更容易引导孩子，“现在学校的孩子常常主动到社工站聊天、讲心事，回到教室后也更加积极、阳光了”。

据了解，王丽萍已从事社会工作服务13年，近年来她扎根于听障青少年残障康复领域，帮助重庆市聋哑学校学生融入社会，走出无声世界。

（资料来源：重庆日报，有改动。）

思考探究

探究一：结合案例，谈谈你对书面沟通的认识。

探究二：结合案例，说说书面沟通存在哪些障碍。

探究三：结合案例，谈谈班主任运用了哪些沟通技巧。

探究四：结合案例，说说你从班主任身上看到了什么样的品质。

任务一

了解书面沟通

任务目标

1. **知识目标：**了解书面沟通的内涵和优缺点。
2. **技能目标：**熟知并掌握书面沟通的优点与缺点。
3. **素质目标：**提高对书面沟通的认知度与重视程度。

任务导入

没有说清楚还是没有听清楚？

有一天，总经理给新来的助理小曹布置了一项任务，要求她向各个部门下发岗位职责空白表格，并要求各个部门在当天下午4点之前上交总经理办公室。总经理问小曹是否明白他的意思，小曹说完全明白，于是就去执行了。

结果，到了下午规定的时间，技术部没有按时上交。总经理问小曹：“你向技术部怎么传达的？”小曹说，完全按正确的意思传达的。总经理又问为什么技术部没有上交，小曹说技术部就是没有上交，不知道为什么。

总经理把小曹和技术部经理召集到总经理办公室，问这个事情。技术部经理回答说，当时他没有接到小曹传达的关于上交时间的要求。而小曹却说，自己确实传达了，为什么公司其他11个部门都听到了就技术部没听到？技术部经理说，确实没有听到。

到底是小曹没有说清楚还是技术部经理没有听清楚？没有书面的东西，谁也说不清楚。

（资料来源：人人文库。）

问题思考

1. 结合案例，你认为什么是书面沟通？
2. 结合案例，谈谈书面沟通有哪些作用？
3. 结合案例，谈谈你在未来的工作中如何对待本职工作？

任务描述

管理离不开沟通，书面沟通则是不可避免的重要沟通方式。管理者有89%的时间花在关于“说、听、读、写”等的沟通活动上，其中22%的时间花在“写”上。比如，在纸上书写文字传递信息，就是最常用的书面沟通形式。随着新媒体技术的普及和渗透，“写”在沟通方式上占据的比例更大了，利用电子邮箱收发文件、应用社交软件发送即时信息、在门户网站上发表评论和弹幕等，本质上都属于书面沟通。

一、书面沟通的内涵

书面沟通，是指人们利用文字作为沟通媒介，与公众传递信息、交流思想的沟通方式。对企事业单位来说，书面沟通不仅是加强单位与单位之间联系的重要纽带，也是单位、部门展示形象的窗口，更是记载公务活动的凭证。

二、书面沟通的特点

（一）书面沟通的优点

1. 逻辑的严密性

一般来说，口头表达比书面表达容易。因为口语表达不需要对文字逻辑进行严密的组织和仔细的推敲，也不必过多地讲究语法与修辞，可能几个简单的词语一组合，对方就能很快地了解所要表达的意思。可是，要把相同的内容由口语表达转变成书面文字，就必须对表述内容重新整合。不论是纸质形式还是电子形式的书面沟通，都需要严格按照文字的语法规范和行文结构谋篇布局。它不仅要讲究语言的应用，还要考虑文字的逻辑和条理。同时，发布的文字在最终敲定之前，还需经过反复修改、补充，以确保信息的发送者和接收者能够通过阅读准确地理解信息。

2. 表达的准确性

书面沟通使用文字表达观点，并经过不断地推敲、修改、再推敲、再修改，直到形成完善的文本内容，一定程度上避免了因口语表达失误而产生的歧义和误会。

3. 阅读的复制性

书面沟通的一个显著特点是文本可以复制，同时发送给许多人，实现信息的同传与共享。特别是电子形式的书面沟通，让复制变得更节约成本。

4. 存储的便利性

自古以来，文明与文化都是借助书籍延续至今的，这表明了书面资料方便储存的特点。正是因为文字可以长期保存，书面沟通中生成的信息可作为处理事务的凭证和依据，在某些时候还可作为法律上的证据，比如合同、协议书和凭证类条据等，也就是俗话说的“白纸黑字”。

（二）书面沟通的缺点

1. 花费时间较长

相较于口头沟通，拟写文本需要花费一定的时间和精力，以保证内容、结构、逻辑、语法都准确无误，此外，如果以纸质形式传递，还需要花费更多的时间。比如，公司总经理办公室临时通知召开紧急会议，办公室秘书可以花费10分钟的时间电话通知到需要参会的人员。但是，如果拟定一则正式的紧急会议通知，则需要超过10分钟的时间完成撰写、审核、发送、接收反馈等工作，而且参会人员还未必能及时看到通知。

2. 反馈速度较慢

在书面沟通的过程中，信息接收者的反馈一般也是通过文字形式进行的，传递环节的烦琐、传递人员的延误、传递信息的丢失等很多外在因素，容易导致信息反馈迟缓，不能及时满足沟通需要。

3. 应用门槛较高

每个人的文字功底、知识水平和生活经验不同，对相同信息的理解和接受程度也会不同。有的发送者不能精准地用文字表达自己的意思，有的接收者也不能准确地理解书面传递的信息，这就为沟通障碍的产生埋下了隐患。这就对文字表达和理解能力设置了一定的门槛。尤其是在企事业单位里，经常会有撰写和阅读公文的工作任务，没有相应的写作能力和理解能力，则无法胜任该环境里书面沟通的任务。

4. 辅助手段较少

口头沟通可以借助眼神、表情、手势等辅助形式，补充表达内容，提升沟通效果。但是，书面表达却不存在这种近距离性，特别是对于只有当面才方便表达的或者不便留下文字证据的内容，书面沟通都很难达到口头沟通的效果。

任务小结

班级：	学号：	姓名：
知识点	学习索引	学生自测
	书面沟通的内涵	
	书面沟通的优点	
	书面沟通的缺点	

任务思考

1. 什么是书面沟通？
2. 和其他沟通方式相比，书面沟通有哪些特点？

任务二

认清书面沟通的障碍

任务目标

1. **知识目标**：了解书面沟通的障碍表现。
2. **技能目标**：理解并掌握影响书面沟通的因素。
3. **素质目标**：加强书面沟通的认知力与理解能力。

任务导入

杳无音信

小杰是某信息技术服务公司业务部经理。有朋友给他介绍了一桩生意，是耀午集团的新购电脑安装业务。因为耀午集团是当地大型企业，需要收到商务信函，才考虑进一步洽谈的可能。于是，小杰给耀午集团拟了一封信函。

亲爱的先生/女士：

我已获悉您在寻找一家公司为贵公司所有部门安装新电脑。我确信作为一个完全令人放心的公司，我公司定能被指派。不管我们在贵公司业务方面经验是否有限，但曾经为您服务过的人说我们能胜任此项工作。对于与您相会的可能性，除非另通知，我在周一、周二和周五下午不能拜访您处，这是因为我公司已预约了其他客户。

小杰觉得对方一定能被自己的自信打动。然而，半年过去了，他还是没有收到面谈的回复。

（资料来源：百度文库，有改动。）

问题思考

1. 你认为小杰会收到耀午集团的回复吗？问题出在哪里呢？
2. 如果由你来写一封同样目的的信函，你会怎么写？

任务描述

在书面沟通中，由于个人的语言表达和理解能力的差别，在信息接收过程中经常会出现理解上的偏差。这些偏差体现在哪些方面，形成原因又是什么呢？

一、书面沟通的障碍表现

（一）表达性障碍

书面沟通借助文字传递和反馈沟通双方对某些问题的观点和态度，而文字功底、文化层次和价值观念，都会对体现观点和态度的沟通内容发生影响。文字表达能力不完备的信息发送者和书面反馈能力不到位的信息接收者，在双向沟通的过程中，将无法准确地表达沟通内容，导致沟通过程误会丛生，影响沟通效果的实现。

书面表达能力测试

（二）理解性障碍

书面沟通涉及的内容繁多，范围广泛，包括了社会学、经济学、管理学、市场学、广告学、文学及法学等多种学科门类。如果一个人的知识面不够宽广，知识储备中没有相关知识体系的支撑，就会体现为理解性障碍，从而影响到书面沟通的准确性。

公文常见易混词

（三）沟通性障碍

上述两种障碍综合构成沟通性障碍，表现在以下四个方面：

（1）由于信息的编撰者或传递者的个人表达能力等因素，经常会出现诸如书面材料表述不清、词不达意等现象。

（2）由于信息接收者的疏忽，造成信息遗漏，或者信息传递环节过多，书面材料的内容在传递过程中被篡改或销毁。

（3）不同部门接收到相同的信息，对文字的表述理解有所不同。

（4）收发文人员的个人理解（包括自己的看法、是否存在冲突、彼时的心态情绪、语言的敏感度等）都可能对书面沟通的顺畅形成阻碍。

二、影响书面沟通的因素

（一）主观因素

1. 个人认知

信息收发者很容易忽视与自己观念、看法有冲突的内容。

2. 个人情感

书面沟通讲求严谨，收发信息时的情绪会对沟通的态度产生影响。

3. 个人角色

同一个人对上司、同级别的同事、客户，使用的文字表述方式是不同的，使得书面沟通的目的和效果皆不同。

（二）客观因素

1. 外界环境的影响

书写条件与书面沟通的进程和效果息息相关。纸质形式和电子形式的书面沟通都需要安静的外部环境，让沟通双方能够静心完成这一需要缜密思维的沟通过程，达成计划的效果。对于后一形式而言，合理的设备配置和稳定的网络环境，是进行书面沟通必不可少的因素。

2. 信息的存在形式

对于个人私事，可以选择由网络平台处理，而大部分的公共事务处理必须经过完整的文书收发工作流程，必须以书面材料为载体。若书面材料的用纸格式、书写格式、装订格式不恰当，也会影响沟通效果，毕竟书面材料的格式相比文字内容更容易给人留下深刻的第一印象。

任务小结

班级：	学号：	姓名：
	学习索引	学生自测
知识点	书面沟通的障碍表现	
	影响书面沟通的因素	

任务思考

1. 请举例说明书面沟通的障碍表现。
2. 影响书面沟通的主客观因素有哪些？
3. 结合影响书面沟通的主客观因素，谈谈如何避免出现书面沟通障碍。

任务三

掌握书面沟通的技巧

任务目标

1. **知识目标：**了解并掌握写作的基本过程与写作技巧。
2. **技能目标：**理解并能在具体场景中正确使用文书写作。
3. **素质目标：**体验书面沟通的文字美、形式美、思想美。

任务导入

小燕子的道歉信

日本的古都奈良，位于青山环抱之中，这里既有金碧辉煌的古迹名胜，又有迎风摇曳的樱花，加之现代化的娱乐设施与世界一流的酒店，使得到这里观光的游客络绎不绝。4月以后，伶俐的燕子又争相飞来，纷纷在宾馆饭店筑巢栖息，繁衍后代，给奈良平添了一道温馨怡人的自然景观。

可是，招人喜爱的小燕子却有个随便排泄的习性，尤其是刚出壳的雏燕，它们总是把排泄物拉在明净的玻璃窗上和雅洁的走廊里。旅店的服务员不停地擦洗也不能完全清除，这使得游客们感到非常扫兴。

宾馆的经理们锁紧了眉头，他们知道，要想彻底清除小燕子的排泄物的污渍只有两个办法：一是增添员工；二是赶走小燕子。但是，增添员工无疑又会增加成本，而赶走小燕子又违背自然规律。怎么办呢?

有碍观瞻的小燕子的排泄物污渍问题，成了奈良旅游业发展的一大难题，而且，日渐影响了整个景区的繁盛。

有一天，奈良饭店的经理在接待台湾的一个旅行团时，偶尔听到了一个中国的成语"李代桃僵"。请教之后，才知道大意是代人受过。这个成语故事突然触发了他的灵感，他马上想起了无法对付的小燕子的排泄物污渍的问题，心中不由一亮，为什么不能让小燕子代本店受过呢?

于是，他绞尽脑汁，以小燕子的名义拟了一则奇特的启事：

女士们、先生们：

我们是刚从南方赶到这儿来陪伴你们度过春天的小燕子，没有征得主人的同意，在这儿筑了窝，还要生儿育女。我们的小宝贝年幼无知很不懂事，我们的习惯也很不好，常常弄脏你们的玻璃和走廊，使你们不愉快，我们很过意不去，请女士们、先生们多多原谅。

还有一件事恳求女士们和先生们，请你们千万不要埋怨服务员小姐，她们是很辛苦的，只是擦不胜擦，这完全是我们的过错。请你们稍等一会儿，她们马上就来。

你们的朋友　小燕子

小燕子天真烂漫的道歉，把寻找欢乐的游客们逗得前仰后合，他们肚子里的那股怨气也在笑声中悄然散去。每当他们再看到窗上和走廊里的点滴污渍时，就会自然而然地想起小燕子那亲昵风趣的话语，从而忍俊不禁。迷人的古都奈良，也因此迎来了越来越多的游客。

（资料来源：高谋。小燕子的道歉信。）

》问题思考

1. 奈良饭店的经理为什么一定要用书面的方式与客人们沟通呢?
2. 奈良饭店的经理为何模拟小燕子的语气而不是以酒店的口吻来写这封信呢?
3. 请你谈谈这封信具体好在哪些方面。

任务描述

书面沟通的主体内容是写作。写作的范围很宽广，包括文学创作、应用文写作等，不管是哪类文章，都讲求写作程序和写作技巧。

一、写作的基本过程

一般来说，写作过程可以分为谋篇构思、文字表达和推敲修改三个环节。这三部分相互关联，存在内在的逻辑关系。

（一）谋篇构思

1. 确定主题

主题是文章写作的核心，是信息编写者意图的体现，我们常说“意在笔先”，就是强调主题的确定是实现写作目标的基本要求。主题明确，中心思想突出，能使读者一目了然；反之，主题不明，中心思想模糊，就会使阅读者产生“丈二和尚摸不着头脑”的感觉，不仅无法正确理解和接受书面文字表达的真实内容，还可能产生误解。

在确定主题的同时，我们还需要分析读者。读者是上级领导、同级同事、下属职员还是单位外部的人员？他们的职务是什么？他们的责任范围是什么？如果是外部人员，他们与我们的关系是怎样的？除此之外，还要考虑，读者对写作的主题是否熟悉，能否理解写作意图，他们对文章的内容和观点可能会有怎样的认识，写作者又希望读者阅读后采取怎样的行动等。只有通过分析读者，写作者才可以因地制宜地掌控主题确定的清晰度与准确性，保证写作过程的有的放矢。

2. 收集材料

老话常说“巧妇难为无米之炊”，不论是写正式的文章还是写非正式的便条，都需要材料，而材料正是用来表现主题的。从不同角度出发，材料可以分为原始材料和转手材料、事实性材料和观念性材料、历史材料和现实材料、正面材料和反面材料。

在写作的具体过程中，需要充足的材料来支撑主题的表达。这些材料可以是道理，也可以是事例。同时，还要区分哪些部分应该详写，哪些部分可以一带而过，哪些部分不需要写，这样才能合理安排结构，并针对不同的读者组织恰当的语言。

3. 选择材料

收集材料后，就要对材料进行分析和选择。首先要与主题相对应，其次材料要绝对真实，最后材料要充分、具体。这就需要在日常生活中进行积累，或者针对一个主题，有侧重地对材料进行定向积累。

4. 拟写提纲

在主题确定和材料收集、选择之后，就需要整合书面材料。这也就是我们常说的画结构或定框架。任何一份书面材料，不论是私人文书还是公务文书，都需要完整的框架结构，它会制约主题的表达与材料的运用。文章大纲是否合理，不仅影响写作的难易程度，还会影响写作的质量和效率。因此，以框架结构为主体的写作提纲能够反映出写作意图、主要观点和行文逻辑，是对文章内容的概括与浓缩。

提纲可以有繁有简，有长有短。对于比较简单的文书，如留言条、备忘录、信函等，可以将提纲列得简单一些；对于比较复杂的文书，如工作计划、调查报告、可行性研究报告等，则可以把提纲列得详细一点。提纲越详细，写作起来就越容易。相对来说，在提纲的拟写时就要花费较多的时间了。一定意义上，拟写一份科学合理的写作提纲就相当于完成了一半的写作任务。

（二）文字表达

在进行谋篇构思的充分准备之后，围绕文章的主题，结合拟定的提纲，利用选择后的材料，通过文字的形式把思想、意图和内容等表达出来。不论是传统的纸质书写还是电子录入，这一阶段的文字表达是整个写作过程的核心环节。该环节还需注意书写的规范、清楚与工整，这会给读者留下良好的印象。

（三）推敲修改

一篇好的文书既是写出来的，也是改出来的。任何文章都需要经过修改这个环节，只不过文书的重要程度和性质不同，文书的修改次数不同而已。比如一则短信只需要修改一到两次就够了，而一篇公文则可能需要修改五六遍，甚至更多遍。所以说，文书写作的过程就是推敲、修改、再推敲、再修改的过程。

修改文章的技巧

二、常用文书的写作技巧

（一）通知

通知适用于发布、传达要求下级机关执行和有关单位周知或执行的事项，是很多机关部门、企事业单位和社会团体都广泛使用的一类文书。

公文的属性

1. 通知的特点

（1）使用范围广。通知的使用范围很广，在各级机关部门、企事业单位和社会团体中都广泛使用，而且使用频率高，可用于传达文件、知照事务和指导工作等。

（2）时效性强。通知的使用是为了执行单位规定、完成单位事务，要求收文机关执行、协助或办理。这就要求通知从拟文到发布都需要经过一定的程序，讲究时效性，不可事后行文或发布公文，影响办事效率与工作进程。

2. 通知的类型

根据不同的标准，通知可以分为不同的类型。

（1）传达性通知：发布性通知、印发性通知、周知性通知、执行性通知、会议通知。

（2）批转、转发通知：批转性通知、转发性通知。

3. 通知的写作结构

（1）标题。标题包括发文机关、事由、文种。

（2）正文。正文包括发文缘由、通知事项和结尾。

开头：写发布通知的背景、目的或依据。

主体：说明通知事项的内容，包括通知的任务、要求等。

结尾：总结，或突出重点，或强调有关事项，或提出简短号召，也可省略。

（3）落款。发文机关署名、成文日期。

（4）附件和附件说明。主要是起到参考作用的内容。

（二）工作计划

工作计划是国家机关、企事业单位、社会团体及个人对今后一定时期的工作预先做出安排和打算的一种事务性文书。在这里，我们强调的计划是管理中的计划，是工作的首要职能，是实现资源有效配置的重要方式和手段。它回答的是“做什么”“怎么做”“做到什么程度”这三个问题。

1. 计划的特点

（1）科学的预见性。结合实际情况，对未来一段时期的工作目标、方法、措施做出科学的预见，制订周密可行的计划。

（2）措施的可行性。一份完善的计划，必须有为实现具体目标而制定的可行措施、办法和要求，而且各部分必须具体明确、切实可行、符合实际。

2. 计划的类型

根据不同的标准，计划可以分为不同的类型。

（1）按计划内容，分为学习计划、工作计划、生产计划、财务计划、教学计划、销售计划、研究计划。

（2）按计划范围，分为国家计划、地区计划、单位计划、部门计划、科室计划、个人计划。

（3）按计划时间，分为十年计划、五年计划、年度计划、季度计划、月计划、周计划、日计划。

（4）按计划效率，分为指令性计划、指导性计划。

（5）按写作结构，分为条文式计划、表格式计划、综合式计划。

3. 计划的写作结构

（1）标题。标题包括单位名称、时间、事由、文种。

（2）正文。正文包括开头、主体和结尾。

开头：写计划的目的或依据。

主体：阐述指导思想、目标、任务、要求、措施办法。

结尾：总结，或突出重点，或强调有关事项，或提出简短号召，也可省略。

（3）落款。单位、日期。

（三）工作总结

工作总结是组织、部门和个人对过去的某个时期、某个阶段、某个方面已完成的工作进行回顾分析研究，找出规律性的认识，用以指导今后工作的事务文书。总结往往与计划相对应，二者互为前提而存在。它主要回答“做了什么”“做了多少”“做得如何”这三个问题。

1. 总结的特点

（1）限定性。总结是回顾过去的工作，对前一段时间的工作进行检查。

（2）实践性。总结的材料基本上来自本单位或本人的实践活动。

（3）过程性。总结不仅要对工作任务的结果进行评价，更要展示工作过程的得失，并对下一阶段的工作展开指导，因此，撰写时要注重工作的具体做法与经验启发。

2. 总结的类型

根据不同的标准，总结可以分为不同的类型。

（1）按总结内容，分为工作总结、学习总结、思想总结、生产总结、活动总结。

（2）按总结范围，分为地区总结、部门总结、单位总结、个人总结。

（3）按总结时限，分为年度总结、季度总结、月份总结、阶段总结。

（4）按总结性质，分为综合性总结、专题性总结、问题总结、经验总结。

3. 总结的写作结构

（1）标题。标题包括单位名称、时间、事由、文种。

（2）正文。正文包括开头、主体和结尾。

开头：交代工作背景、基本情况。

主体：介绍具体情况和做法、成绩与经验、存在的问题和教训。

结尾：针对问题和教训提出改进措施和努力方向。

（3）落款。单位、日期。

（四）调查报告

调查报告是报告调查研究结果的文书，是作者有目的地对社会生活中的某一事件、人物、现象、问题做深入细致的调查研究，然后用科学的方法进行分析而写成的书面报告，旨在研究对策、解决问题，向有关部门和上级领导做主动性或被动性的汇报。

1. 调查报告的特点

（1）针对性。调查报告针对某一问题进行有目的的研究，为了解决问题而侧重分析实际情况，进而向相关部门做报告。

（2）真实性。调查报告遵循客观实际，就工作中存在的现象、问题进行调查与分析，要求撰写者的工作态度必须严谨、认真。

（3）系统性。调查报告需要从多方位出发，全面详细地分析和解决问题，同时需要很强的逻辑性。

2. 调查报告的类型

根据不同的标准，调查报告可以分为不同的类型。

（1）按内容划分，有市场调查报告、商情调查报告、股票交易调查报告、中小学教育情况调查报告、职工收入调查报告等。

（2）按范围划分，有综合调查报告、专题调查报告。

（3）按目的划分，有新闻性调查报告、总结性调查报告、研究性调查报告。

（4）按性质划分，有经验调查报告、问题调查报告、情况调查报告。

3. 调查报告的写作结构

（1）标题。标题分为单标题和双标题。

（2）前言。说明调查报告的背景、目的和调查方法等。

（3）主体。以观点串联材料，以材料类型分层，以调查过程为序。

（4）结语。结语可以总结调查报告全文，也可以就调查报告的内容做引申式的提问，还可以为读者提供某种启发。

（5）附录。做其他情况的相关说明。

（6）落款。落款处写上调查机构或调查者的名称和调查报告完成日期。

（五）协议书

协议书是社会组织或个人之间对某一问题或事项经过协商，取得一致意见后，共同订立的明确相互权利义务关系的契约性文书。

1. 协议书的特点

（1）具有法律效力。依法订立的协议书，受法律保护，并对当事人具有法律约束力。协议双方必须按照约定履行自己的义务，不得擅自变更或解除协议，否则将受到相应的经济制裁，甚至被追究法律责任。

（2）符合国家相关要求。协议内容必须符合国家的有关法律、行政法规的要求。

（3）贯彻协商互利原则。协议双方的法律地位平等，必须具有法律行为能力。各方均有权自愿表达自己的意见，以公平、诚信的态度，贯彻协商互利原则。

2. 协议书的类型

根据不同的标准，协议书可以分为不同的类型。

（1）按内容，可划分为买卖协议、借款协议、委托协议、租赁协议等。

（2）按时间，可划分为长期协议、中期协议、短期协议。

（3）按性质，可划分为财产协议、工作协议、劳务协议等。

（4）按写作形式，可划分为条款式协议、表格式协议、综合式协议。

3. 协议书的写作结构

（1）标题。一般只需在“协议书”之前写明该协议书的性质，如“赔偿协议书”“委托协议书”等。

（2）立约当事人。在标题下方写明协议各方当事人的单位名称或个人姓名，在立约各方当事人的前后，一般应注明“甲方”“乙方”等，以便协议书正文行文简洁方便。

（3）正文。一般用条款分条列项写出双方协商确定的具体内容。不同性质的协议书包括的条款不同。

（4）生效标识。在协议书正文之后，签上立约各方当事人的单位名称或个人名称，并加盖印章。重要的协议书还需请公证处公证。

三、求职信和个人简历的写作技巧

求职信和个人简历是求职者在求职面试时需认真准备的两份材料，它作为招聘单位对求职者的第一认知与印象，在求职工作中发挥着重要的作用。因此，必须重视求职信和个人简历的写作与准备工作。

（一）求职信的写作技巧

求职信是求职者为了求得适合自己的工作岗位，向用人单位推荐介绍自己而写的信函。

1. 求职信的特点

（1）自荐性。恰当地推销自己，充分说明自己的成绩、特长、优势、个性。

（2）针对性。要针对求职单位的实际情况、读信人的心理和个人的求职目标展开表述。

（3）独特性。不管是内容还是形式，都要适当地体现个人审美和风格。

（4）真实性。对自己的介绍应实事求是，不可夸张失真。

2. 求职信的写作结构

求职信与一般书信的写作结构相近，主要包括标题、称谓、正文、落款、附件和联系方式。

（1）标题。在第一行正中位置，写上“求职信”或“求职自荐信”。

（2）称谓。开头顶格，写出对招聘单位或职能部门主管领导的称呼。可以使用专称，如“×××部门××主管”，也可以使用泛称，如“×××公司人事处”。

（3）正文。求职信的正文包括开头、主体和结尾三个部分。

开头：用非常简短而富于感情色彩的语言表达求职者的心情、良好的精神状态或对招聘信息的正确理解，给招聘者留下美好的第一印象。

主体：这是求职信最重要的内容。首先，详细介绍自己的基本情况，包括年龄、性别、婚姻状况、性格特征、毕业学校、所学专业等；再次，根据应聘的岗位、职务，着重写明自己与此岗位、职务有关系的个人经历、业务修养、专业技能和特长；最后，明确提出自己的择业要求，写明应聘岗位、职务名称和简单的工作规划。

结尾：进一步强调自己的愿望，展现积极的工作态度，表达对公司和读信人的祝福。

（4）落款。写明求职者的姓名和写信时间。

（5）附件。附件一般包括个人简历、学历学位证书、考试等级证书、资格证书、获奖证书、工作经历证明等材料的复印件。

（6）联系方式。写清自己的通信地址、邮政编码、联系电话等。

3. 求职信的写作技巧与要求

（1）直奔主题，用事实说话，不要写过多煽情的话。

（2）围绕应聘职位的应“需”、应“会”来写，不要说自己什么都能做、什么都行。

（3）可突出表达自己能为用人单位带来什么。

（4）条理清晰、层次分明、言简意赅。

（二）个人简历的写作技巧

个人简历是求职者递交给招聘单位的简要介绍，包含姓名、性别、年龄、民族、籍贯、政治面貌、学历、联系方式、自我评价、工作经历、学习经历、求职原因及本人对这份工作的简要理解。

1. 个人简历的特点

个人简历在具备求职信所有的特点之外，还具有简洁性的特点。

2. 个人简历的写作结构

一般由个人基本信息、学习经历、自我评价、求职意向四方面组成。

（1）个人基本信息。向招聘单位介绍自己的基本情况，包括姓名、性别、民族、出生年月、籍贯、政治面貌、专业、通信地址等。这部分信息往往通过表格填写完成。

（2）学习经历。一般包括学习情况（含获奖和基本工作技能）、实践情况（含社会实践和专业实践）、专业特长等。

（3）自我评价。对自我认识的总结，求职者对自己的客观评价，要突出优点。

（4）求职意向。主要说明求职意向，并向招聘者表明自己的求职态度。

3. 个人简历的写作技巧

（1）定位明确。突出自己的特点和优势，强调核心竞争力。

（2）简洁明了。可选用条款、列表等格式介绍自己的基本情况、个人经历等，做到以“数”服人。

（3）突出近三年经历。与应聘时间较近的经历更能展现求职者当下的工作状态，也能方便用人单位辨别求职者的个人履历与行业发展态势的关系，更具有说服力。

（4）选择个性化的模板。建议使用彩色简历模板，更彰显个性，也更富有视觉感，同时加上封面，体现求职者对这份工作的重视。

任务小结

班级：	学号：	姓名：	
	学习索引		学生自测
知识点	写作的基本过程		
	常用文书的写作技巧	通知	
		工作计划	
		工作总结	
		调查报告	
		协议书	
	求职信和个人简历的写作技巧	求职信	
		个人简历	

任务思考

1. 简要说明写作的基本过程。
2. 请谈谈通知的写作技巧。
3. 请结合自己的学习情况，完成一份表格式计划。
4. 请谈谈工作总结的写作要求。
5. 请结合自己所学专业，完成一份个人简历。

项目训练

小刘和好友大张打电话聊天，其中说到自己要出趟差：“发生了地震以后，我们公司特别快就决定了一件事，你猜是什么？要给灾区 ××学校送十台电脑。我不是技术员吗？要让我，还有小赵，带着这些电脑去 ××学校，帮他们安装好，还得简单培训一下。说是中秋节前要送到那个学校，头儿让我先写个工作计划。听说到时候宣传部还邀请记者来拍照呢，我也能露回脸啦！”

快速归纳

思考：“向灾区学校送电脑”这件事作为文字报道的话，需要使用书面语言。请你分析一下小刘的这段话中哪些地方可以改用书面语呢？

项目练习

一、单项选择题

1. 书面沟通的缺点不包括（　　）。
   A. 花费时间长　B. 反馈速度慢　C. 沟通障碍小　D. 辅助手段少
2. 俗话说的“白纸黑字”体现了书面沟通的哪一个特点？（　　）
   A. 传播功能　B. 记载功能　C. 工具作用　D. 形象功能
3. 下面哪一项不是影响书面沟通的主观因素？（　　）
   A. 个人认知　B. 个人情感　C. 个人角色　D. 社会角色
4. 拟写通知时，正文一般要写明（　　）。
   A. 通知事项　B. 通知对象　C. 发文背景　D. 通知要求
5. 下面适合作为求职信结尾语的是（　　）。
   A. 特此申请　B. 此致敬礼　C. 请同意　D. 恳请批准

二、多项选择题

1. 书面沟通的优点是（　　）。
   A. 逻辑的严密性　B. 表达的准确性　C. 阅读的复制性　D. 存储的便利性
2. 非语言因素包括（　　）。
   A. 文字　B. 表情　C. 动作　D. 眼神
3. 下面属于书面沟通障碍表现的有（　　）。
   A. 表达性障碍　B. 理解性障碍　C. 阅读性障碍　D. 沟通性障碍
4. 写作过程包括哪些环节？（　　）
   A. 谋篇构思　B. 立意组句　C. 文字表达　D. 推敲修改
5. 一篇完整的计划需要写清楚哪三个问题？（　　）
   A. 计划写作者　B. 计划做什么　C. 计划怎么做　D. 计划做到什么程度

三、判断题

1. 书面沟通不仅是沟通的纽带，也是记载工作的凭证和依据。（　　）
2. 因个人生活经验、知识水平和接受能力等因素的影响，每个人对相同信息的理解程度也会有所不同。（　　）
3. 书面沟通难以形成近距离沟通。（　　）
4. 在书面沟通中，知识性障碍有时会变成理解性障碍。（　　）
5. 好的文章是写出来的，也是改出来的。（　　）

项目七

无声胜过有声 确认对的眼神
——非语言沟通

项目导学

◎ 了解非语言沟通

◎ 认清非语言沟通的障碍

◎ 掌握非语言沟通的技巧

学习导航

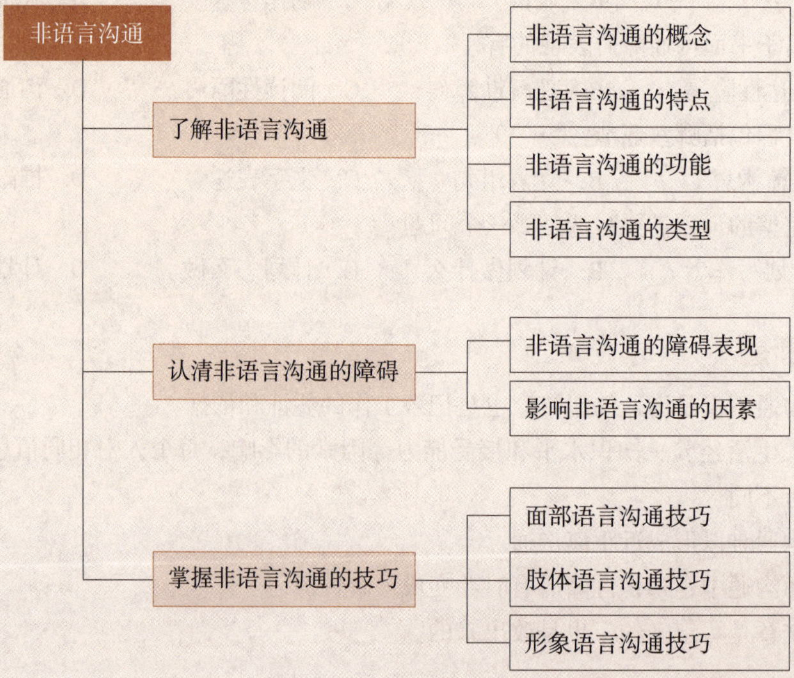

学前思考

以“人”传情，以身体实践促进中华文化的“场景化”融合

习近平总书记在党的二十大报告中对“推进文化自信自强，铸就社会主义文化新辉煌”作出重要部署，强调要“坚守中华文化立场，提炼展示中华文明的精神标识和文化精髓，加快构建中国话语和中国叙事体系，讲好中国故事、传播好中国声音，展现可信、可爱、可敬的中国形象”。根据笔者近年来的参与式观察和深度访谈，留学生、华商等海外华人作为“行走的文化符号”，在日常生活与工作中能够潜移默化地影响不同文化之间的交流、碰撞、融通，他们不仅扮演着中华文化的“使者”角色，也成为提升中华文明传播力、影响力的“助推者”。

随着留学生、国际游客以及华人移民不断被“抛入”陌生的文化中，需要不断建立“自我”与他者的关系。他们进入具体的场景，通过体验、思考、反馈和互动实现跨文化的交流与传播。

“身体在场”能够唤起不同文化主体之间的“共情”。身体在场是人和人基于共通感建立沟通的前提，能更好地实现不同文化交流的可能性和可行性。比如人们会通过握手、拥抱、微笑等去感知和体验与对方的交流，实现沟通双方自然语言以及身体语言的多维交流，以及场景对沟通效果实现的有效性。笔者曾与一位英国母亲交谈，得知她的女儿患有先天性心脏病且经常发病住院治疗，适时通过握手和拥抱表示鼓励和安慰，对方也感受到了这份善意。这种情感能量的给予，使不同文化之间的碰撞更容易得到理解和尊重，也有助于超越自然语言表达的局限，实现更加丰富的信息传递。

“身体在场”建立仪式化的交流场景。身体本身不仅是信息的“传递者”，也是仪式的“创建者”，其中包含仪容仪表、服饰着装以及举止言谈等。这种沟通方式不仅是个体文化修养的体现，也是一个民族文化的彰显。比如身着汉服走在伦敦街头的女生，通过服装来表明其身份以及审美；阿拉伯民族的长袍和头巾、拉美和非洲的脏辫等，也都是各自民族文化的体现。身体在场仿佛是一个民族国家“行走的文化”的现场演示，共同建构与其他民族的对话和交流情境。

这些流动的个体或行走的“文化载体”，潜移默化地进入另一种文化中，在文化震惊、适应与融合中，通过对话、杂音甚至默音的方式实现了跨文化的交流，正所谓“不言之言”，用“不说”的方式讲出了自己的故事。

（资料来源：中国青年报，有改动。）

思考探究

探究一：结合案例，谈谈你对非语言沟通是如何理解的。

探究二：结合案例和经验，说说海外华人与外国友人之间可能存在哪些沟通障碍。

探究三：结合案例，谈谈海外华人在与外国友人接触过程中运用了哪些非语言沟通技巧。

探究四：请你说说在跨文化交流中，海外华人应如何展示中国文化。

任务一

了解非语言沟通

任务目标

1. **知识目标**：了解非语言沟通的概念、特点、功能、类型。
2. **技能目标**：学会运用非语言沟通的不同类型处理对应的问题。
3. **素质目标**：树立主动开展非语言沟通的意识。

任务导入

藏不住心事的齐桓公

春秋时期，齐桓公与管仲密谋伐卫，议罢回宫，来到其宠爱的卫姬的宫室。卫姬见之，立即下跪，请求齐桓公放过卫国，齐桓公大惊，说："我没有对卫国怎么样啊！"卫姬答道："大王平日下朝，见到我总是和颜悦色，今天见到我就低下头，并且避开我的目光，可见今天朝中所议之事一定与我有关。我一个妇道人家，没什么值得大王和大臣们商议的，所以，应该是和我的国家有关吧？"齐桓公听了，沉吟不语，决定放弃进攻卫国。

第二天，与管仲见面后，管仲第一句话就问："大王为何将我们的密议泄露出去？"齐桓公又被吓了一跳，问道："你怎么知道？"管仲说："您进门时，头是抬起的，走路步子很大，但一见我侍驾，走路的步子立即变小，头也低下了。您一定是因为宠爱卫姬，与她谈了伐卫之事。莫非……您改变主意了？"

（资料来源：百度文库。）

问题思考

1. 齐桓公的哪些表现泄露了他内心的想法，他应该怎样做？
2. 请回忆你自身曾经有过的类似经历，并分析当时你或其他人的表现。

任务描述

语言是一种神奇的工具，这项天赋提供给人类一种其他动物无法媲美的沟通方式。更神奇的是，离开了语言，人们仍可以进行有效的沟通。非语言沟通和语言沟通一样，是信息在人与人之间的传递方式。在非语言沟通领域，我们表达自我的方式不是通过语言，而是通过行动。确切来说，非语言沟通通过与语言无关的途径表达信息。它通过眼神、表情、手势、姿势、动作等无声的体态语言将内心的感受和情绪状态向外呈现。

一、非语言沟通的概念

非语言沟通是相对于语言沟通而言的，强调使用语言以外的沟通方式传递信息，是指通过面部表情、肢体动作、仪表形象、语气语调等方式进行信息交流和沟通的过程。

非语言沟通在人们的日常生活中具有十分重要的地位，有一个著名的沟通公式：沟通的总效果 = 7%的语言 + 38%的声音 + 55%的表情。在这里，声音和表情都是非语言沟通的形式。从这个公式不难看出，人与人之间的沟通只有 7%是通过语言实现的，高达93%的沟通都不是用嘴说出去，而是通过声音和表情表达出来的。曾经有专家对发生于20世纪七八十年代的上千次销售和谈判过程展开了详细的研究，其结果表明，商务会谈中谈判桌上60% ~ 80%的决定都是在身体语言的影响下做出的。同时，人们对一个陌生人的最初评判中，60% ~ 80%的评判观点都是在最初不到1分钟的时间里就已经形成了。

二、非语言沟通的特点

（一）普遍性

在人类沟通的过程中，几乎每个人从小就自觉或不自觉地掌握了非语言沟通的能力。这种沟通能力的获得是人类有史以来就有的一种本能，随着人们实践活动的发展、社会的进步和人际交往范围的扩大，人们的非语言沟通能力也不断得到丰富和发展。不过，由于各国文化的不同，这种非语言的表达方式也有所不同，但就一般意义上来讲，与各国各民族所用的语言比较起来，非语言沟通的信息共享性更强一些。

（二）无意识性

一个人的非语言沟通更多的是一种对外界刺激的直接反应，基本都是无意识的反应。例如，与自己不喜欢的人站在一起时，保持的距离比与自己喜欢的人要远些；有心事，不自觉地就给人忧心忡忡的感觉。

（三）情境性

与语言沟通一样，非语言沟通也展开于特定的语境中，情境左右着非语言符号的含义，一般不能单独使用。相同的非语言符号，在不同的情境中，会有不同的意义。同样是拍桌子，可能是“拍案而起”，表示怒不可遏；也可能是“拍案叫绝”，表示赞赏至极。

（四）可信性

当某人说他毫不畏惧的时候，他的手却在发抖，那么，我们更相信他是在害怕。研究发现，当语言信号与非语言信号代表的意义不一样时，人们相信的是非语言代表的意义，而且非语言对交际的影响是语言的4.3倍。由于语言受理性意识的控制，容易作假，非语言则不同，它们大都发自内心深处，极难压抑和掩盖。

（五）个性化

一个人的肢体语言，同说话人的性格和气质紧密相关，爽朗敏捷的人和内向稳重的人的表情和手势肯定是有明显差异的。每个人都有自己独特的肢体语言，它体现了个性特征，人们时常从一个人的形体表现来解读他的个性。

（六）民族性

不同的民族有不同的文化和风俗习惯，这决定了其特有的非语言沟通方式。例如，欧洲一些国家，亲吻是一种礼节，是友好热情的表示，尤其是对女性而言；但中国人往往不太习惯，而更习惯以握手的方式来表达同样的感情。

（七）社会性

人与人之间的关系是一种社会关系。人们的年龄、性别、文化程度、伦理道德、价值取向、生活环境及宗教信仰等社会因素都会对非语言沟通产生影响。社会中的不同职业角色、不同阶层都对非语言沟通有着较细微的规定性。例如，有些年轻人喜欢相互用手拍肩膀以示友好，但如果用同样方式向父母或长辈表达友好就显得缺乏礼貌了。

（八）规范性

这种规范性是指一个社会群体或一个民族受到特定文化传统的长期影响，对非语言沟通产生的社会认同感。每一种社会角色都有着被大家承认的行为举止准则，在运用非语言符号时，要考虑沟通对象的文化因素、民族因素、环境因素、年龄因素、心理因素和社会道德因素等。一旦忽略了某种非语言符号特有的规范性，误解和障碍便会产生。

三、非语言沟通的功能

概括起来，非语言沟通的功能主要体现在以下几个方面。

（一）强化语言

语言是抽象的，不容易为人直接接受和理解，而非语言符号作为语言沟通的辅助工具，在很多场合能够对语言沟通起到加强作用。使用非语言沟通符号重复语言所表达的意思或加深印象，可以使语言表达更准确、有力、生动、具体。

例如，当领导在会上提出一个远大的计划或目标时，他必须用准确的非语言沟通来体现这个目标的重要性。他应该用沉着、冷静的目光扫视全体人员，用郑重有力的语调宣布，同时脸上表现出坚定的神情。在表达“我们一定要实现这个目标”时，要有力地挥动拳头。在表达“我们的明天会更好”时，要提高语调，右手向前有力地伸展。

（二）替代语言

在沟通中，有许多无法通过有声语言传递的信息，却可以通过身体语言传达。非语言沟通作为一种特定的形象语言，它可以产生有声语言达不到的效果。在日常工作中，我们也多在自觉或不自觉地使用各种非语言沟通来代替有声语言，进行信息的传递和交流。有时候某一方即使没有说话，也可以从面部表情上看出他的意思，既省去过多的“颇费言辞”的解释和介绍，又能达到“只可意会，不可言传”的效果。

（三）否定语言

非语言沟通在很多时候还会泄露出和说话者所说话语完全不同的信息，这就是对语言沟通的否定。这种否定作用分为两种：一种是有意识否定；另一种是无意识否定。有意识否定是指说话者基于某种原因不愿或者不能用语言表达自己的真实意图，故意通过表情、动作来暗示真实想法；无意识否定则是指说话者下意识通过非语言沟通表示出来的、与其语言所传达的信息相反的意思。

（四）补充语言

非语言沟通可以在语言信息之外增加信息。在多数情况下，非语言与语言二者并用，互为补充。例如，如果人们言谈甚欢，在一方站起身来说“我得走了”的时候，对方也会起身相送，双方告别时还会增加目光的接触，表示：“我们的谈话很有趣，有机会我们再聊好吗?”但是如果此前的谈话很不顺利，那双方的表情会显得冷淡，尽管也会说“再见”，但非语言沟通可能暗示着“再也不想和你谈话了”“天啊，总算结束了”等不同的含义。

（五）验证语言

非语言沟通包含的信息常常是在不知不觉中反映出来的，是人们内心情感的自然流露，它传递的信息更具有真实性。因此，识别一个人的真实思想和心理活动，需要观察他的非语言沟通，而不只是听他的有声语言。日常工作中，同事之间的一个很小的助人动作，就能验证谁是真心朋友。在商务谈判中，可以通过观察对方的言行举止，判断出对方的合作诚意。

四、非语言沟通的类型

（一）按非语言沟通传递信息的功能划分

根据非语言沟通传递信息的功能不同，可以将非语言沟通分为表态类非语言沟通和抒情类非语言沟通。

特别的介绍信

1. 表态类非语言沟通

表态类非语言沟通，是指在沟通过程中通过非语言沟通来传递态度或感受等有关信息，它包括警告、肯定与否定、同意与不同意、强调、致意、责备、尊重、蔑视、关心、怜悯、仇恨、鼓励、威吓、暗示、禁止、允许、赞扬、嘲笑等。如盛有剧毒的化学药瓶上贴着带有骷髅图形的标签，是警告别人“小心有毒”；夜间道路施工处安装有一闪一闪的红灯，是要求行人和车辆绕道，以免发生危险；在日常生活中，如果主人不停地打哈欠或看手表等，则是在含蓄地提醒客人及早离开。可见，所有这些行为都在表明一种态度。

2. 抒情类非语言沟通

抒情类非语言沟通，是指在沟通过程中通过非语言沟通将自己对信息的理解、认识及心理反应反馈给他人，这些心理反应主要有高兴、悲哀、愤怒、惊讶、失望、困惑、厌倦、激动、恐惧、痛苦、忧愁、烦恼、犹豫和无动于衷等。以嘴的动作为例，噘嘴表示不高兴；撇嘴表示不满；咧嘴可能是开心，也可能是痛苦；张嘴可能是哭，也可能是笑；抿嘴可能是含蓄地流露心中的暗喜；闭嘴或许是想将情感隐藏起来。人们从这些嘴部动作可以判断一个人的喜怒哀乐。

（二）按非语言沟通存在的状态划分

根据非语言沟通存在的状态，可以将非语言沟通分为身体语言沟通、副语言沟通和环境语言沟通。

你了解身体语言吗

1. 身体语言沟通

身体语言沟通，是指在沟通过程中通过身体的固有特征或身体的某些动作来传递交流信息。它既包括身体动作，如手势、面部表情、眼神、头及四肢的动作等，也包括个人的身体特点，如体形、体格、姿势、气味、高度、体重、头发颜色及肤色等，同时还包括用于个人装饰的服装、饰品及化妆等。

2. 副语言沟通

副语言，又称辅助语，是指发出的有声但无固定语义的声音符号系统，像音质、音调、音高、讲话的速度以及诸如停顿、叹息或嘟囔的声音。副语言虽然有声音，但却是非语言的。例如，哈哈大笑、爽朗的笑、傻笑、苦笑、冷笑、假笑、无可奈何的笑，诸如此类，都等于在说话，有时甚至胜似说话。

3. 环境语言沟通

环境语言沟通，是指通过环境因素进行的信息传递与交流，它不仅包括自然环境，如建筑设计、办公场所、房间布置、家具摆放、色彩搭配、光线、噪声等，也包括空间环境，如空间利用方式、座位布置、空间距离等，还包括时间环境，如准时、早到、迟到、让别人等候等。

任务小结

班级：	学号：	姓名：
	学习索引	学生自测
知识点	非语言沟通的概念	
	非语言沟通的特点	
	非语言沟通的功能	
	非语言沟通的类型	

任务思考

1. 简述非语言沟通的含义。
2. 非语言沟通的特点有哪些？
3. 非语言沟通的类型有哪些？
4. 非语言沟通常伴随着语言沟通进行，二者有怎样的联系？
5. 非语言沟通存在于我们生活的方方面面，你能列举一些具体的例子吗？

任务二

认清非语言沟通的障碍

任务目标

1. **知识目标：**认识非语言沟通的障碍表现和影响非语言沟通的因素。
2. **技能目标：**能够识别不同情境中的非语言沟通障碍。
3. **素质目标：**改正自身不良的非语言沟通习惯。

任务导入

看脚识人

我是一名肿瘤科医生。通常来说，肿瘤科重病患者很多，这就意味着需要沟通安抚的病人很多。然而，这些病人及家属最容易焦虑、抑郁，最容易产生不满的情绪。

病房里有一个年迈的胰腺癌衰竭期患者，由于治疗无望，生命即将终结，该患者极度恐惧和不安，表现为坐卧不安、不停地行走，脾气暴躁，家属也不停地抱怨。

有一次在主管大夫的委托下，我去查看这个患者，刚进病房门，看到病人蹲在地上。看到我走进来，患者埋怨道："大夫，我这怎么还不好啊?"

在病房，这种情况很常见，也符合疾病的发展规律，但是病人不懂，那么面对不知道病情的患者，有时候真的很难去解释为什么病还没好，怎么说都不合适。

这时我发现患者的旁边放着一个矮凳，我就坐在这个凳子上，能和患者平视。我先常规问了问吃喝拉撒的情况，然后就是患者的描述，主要是说家里的情况和疾病的变化。在整个倾听的过程中，我不时地给予简单的回应。聊完，患者笑着说："大夫，你今天能坐下来说话，我很开心。"已经很多天没有笑过的他，今天露出了笑容。

之后，我又和患者聊了一些疾病之外的内容，聊到如何记住大夫这个话题时，他说："大夫都穿着白大衣，戴着眼镜和口罩，而我年纪大了，也记不住。我记住我的大夫，是看大夫的脚。我的主管大夫的脚小，穿鞋又'得劲'（意思是穿着把脚包得严实的鞋子）。"

听完我很惊讶，在这个看脸的时代，竟有人看脚记住了人。后面的聊天过程就很顺利，也很开心，最后双方愉快地结束了这次查房。再往后的数次见面，病人和家属都表现得很客气。

（资料来源：公众号——肿瘤科医生朱眉。）

问题思考

1. 你认为医生和患者之间的沟通存在哪些障碍?
2. 案例中，医生和患者之间是怎样进行非语言沟通的?

任务描述

在日常沟通中，人们或多或少存在一些不良的非语言沟通习惯，影响了沟通的效果。为此，我们要认真分析非语言沟通的障碍表现和影响非语言沟通的因素，并结合沟通情境，有意识地规避和调整。

一、非语言沟通的障碍表现

（一）信息表达矛盾

很多人在与人沟通交流时，往往不能做到语言沟通和非语言沟通的统一，造成信息表达自相矛盾的现象。比如，当某人在争吵中处于劣势时，嘴里却颤抖地说道：“我怕他？笑话！”事实上，从说话者颤抖的嘴唇不难看出，他的确感到了恐惧和害怕。这个例子也说明，在语言和非语言信息出现矛盾时，非语言信息更能让人信服。

（二）沟通方式不当

非语言沟通方式的选择有一定的讲究，如果选择了不恰当的沟通方式，很有可能带来不良的沟通结果，适得其反。比如，在正式场合与人握手，我们想表现自己重视对方，而采取了用力过猛的握手方式，用拇指和食指紧紧抓住对方的四指关节处，像老虎钳一样夹住对方的手，让别人感到疼痛难忍。显然，这种握手方式会让人感到畏惧和厌恶。如果我们只是轻轻地捏住对方的几个指尖，像蜻蜓点水一样，而不是满手张开去握住对方的整个手掌，就给人十分冷淡的感觉，会让对方觉得这是要保持距离。由此可见，为了达到良好的沟通效果，非语言沟通方式的选择十分重要。

二、影响非语言沟通的因素

（一）个人因素

无论是信息发送者还是信息接收者，个人因素皆可能妨碍信息传递的清晰度和正确性。信息发送者作为信息输出方，说出的话语或者一抬手一顿足都在向外传达内心的真实想法。一旦信息发送者选择了不恰当的非语言沟通方式，在传达意思的过程中，其本意就会发生扭曲。当然，也存在信息发送者有意向交流对象传达错误意思的状况。与信息发送者不同的是，信息接收者在接收信息时需要有更敏锐的观察力，能够从对方的眼神、表情、动作等可见信息中有效捕捉蛛丝马迹，并分析背后的深意。

此外，生理因素、情绪因素和智能因素也会影响非语言沟通。例如，生病、生理障碍、疼痛等均可造成非语言沟通困难；生气、兴奋、悲伤等情绪都会对信息的传递和接收造成偏差；沟通双方文化水平、表达能力的不同，会导致对事物理解的差异，也会影响非语言沟通的效果。

（二）环境因素

体态语的跨文化内涵

环境对非语言沟通的影响较大，不同的环境和情境下，非语言沟通方式的选择和沟通效果都会有差别，如温度、音响、光线、噪声等物理环境因素。温度过高，会使人神经系统受到抑制，影响人的情绪；噪声过大，使人感到疲倦不堪；光线过暗，会影响非语言交流的视觉效果。

与此同时，社会环境因素也会对非语言沟通造成一定的影响。从大的方面看，文化观念和风俗习惯会导致不同国家、地区和民族的人对非语言信息的理解不同。从小的方面看，原生家庭、社交圈子、就读学校、就业单位等也会让人们养成一定的非语言沟通习惯，而带着这样的习惯与自己所处圈层之外的人开展非语言沟通的时候，就容易出现水土不服的情况。

任务小结

班级：	学号：	姓名：
	学习索引	学生自测
知识点	非语言沟通的障碍表现	障碍表现： 请举例：
	影响非语言沟通的因素	

任务思考

1. 非语言沟通的障碍表现有哪些？
2. 影响非语言沟通的因素有哪些？
3. 请列举影响非语言沟通的个人因素。

任务三

掌握非语言沟通的技巧

任务目标

1. **知识目标：** 掌握面部表情、肢体、形象等非语言沟通的具体技巧。
2. **技能目标：** 学会实际运用面部表情、肢体、形象等非语言沟通技巧。
3. **素质目标：** 初步成为表情美、动作美、形象美的大学生。

任务导入

关爱空巢老人

杭州长庆街道社区的“金晖俱乐部”得到社区老人的一致好评，特别是针对空巢老人的帮扶关爱，受到了广大老年人的热烈欢迎。社区积极组织青年志愿者加入此项工作中，不仅能体现年轻人的孝心与责任，还能促进和谐社会的建设。

比如社区居民杨奶奶，老伴去世，儿女都在外地，在一次晨练中扭伤了脚，社区青年工作者小张和小苏得知此事后，主动去照顾老人。面对老人痛苦的表情，小张微笑着，很关切地搀扶着杨奶奶到社区医院诊治。路上，小张温柔地叮嘱道：“奶奶，您别太用力，我和小苏搀着您呢！您呀，很快就会好的。”检查完，回到杨奶奶家，小苏为杨奶奶倒了一杯温开水，小张为杨奶奶脱掉鞋子，帮助其躺在床上，又帮忙盖好被子。杨奶奶露出了笑容，说：“谢谢你们了。”小张和小苏没有急着离开，她们陪着杨奶奶聊天，让杨奶奶的心情越来越好了。

关爱空巢老人

（资料来源：百度文库，有改动。）

问题思考

1. 小张运用了哪些非语言沟通技巧安慰杨奶奶？
2. 关爱空巢老人，我们还可以运用哪些非语言沟通技巧？

任务描述

据估计，人类平均每天实际使用语言的时间是10～11分钟，平均每句话用时25秒。也就是说，人们每天面对面交谈的时间不到总交流时间的35%，大部分时间都是利用非语言交流的。既然非语言沟通如此重要，我们有必要掌握一定的技巧，以进一步把握好人际交往中的微妙关系。

一、面部语言沟通技巧

面部表情是表情达意的主要媒介，是重要的交流工具。人的情绪变化和性格特征等信息，总会从一些习以为常的表情和稍纵即逝的微表情中泄露。只要细心观察，就能从表情中洞察他人内心的真实情绪和动机，在沟通中把握主动权。常用的面部表情语言包括脸容、眼睛、嘴巴、眉毛等。

（一）面容

《人，神秘莫测者》一书中论述道："我们会见到许多陌生的面孔，这些面孔反映出了人们的心理状态，而且随着年龄的增长，反映得将越来越清楚。脸就像一台展示我们的感情、欲望、希冀等一切内心活动的显示器。"随着人的年龄增长，表情会变得越来越丰富，其蕴含的含义也会更深刻。掌握脸容变化背后的深意，可以从以下两点进行。

1. 变化的面部颜色

通常，人的面部颜色会随着内心的转变而变化，这样，表情就有了不同的意义。在生活中，面部颜色变化常见的是变红或变白。一般情况下，人们在害羞、羞愧或尴尬时，脸色会变红，在感到极度愤怒时，面颊则瞬时转为通红；面色发白可能是承受了巨大的痛苦和压力，或者感到惊骇、恐惧。

2. 表情变化的时间

观察表情变化时间的长短是一种辨别情绪的方法。每个表情都有起始时间（表情开始时所花的时间）、表情停顿的时间和消逝时间（表情消失时所花的时间）。通常，表情的起始时间和消逝时间难以找到固定的标准。例如，一个惊讶的表情如果是真的，那么它完成的时间可能不到1秒钟。所以，判断一个表情持续的时间更容易一些。因为自然的表情不会太短暂，有的甚至能持续4～5秒钟，停顿时间过长，表情有可能是假的。

（二）眼睛

眼睛是心灵的窗户，它能够传神地表达一个人的内心情感。眼睛是了解一个人的最好工具。"眉目传情""暗送秋波"等成语形象地说明了目光在沟通中的重要作用。

1. 视线交流

视线交流具有以下特殊功能：

一是爱憎功能。亲昵的视线交流可以打破僵局，使沟通双方的目光长时间相接。若在公共场合对异性死死盯视，则可能伤害对方，引起不愉快的结局。

二是威吓功能。父母对违反规矩的孩子、警察对罪犯，常常怒目而视，形成无声的压力。

三是暗示功能。通过视线交流，人们能够把自己的意图和想法清晰地暗示出来，从而达到心领神会的效果，这正像人们所说的"心照不宣"或"心有灵犀一点通"。

四是显示地位功能。如果地位高的人与地位低的人谈话，地位高的人投于对方的视线，往往多于对方投来的视线。推销学家在一次实验中，让两个互不相识的女大学生共同讨论问题，预先对其中一个说，她的交谈对象是个研究生，同时却告知另一个人说，她的交谈对象是个高考多次落第的中学生。观察结果，自以为自己地位高的女学生，在听和说的过程中都充满自信地凝视对方，而自以为地位低的女学生说话时很少注视对方。

2. 眼波流动

眼睛是泄露秘密的窗口，是映射内心真实想法的镜子，而眼波流动则是内心情感变化的真实反映。当对方的眼睛看远方时，表示对谈话不关心或在考虑别的事情；正视前方，眼睛上扬，是假装无辜的表情，这种动作是在佐证自己确实无罪；眼睛往上吊，不敢正视对方，往往说明心里藏着不可告人的秘密，或有意识地夸大事实。眼睛往下垂，这个动作有轻蔑对方之意，也表示不关心对方；低头的同时眼睛向上看，表示顺从谦恭；斜视对方的眼光含义很丰富，可能表示感兴趣，也可能表示轻蔑、迷惑，甚至是表示敌意；两个朋友之间，一方眨一只眼睛向对方使眼色，表示某种默契。

（三）嘴巴

嘴的动作也能从各方面反映人的内心：鄙视时嘴巴撇；惊愕时张口结舌；忍耐时紧咬下唇；微笑时嘴角上翘；气急时嘴唇发抖。

嘴还可以和身体的其他部位配合以表示不同的含义，比如用舌头舔嘴唇。当人们感到紧张的时候，嘴唇会变干，就会不由自主地舔嘴唇；人们在激动的时候，嘴干得也很快，为了缓解激动的情绪，人们会舔嘴唇以让其湿润。

（四）眉毛

眉毛和眼睛一起，构成仪表的重要部分，在沟通过程中，眉毛也扮演着重要的角色。

皱眉，表示不喜欢或者厌恶，深皱眉头通常传达出纠结、烦恼、忧郁的情绪。如果一个人在笑的时候同时皱着眉头，则说明他心中有些担心和顾虑。

眉毛上扬，是指眉尾微微地往上扬，分为单眉上扬和双眉上扬。一条眉毛斜挑的人，通常抱有怀疑心理，扬起的那道眉毛就像个问号；双眉上扬的人往往处于异常欣喜或惊讶的状态中。

耸眉，是指眉毛扬起后停留片刻再下降，同时伴随嘴角的迅速下撇，而其他部位则没有任何变化，这是一种无奈或不太满意的表现。当人想要获得他人的同意或支持时，也会做出这种表情。

眉毛闪动，是指先将眉毛上扬，接着迅速下降，表示友好。恋人或朋友相见的一瞬间往往会出现这种表情。如果眉毛闪动出现在交谈中，则是为了强调说话的内容，每说一个字，眉毛就会闪动一下，意思是在说一定要听清我说的话。

眉毛降低，分为眉毛完全降低与眉毛半降低。完全降低表示十分生气；半降低表示疑惑，对对方的行为感到不解。

二、肢体语言沟通技巧

身体的动作和姿势被称为肢体语言，是非语言沟通的重要组成部分。通过对动作和姿势的分析，可以判断人的心理活动或心理状态。肢体语言主要包括头部语言、手部语言、腿部语言和形体语言。总的来说，舒展的、开放的、上扬的姿势或动作，表示积极或正面的信号；而收缩的、封闭的（交叉的）、下垂的姿势或动作，则传递消极或负面的信息。

与社区小居民
“爱的沟通”

（一）头部

头部动作是运用较多的身体语言，而且头部动作所表示的含义十分细腻，需根据头部动作的程度并结合具体的条件来进行判断。

1. 点头

点头可以表示多种含义，有表示赞成、肯定的意思，有表示理解的意思，有表示承认的意思，还有表示事先约定好的特定暗号等。在某些场合，点头还表示礼貌问候，是一种优雅的社交动作语言，如在和人相遇的时候轻轻点头，代表打招呼。

2. 摇头

摇头一般表示拒绝、不同意、不认可。在特定背景下，轻微地摇头还带有沉思的含义和不可以的暗示。另外，头朝对方略微侧转表示注意，单手或双手抱头并摇头则表示沉思、沮丧或懊恼。

3. 抬头

当人们对谈话内容持中立态度时，往往会做出抬头的动作。通常，随着谈话的继续，这个姿势会一直保持，人们只是偶尔轻轻点头。而且，用手触摸脸颊的手势也常常伴随着抬头的姿势，表现出认真思考的态度。如果把头部高高昂起，同时下巴向外突出，就显示出激昂、无畏或者强势、傲慢的态度。人们通过这个姿势刻意地暴露出自己的喉部，并且让自己的视线处于更高的水平，这样就能以强势的态度俯视他人，如“我自横刀向天笑”抒发了慷慨悲愤的情怀，“仰天大笑出门去，我辈岂是蓬蒿人”表达了高远的志向。

4. 低头

这种压低下巴的动作一般表示谦恭、臣服、认错、顺从、害羞。徐志摩有诗云“最是那一低头的温柔，恰似水莲花不胜凉风的娇羞”，这里的低头描述的就是温柔顺从的意思。在特定的场合，低头也会意味着否定、审慎或者具有攻击性的态度。如果我们的沟通对象不愿意把头抬起来，那么，我们就不得不努力处理这一棘手的问题。有经验的会议发言人会通过互动方式，让台下的观众融入和参与会议的议题中。这样做的主要目的就是让观众们抬起头，积极投入。

5. 侧头

把头部向一侧倾斜是顺从的表示，因为这个姿势不仅暴露出人们的喉咙和脖子，还会让人显得更加弱小和缺乏攻击性，此姿势很有可能起源于婴儿时期把头靠在父母的肩膀和胸脯上休息的动作。

（二）手部

由于手部动作比较灵活，因此运用起来更加自如，手部语言也就成了肢体语言中最核心的部分。

1. 手掌

常见的手掌语言有两种：掌心向上和掌心向下。掌心向上，摊开双手，表示真诚坦率，不带任何威胁性；而掌心向下，表明压抑、控制，带有强制性和支配性，容易使人们产生抵触情绪。

2. 手指

双手插在上衣或裤子口袋里，是显示高傲态度的手势；将双臂交叉胸前，双拇指跷向上方，这既显示防卫和敌对情绪，又显示十足的优越感，这种人极难接近；若在谈话中将拇指指向他人，这是嘲弄和藐视的信号；将双手手指架成耸立的塔形，表示有发号施令和发表意见的欲望，若搭成水平的尖塔形则表示愿意听取别人的意见。

3. 背手

有地位的人都有背手的习惯，当他们站立或走路时，双臂背在背后并用一只手握住另一只手，表示优越感和自信心。不仅如此，背手还可以起到镇定作用，表现出自己的胆略。要注意的是，若双手背在身后，不是手握手，而是一只手握另一只手的腕、肘、臂，则暗示了心绪不宁的被动状态。

4. 搓手掌

冬天搓手掌，是为防冷御寒。平时搓手掌，正如成语"摩拳擦掌"形容的那样，表示对某一事情的急切期待。运动员起跑前搓搓手掌，表示期待胜利；国外的餐馆服务员在你桌前搓搓手掌，问："先生，还要点什么?"这实际上是表示对赞赏和小费的期待。

5. 双手搂头

将双手交叉搂在脑后，这是有权威、占优势地位或对某事抱有信心的人经常使用的表示高傲的动作。如果是双手支撑脑袋，或是双手握拳支撑在太阳穴部位，双眼凝视，这是脑力劳动者惯用的帮助思考的手势。

6. 握手

握手是现代社会习以为常的见面礼，然而握手的方式却千差万别。握手的力量、姿势和时间的长短都能传递不同的信息。握手时手心向下，传递给对方的是支配性的态度；握手时猛地伸出一条僵硬挺直的胳膊，掌心向下，会表达出讨厌的情绪；蜻蜓点水式的握手，则给人冷淡的感觉，其用意是与对方保持距离。

（三）腿部

腿部动作在沟通过程中比较少被留意，但其代表的意义通常是不加掩饰的。通过观察沟通对象的腿部动作，可以敏锐地察觉和把握沟通对象的心理状态。

1. 站立

站立时两腿交叉往往给人一种自我保护或封闭防御的感觉。相反，说话时双腿和双臂张开，脚尖指向谈话对方，则是友好交谈的开放姿势。

2. 坐姿

（1）架腿而坐。表示拒绝对方并保护自己的势力范围。不断地变换架腿的姿势，是情绪不稳定、不耐烦的表现。如果将小腿下半截放在另一条腿的上膝部，往往被理解为辩论或竞争性姿势。

（2）正常坐。坐着的时候，无意识地抖动小腿或脚后跟，或用脚尖拍打地板，表示焦躁、不安、不耐烦，或是为了摆脱某种紧张感。

（四）形体

在人际交往中，人们的一举一动，都能体现特定的态度，表达特定的含义。身体各部分肌肉如果绷得很紧，可能是由于内心紧张、拘谨，在与地位高于自己的人交往中常会如此。专家认为，身体的放松是一种信息传播行为，向后倾斜15°以上是极其放松；略微倾向于对方，表示热情和兴趣；微微起身，表示谦恭有礼；身体后仰，显得若无其事和轻慢；侧转身子，表示嫌恶和轻蔑；背朝人家，表示不屑理睬；拂袖离去，则是拒绝沟通。我国文化传统很重视交往中的形体，认为这是一个人是否有教养的表现，因此素有大丈夫要“站如松，坐如钟，行如风”之说。

三、形象语言沟通技巧

（一）着装

观察能力测评

你所穿的衣服往往代表你的个性，一个与你会面的人也会自觉地根据你的衣着来判断你的为人。曾有专家做过一个实验，他本人以不同的打扮出现在同一地点。当他身穿西服以绅士模样出现时，无论是向他问路或问时间的人，大多彬彬有礼，而且本身看来基本上是绅士阶层的人；当他打扮成无业游民时，接近他的多半是流浪汉，或是来借火借烟的。同样一个人，穿着打扮不同，给人留下的印象也不同，对交往对象也会产生不同的影响。衣着本身是不会说话的，但人们常在特定的情境中以穿某种衣服来表达想法，可以说衣着是“自我形象”的延伸扩展。

一般来说，服装可以分成制服、职业装和休闲装。制服是专业化的服装形式，它表明穿着者属于一个特定的组织。最常见的制服是军装，军装告诉人们着装者在军队中所处的地位。职业装是企事业单位为员工提供的服装，它是企事业单位形象识别系统的组成部分。休闲装是工作之余的穿着，这种服装的选择权在个人，所以休闲装能够表现人的个性。关于服装的颜色，值得注意的是，在西方，黑色是丧服的颜色，白色为婚庆礼服的颜色；但在东方，丧服往往用白色，婚庆用红色。在古代欧洲，紫色一般是权力的象征，而在中国古代，黄色才是不可侵犯的权贵颜色。皇帝的龙袍是黄色的，唐朝以后甚至规定非天子不得穿黄袍，不过紫色在中国古代也代表权贵。

（二）饰物

饰物在人的整体装饰中至关重要，一件适当的饰物好似画龙点睛。佩戴饰物有三点要求：与服装相协调，与人相协调，与环境相协调。不要在正式场合询问对方所佩戴饰物的新旧、价格及购自何方，更不能动手触摸对方的饰物。

关于帽子。任何时候男士在室内都不得戴帽子和手套，女士的纱手套、帽子、披肩、短外套等，作为服装的一部分，则可在室内穿戴。在他人办公室或居室里，不要乱放自己的衣帽，当主人允许后，才可以按要求放好。

关于领结。领结被称为西装的灵魂，选择上应下一番功夫。在正式场合穿礼服时，可配以黑色或白色领结。蝴蝶结在运动场或比较轻松的场合大受欢迎，但打上蝴蝶结参加社交活动显得不太严肃。

关于腰带。男士的腰带分工作和休闲两类。工作中应以黑色和棕色的皮革制品为佳。腰带的颜色和式样不宜太醒目，而配休闲服装的腰带，只要好看就可以。女士系腰带应考虑同服装相配套，还要注意体型问题，如是纤细柳腰，系上一条宽腰带会楚楚动人，如腰围太粗，可系环扣大的腰带，使腰带环扣成为瞩目的焦点。

关于纽扣。女士服装的纽扣式样可以千姿百态，而男士的纽扣则不宜追求新潮。西装上衣为双排扣的，穿着时一定要把扣全系上。如果是单排扣的，还有两粒与三粒纽扣之分。前者应系上面那一粒纽扣，后者应系中间那一粒纽扣。

关于眼镜。眼镜选配得好，可使人显得儒雅端庄。方脸的人要选大圆框、粗线条的镜框，圆脸的人宜选四方宽阔的镜框，而椭圆形脸最适合选框型宽阔的眼镜。在室内不要戴黑色等有色眼镜，如遇眼疾不得已而为之，应向主人说明缘由。

关于手提包。女式手提包的大小应与体型相适应，男士在公务活动中携带的公文包应以黑色、棕色的上等皮革制品为佳。女士用的钱夹可以随手携带，或放在手提包里。男士的皮夹只能放在西装的上衣内侧口袋里。

（三）化妆

化妆跟衣服一样，是皮肤的延伸。常见的化妆品有眉笔、胭脂、粉、唇膏、指甲油、香水等。化妆的目的在于重整面部焦点的特征，例如单眼皮变双眼皮、小眼睛变大眼睛、扁平的鼻子显得高耸、青白的面色变得红润等。现代社会，男女皆用的化妆品应该是香水。香水与体味融合，形成独有的味道，营造优雅、时尚、职业的个人形象。一般来说，清淡的香水比较高雅，浓烈的香水充满诱惑。女性上班期间宜化淡妆，以体现出女性的健康、自信，而出席晚宴或舞会的时候则可以适当化浓妆。

任务小结

班级：	学号：	姓名：
知识点	学习索引	学生自测
	面部语言沟通技巧	
	肢体语言沟通技巧	
	形象语言沟通技巧	

任务思考

1. 在非语言沟通中应如何观察面容？
2. 为什么说眼睛是心灵的窗户？
3. 肢体语言沟通技巧包括哪些？
4. 有哪些形象语言沟通技巧？

项目训练

非语言沟通观察游戏

游戏规则：

将学生分为2人一组，每组进行2～3分钟的交流，交谈内容不限。当大家停下以后，请学生彼此说一下对方有什么非语言表现，比如有人老爱眨眼，有人会不时地撩头发。询问对方是否注意到了自身这些行为。再让大家继续讨论2～3分钟，这次不要有任何表情或动作，看看沟通过程和效果与前一次有什么不同。

我不说，你懂吗？

相关讨论：

1. 在第一次交谈中，有多少人注意到了自己的非语言沟通？

2. 对方有没有什么表情或动作让你有不舒服的感受？你是否告知了对方你的这种情绪？你是用什么方式告知对方的？

3. 当你不能用你的表情或动作辅助沟通的时候，有什么样的感觉？是否觉得很受束缚？

项目练习

一、单项选择题

1. 下列属于非语言沟通的是（　　）。

A. 表情语言　　B. 电子邮件　　C. 合同　　D. 委托书

2. 非语言沟通的特点不包括（　　）。

A. 普遍性　　B. 无意识性　　C. 不可信性　　D. 情境性

3. （　）又称辅助语，是指有声而无固定意义的声音符号系统。

A. 副语言　　B. 体态语　　C. 表情语　　D. 手足语

4. 当某人在争吵中处于劣势时，嘴里却颤抖地说道："我怕他？笑话！"这种非语言沟通现象属于（　　）。

A. 沟通方式选择不当　　B. 实事求是

C. 相信自我　　D. 信息表达矛盾

5. 非语言沟通技巧不包括（　　）。

A. 保持目光接触　　B. 通过面部表情沟通

C. 运用身段表达沟通　　D. 多进行身体接触

二、多项选择题

1. 非语言沟通的类型主要有（　　）。

A. 表情和眼动作　　B. 身体语言或身体动作

C. 讲话风格　　D. 服饰

2. 以下哪些属于影响非语言沟通的个人因素？（　　）

A. 生理因素　　B. 光线因素　　C. 智能因素　　D. 情绪因素

3. 非语言沟通的障碍有（　　）。

A. 沟通者有意识的行为　　B. 沟通者的经验

C. 沟通环境　　D. 沟通者的情绪

4. 面部表情语言沟通包括（　　）。

A. 脸容　　B. 眼睛　　C. 嘴巴　　D. 眉毛

5. 非语言的暗示有（　　）。

A. 书面表达　　B. 手势　　C. 抚摸　　D. 身体运动

三、判断题

1. 沟通者不仅要把信息传递给对方，还需要了解对方的反应，并确认信息传递出去之后的效果。（　　）
2. 教育要言传和身教相结合，言传重于身教。（　　）
3. 在组织中，当人们偏好非语言沟通时，说明语言沟通出现了问题。（　　）
4. 在正式场合与人握手，当你想表现自己重视对方时，应采取用力过猛的握手方式。（　　）
5. 一般情况下，人们在害羞、羞愧或尴尬等情形时，脸色会变红，这说明人的面部颜色会随着内心的转变而变化。（　　）

项目八

学会互相倾听　珍惜彼此声音
——倾听沟通

项目导学

◎ 了解倾听沟通
◎ 认清倾听沟通的障碍
◎ 掌握倾听沟通的技巧

学习导航

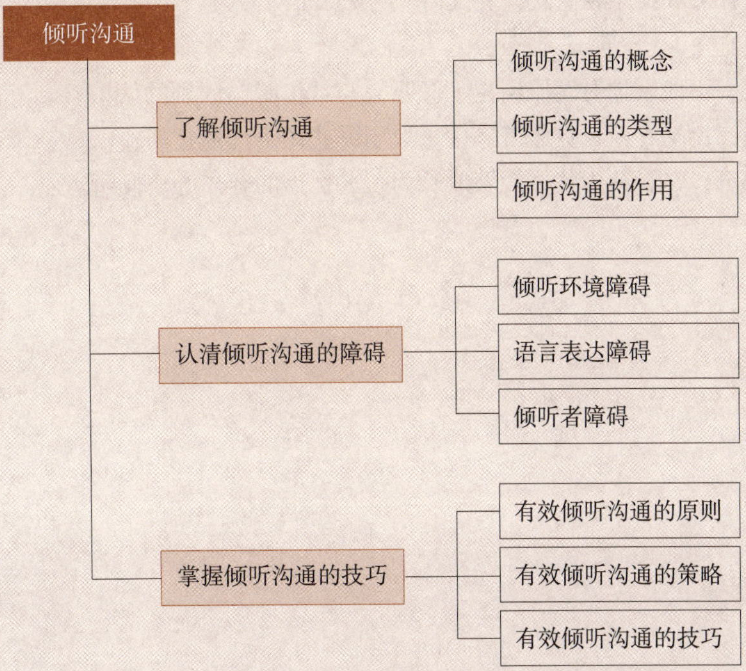

学前思考

用"倾听"代替"接听"

一张和煦的笑脸，总能安抚客户急切的心情；一副温柔的嗓音，总能将客户的疑惑一一解答；一种专业精神，总能让她在岗位上绽放光彩。她是赵春新，山东移动济南分公司客户服务部客服班班长，在客户服务条线工作20年，先后获得中国消费者协会"优秀客服"、山东移动"服务明星"、山东移动"投诉处理金牌调解员"等荣誉称号。

赵春新一毕业就来到了山东移动济南分公司，她和公司风雨同行，不离不弃。伴随着公司快速发展的脚步，赵春新经历了从2G到5G的高速变革。

为了顺利解决各个时期客户的诉求，赵春新要求自己必须成为精通业务的能手，面对着接踵而来的新技术、新挑战，赵春新如饥似渴地汲取着新的知识，总结了一套"望闻问切"工作方法。"望"发展方向，找准时下技术发展的新热点，学懂公司业务发展的新内容，通过阅读书籍、收集资料、参加培训等方式，跟上公司发展的步伐；"闻"客户心声，她用"倾听""聆听"代替"接听"，把"听力空间"拓展到客户身边，从客户的心声中找到自我提升的切入点；"问"客户所需，不论是营业厅还是偏远的客户家中，只要客户有需求，赵春新总能第一时间来到客户身边，面对面与客户交心交流、纾困解难；"切"症结所在，在赵春新看来，客户的诉求无小事，在解决投诉问题后，她总会做好复盘，从各式各样的投诉中找到问题的共性，及时总结各类问题的处理流程与方法。

就这样，赵春新始终坚持自我提升，随着不断地学习，她不仅精进了业务本领、增强了分析判断能力，还掌握了情绪管理、沟通技巧。20年的热爱与坚守，终于让赵春新成长为了一名优秀的客户心声倾听者。

（资料来源：齐鲁壹点，有改写。）

思考探究

探究一：谈谈你对客服岗位"倾听"与"接听"区别的认识。

探究二：赵春新在克服工作中采取了哪些倾听沟通技巧？

探究三：赵春新为什么能够成长为一名优秀的客户心声倾听者？

任务一

了解倾听沟通

任务目标

1. **知识目标：**了解倾听沟通的概念、类型、作用。
2. **技能目标：**根据不同的倾听对象，采用不同类型的倾听沟通。
3. **素质目标：**提高愿意倾听他人、懂得尊重他人的意识。

任务导入

倾听助扶贫

千里之遥，始于足下；精准扶贫，攻坚克难。家乡的经济发展牵动着每一个扶贫干部的心。乡亲们早日脱贫，过上富裕的生活，就是每一个扶贫干部最大的欣慰。

刘国峰，突泉县六户镇人，突泉县文化馆副馆长，中共党员。自担任和丰村驻村第一书记以来，他走访了每一位贫困户，认真耐心地倾听，了解每家每户的真实情况和完整诉求。通过听村民们的诉说，他带着干部们完善健全了村户两级档案，既让驻村工作队对贫困户的收支情况了如指掌，后续工作有账可查、有据可依，也方便贫困户对自己一年的收入与支出一目了然、心中有数。在一次次的走访与倾听中，刘国峰着实成为和丰村贫困户信任的“大管家”。

除此之外，和丰村将党建工作与扶贫工作紧密结合，村“两委”与驻村工作队紧密配合，彼此倾听对方在扶贫工作中的困惑和建议，相互借鉴，相互依托，不但提升了和丰村党建工作，更为和丰村的扶贫工作积聚了雄厚的力量。

贯穿全部工作的倾听终于获得了成效。在2018年10月的全镇交叉互检中，和丰村以全镇第一的好成绩成为脱贫攻坚的典范。

（资料来源：倾听贫困户心声，将精准扶贫进行到底。）

问题思考

1. 扶贫工作为什么要坚持倾听贫困户心声？
2. 从这个故事，你能体会到倾听有哪些作用？

任务描述

一、倾听沟通的概念

据研究，通常人们每天70%的时间都是用在沟通上。在人们沟通时，30%用于交谈，16%用于阅读，9%用于写作，而倾听占据了沟通时间的45%。在管理工作中，倾听也占据着极为重要的地位。一位善于倾听的管理者会花大量时间倾听上下级、同事、顾客的讲话内容，及时获得和整合信息，最后形成自己的观点。

那么，什么是倾听呢？国际倾听协会对倾听的定义为：倾听是接收口头和言语信息、确定其含义和对此做出反应的过程。倾听对管理者在管理中所发挥的作用主要体现在以下几个方面。

首先，倾听是给说话者注入的“强心剂”。对讲述者而言，有人能认真听他讲话就是一种最简单的鼓励，他会更加积极地表达自己的观点。员工在对上级进行汇报时，上级如果给予他们认真倾听的态度，他们自然就会在汇报中表现得更为积极。

其次，倾听是获取完整有效信息的“接收器”。当我们很轻松地跟一群朋友闲聊，所聊内容过几天可能就忘记了。但是，如果我们和一个朋友秉烛夜谈，时隔多年后聊天内容仍然记忆犹新。因为前者是简单地听，而后者却是认真地倾听。

再次，倾听是管理者与下属之间的“调和剂”。面对一个愿意用心倾听的人，我们会逐渐对对方产生信赖，更愿意将自己的真实想法和盘托出。同样，管理者在管理下属的时候，愿意花时间倾听下属，他便更会在工作中体谅下属。于是，双方的相处关系自然而然地变得融洽，上下级之间的关系也更加友好。

最后，倾听是管理者解决问题的“提速机”。假设我们被任命为某部门的管理人员，经验的缺乏可能让我们很被动，这时候，我们需要扮演倾听方，听取下属们的意见，再根据他们的意见，加以自己的判断，整合成自己的一套方案，以备再出现类似事情时能够更加高效地解决问题。

二、倾听沟通的类型

倾听是说话者和听话者的一种互动过程，它不仅包括说话者的语言表达，也包括倾听者的主动参与，在倾听沟通的过程中，倾听者要调动自己的知识和经验对听到的话语进行理解、筛选和加工，并采取不同类型的倾听对所听到的内容进行处理。倾听的基本类型如下所述。

倾听能力测评

（一）按照倾听的目的分类

按照倾听的目的，可以把倾听沟通分为获取信息式、质疑式、情感移入式和享乐式四种类型，每一种类型都包含不同的技巧。

1. 获取信息式倾听

指倾听者为了了解某种知识、技能或就某一问题征求别人意见的学习过程。比如，学生在课堂上，企业在进行市场调查时，经常采用的就是获取信息式倾听。获取信息式倾听的着眼点，首先是倾听中心思想，其次是倾听加强中心思想的主要观点，最后是倾听支持主要观点的材料。

2. 质疑式倾听

指倾听者对获取的信息进行分辨、筛选、加工、整理的过程。除了要识别中心思想，抓住主要观点外，还应该对听到的内容进行估量和质疑。当我们被劝说的时候，质疑劝说者的动机是正常的反应。作为倾听者，我们听到更多的是观点而不是事实。所以，倾听者应具备区分事实与观点的能力，以及辨别正确的、权威的、可信度高的观点的能力。

3. 情感移入式倾听

指倾听者设法从他人的观点中理解他人的感受并做出相应反应的过程。在情感移入式倾听中，要求倾听者在倾听时把自己的感情放在一边，投入对方的情感中去。有时，仅仅倾听他人的情感并让他们做出一些解释，就可以在很大程度上解决问题。情感移入式倾听的关键在于投入情感、识别情感。

4. 享乐式倾听

指在一种轻松、愉快的形式下倾听，使倾听变成愉悦的沟通方式。事实上，享乐式倾听也有简单和复杂之分。如果倾听仅仅是为了放松神经，或者是为了营造氛围，那么，这种倾听就是简单随意的。但是，如果倾听是为了一种专业享受，那么，这种倾听就成为一种更加复杂的过程，比如，听音乐会就需要在倾听的过程中理解音乐的主题、识别曲子的节奏、听出曲子的情绪等。

（二）按照倾听的专心程度分类

按照倾听的专心程度，可以把倾听沟通分为投入型倾听、字面理解型倾听、随意型倾听、假专心型倾听和心不在焉型倾听五种类型。

1. 投入型倾听

这类倾听需要高度集中思想，不仅能够用耳朵去倾听全部的信息，而且能够用心感受和思考，既听懂“话内音”，又听懂“话外音”。由于投入型倾听需要耗费大量的脑力、精力和体力，所以，倾听者很难在任何场合对任何内容都做到全身心的投入。只有当倾听内容非常重要，且与倾听者关系密切时，倾听者才会采用这种倾听方式，如企业员工倾听工资分配方案、重大问题决策、财务信息等。

2. 字面理解型倾听

在倾听过程中，对方怎么说，自己就怎么听，通常只能听到表面意思，不能把握说话人实际表达的想法，始终处于被动地位。因此，这类倾听者往往给人一种迟钝、不懂要领的感觉。

3. 随意型倾听

随意型倾听相当普遍，可以说，人们日常生活中的大量倾听均属于这种类型。一般来说，随意型倾听只是倾听信息的大致内容或梗概，目的在于把握信息的主题和中心思想，或者是为了愉悦和消磨时间。由于随意倾听不需要耗费大量脑力和精力，也不需要倾听者对倾听的内容进行分析和评价，所以，这类倾听比较轻松，如听体育新闻、音乐、相声等。

4. 假专心型倾听

在许多情况下，人们都是假装在听，虽然他们的眼睛也一直在注视着对方，甚至脸上还露出微笑，或不时点头示意，给人以倾听的感觉，但事实上他们的思绪可能早已跑到了千里之外。这种倾听者在倾听的过程中不做任何努力，虽然也能够听到说话者在说什么，但没往心里去，也就无法获得有价值的信息。

5. 心不在焉型倾听

这类倾听总是心神不定、局促不安，甚至东张西望、走来走去，不时地看表，好像很着急的样子。还有的时候，不管听到的内容是好是坏、是对是错，面无表情，漠不关心。

三、倾听沟通的作用

倾听是沟通过程中一个重要的环节。在倾听的过程中，思想、情感、信息得以兼收并蓄、交互传递。因此，倾听是加强人与人之间沟通，促进形成良好人际关系的有效途径，其重要性具体表现在以下几个方面。

（一）获取信息

古语云："听君一席话，胜读十年书。"语言交流是人与人互相交换信息的最基本的方式，倾听则是获取对方信息的最基础和最重要的方式。在倾听沟通过程中，倾听者可接收对方的语言信息，由表及里，由此及彼，去伪存真，去粗取精，筛选出主要的、有用的信息来进行分析和整合。这样的倾听，能够帮助我们辨明事情的真与伪，发掘事物的是与非，吃透说话者的真实心理，掌握尽可能多的有效信息，达到沟通的目的。

（二）解决问题

通过倾听，推断对方的性格、爱好、处事原则、情感情绪、面临问题、个人需求等，便于在以后的工作中有针对性地进行接触，有效地发现问题，从而找到解决问题的突破口。比如，经常有客户提出各种问题，发出各种抱怨，但更多时候客户只是想找个对象发泄一下负面情绪，并不想怎么样。这时候，我们愿意耐心倾听客户的诉求，就能够赢得客户的信任，方便日后工作的开展。

（三）建立渠道

认真的倾听是对说话者的尊重。沟通是双方或多方的语言交互过程，各方互为前提，你言我语，相辅相成。如果只顾一味地说而不能专心地听，就无法随时了解对方的反应。只有专心地听，才能提高对方说话的兴趣，诱发其表达的欲望，促进彼此之间建立良好的沟通渠道。

任务小结

班级：	学号：	姓名：
	学习索引	学生自测
知识点	倾听沟通的概念	
	倾听沟通的类型	
	倾听沟通的作用	

任务思考

1. 什么是倾听？
2. 按照倾听的目的不同，可以把倾听沟通分成哪几种类型？
3. 按照倾听专心程度的不同，可以把倾听沟通分成哪几种类型？
4. 倾听有哪些作用？

任务二

认清倾听沟通的障碍

任务目标

1. **知识目标**：理解倾听沟通障碍的表现。
2. **技能目标**：学会发现实际沟通中导致倾听障碍的主要因素。
3. **素质目标**：改变错误的倾听态度和不良的倾听习惯。

任务导入

从不听到热心

贵州省石阡县大坪村的建档立卡贫困户左某迎来了一位客人——新华社派来担任村第一书记的宾绍政。在交谈的半个小时的时间里，左某对宾绍政的关心和慰问都是面无表情、不理不睬，除了发出几声“嗯”“哼”之外，没有说过一句完整的话。对此情景，宾绍政始终保持微笑，同时以老兄的身份（宾绍政比左某大两岁）跟左某聊（主要是讲给左某听）脱贫攻坚政策。左某不回应，但也没拒绝听讲，他就偶尔抬头看看宾绍政，宾绍政一直和善地看着他。

第一次见面就以这样比较尴尬的状态结束了。左某觉得宾绍政应该不会再来“自讨没趣”了。但是，宾绍政还是前前后后上门了9次。左某越来越发现这位书记有点不一样，因为他会认真地看他家里的情况。原来，在每次交谈之后，宾绍政都会总结经验、改进沟通策略，希望下一次可以往左某的心里再走近一点，于是，他想从左某全方位的生活细节里挖掘被左某掩饰起来的真实的自己。这样，也许左某就会更愿意听他说话，也更愿意敞开心扉，表达自己的诉求。通过揭开左某家的锅，看见吃过饭的碗已经好几天没洗了，判断他卫生习惯很差；通过观察猪圈里没有养猪，菜园里没有种菜，猜测他并不非常勤劳；通过发现没什么邻居和他打招呼，推断他的人际关系可能欠佳。据此，左某在宾绍政的心里已是一幅精准的贫困画像。

左某还不知道的事情，是宾绍政联系了左家的亲戚和在外地工作的儿子，进一步唤起他改变生活的决心。他更不知道的是宾绍政把观察到的和从他那里零星听到的情况，做成了可行性方案，和驻村工作组的同志们一起为他实际地解决用电、用水、出行、住房等方面的问题。看着宾绍政的所作所为和生活里出现的好的迹象，左某逐渐放下了心中的防备，对村干部也重拾了信心，开始积极地配合扶贫工作。如今，左某的精神面貌和生活质量都得到了极大的改善。他不仅热情接待来访干部，还主动参与打扫街道卫生、茶园看护等集体活动和义务活动。在左某看来，这一切美好的起源，都在于那一天宾绍政来到了他的家……

（资料来源：宾绍政. “三步法”叩开贫困户“心门”[M]//中央和国家机关工委. 中央和国家机关驻村第一书记扶贫典型案例集. 北京：研究出版社，2019：306-309，有改动。）

❓ 问题思考

1. 宾绍政和左某交谈的过程中，左某存在哪些倾听障碍？
2. 宾绍政在倾听左某的过程中，有哪些方法值得我们借鉴？

任务描述

听是我们人类基本的能力之一，是用耳朵接收声音。除了少数人听不到声音之外，大多数人都拥有这种与生俱来的功能。倾听是以听为前提的，貌似简单，实则不易。一般来说，倾听分为五个层次：第一层为听而不闻，也就是完全没有听进去，“左耳朵进，右耳朵出”；第二层为敷衍了事，看似有所反应，其实并不走心，基本就是心不在焉地“嗯”“哦”“好好好”；第三层为有选择地听，只听符合自己心意的，对于和自己意思相左的，则自动过滤；第四层为专心地听，即每一句话都听进去了，甚至可以复述对方的话，但未必听得出说话者的真实意图；第五层为带有同理心地听，是通过倾听，真正地了解对方的想法、观念、感受等。我们在管理沟通的过程中，应该重视倾听，尽可能做到高层次的倾听，避免低层次的倾听。但事实上并不是所有倾听都能达到理想的效果，因为倾听的过程中存在着各种各样的障碍，它们都直接或间接地影响着倾听沟通的效果。

一、倾听环境障碍

任何沟通都是在一定的环境当中进行的，环境障碍是影响倾听沟通常见的因素之一。环境障碍因素主要分为两类：主观环境因素和客观环境因素。主观环境因素包括交谈双方的心情、性格、谈话主题等；客观环境因素则包括谈话地点、灯光照明环境、气温条件、天气情况等。这些因素很大程度上影响着倾听的效果。一方面，环境会干扰传递的信息，以致信息在传递过程中发生扭曲、增减以及失真；另一方面，环境的不同会直接造成倾听者是否愿意认真听。因此，在开展一场有效的谈话前，人们通常会慎重地选择谈话地点。

（一）空间环境因素

空间环境因素指谈话场所的空间大小、有无遮挡设施、光线强弱（光线弱会给人更强的封闭感）、有无噪声、沟通双方之间的物理距离和位置等。以沟通双方之间的物理距离为例，相关的调查研究表明，由于各种因素的干扰，人与人之间的物理距离如果为10米，每天交谈的可能性只有8%～9%，而当人与人之间的物理距离缩短为5米，每天交谈的可能性将会提高到25%。

（二）氛围环境因素

沟通双方对于交谈所持有的态度和期望会影响氛围，氛围又会影响沟通双方的心境和心理接受定式。心理接受定式是指人的心态是开放的还是排斥的，是容易接受信息的还是困难的，以及对接受的信息看待和处置的倾向。显然，轻松和谐的氛围与紧张对立的氛围，对人们心境的影响是不同的，它会直接影响人们的情绪，从而作用于心理接受定式。

（三）时间环境因素

在不同的时间段，人们的社会角色和心理认知可能会发生变化，这会影响沟通双方的态度、投入程度等。比如，上班时间的交谈往往比较正式、严肃，而下班时间的交谈会变得轻松、随意。

（四）对应关系因素

对应关系是指说话者与倾听者在人数对应关系上的差异，是一个人说话一个人倾听，还是一个人说话多个人倾听，或者是多个人说话多个人倾听。对应关系的不同会导致沟通者产生不同的心理角色定位，心理压力和注意力也会受到影响。一对一的情况下，沟通双方往往都会感受到自己在交谈中所处角色的重要性，最不容易走神。相反，如果觉得自己是众多听众中的一员，没有那么重要，则更有可能会开小差。

下表简要分析了管理者所处的几种沟通环境，并指出了该环境下影响倾听沟通效果的主要障碍来源。

环境类型及倾听障碍来源分析表

环境类型	空间	时间	氛围	对应关系	主要障碍源
办公室	封闭	上班时间	严肃	一对一、一对多	不平等关系造成的心理压力和紧张情绪 他人或者电话的干扰
会议室	较封闭	上班时间	严肃	一对多	对在场他人的顾忌 时间受到限制
现场	开放	非上班时间	可松可紧	一对多	外界存在干扰 事前准备不够充分
谈判	封闭	上班时间	紧张	多对多	存在对抗心理 说服对方的意愿强烈
讨论会	封闭	上班时间	轻松	一对多、多对多	把握信息要点难度大 洞察力不够
非正式场合	开放	非上班时间	轻松	多种对应关系	容易跑题 外界存在干扰

注：1. 讨论会，指深度会谈、头脑风暴会议或者专家小组会谈等讨论会形式。
2. 非正式场合，指家、餐厅、咖啡厅等。

二、语言表达障碍

人们说出的每一个字、每一个词、每一句话都是由一个个最基本的语音单位组成的。语言表达因素包括同一种语言的表达是否清晰、准确、简练、易懂，也就是语言表达的内涵和外延是否准确、全面。除此之外，不同语言环境下的文化差异造成的对同一概念的理解差异，或价值观不同造成的观念差异等，都会影响倾听沟通的效果。总体来说，语言表达障碍对倾听过程的影响是经由不同的层次表现出来的。

（一）语言层次

倾听对象使用的语言工具不同以及语言的使用背景和习惯不同，都会对倾听沟通的效果产生影响。

（二）语音层次

在倾听沟通中，不同的音量、音调、语调等传递着不同的内容，会让倾听者产生不同的理解。

（三）语法层次

倾听沟通中有些障碍的出现是由于语法使用的问题。错误地使用语法不仅有可能词不达意，让倾听者一头雾水，还有可能会出现完全相反的意思表达。

（四）语意层次

倾听对象表达的语意不明确，会影响倾听者对说话内容的理解。

除了以上四个层次，倾听对象语速的快慢、词语的选择、表达方式的选择等都可能成为影响倾听沟通的因素。比如，语速过快导致倾听者的思维跟不上倾听对象的表达，而语速过慢则有可能导致倾听者无法持续集中注意力；对大部分人来说，“氯化钠”相对陌生，但提到“盐”，几乎尽人皆知。

三、倾听者障碍

在整个交流过程中，除了环境、语言表达外，倾听者本人的作用也是至关重要的。倾听态度的问题和不良的倾听习惯都会影响倾听沟通的效果。

（一）倾听态度的问题

态度决定行为，行为往往影响结果。倾听态度最终影响了倾听沟通的效果，具体体现在以下几个方面。

1. 不够专心

三心二意、心不在焉是这种情况的典型表现。倾听者虽然人在现场，而且表面上好像很认真地在听，但实际上要么在思考别的事情，要么心不在焉，导致倾听的信息部分或全部都没有真正进到心里。这样的倾听态度无法让注意力集中，势必会影响倾听沟通的效果。

2. 缺乏耐心

有些人在别人讲话时表现得过于心急，还没等别人说完，就觉得自己什么都知道了，不愿意再继续听下去，甚至在别人说话的时候，已经在思考别

耐心的调解员

的事情了。这样的倾听态度显然不利于倾听沟通的效果。其实，只要我们耐心地听别人把话说完，很多误解就不会产生，有用的信息也不易错失。

3. 选择倾向

很多人往往只喜欢听和自己观点一致的人说话，拒绝倾听不同的意见。这不但错过了许多通过沟通获得有用信息的机会，而且由于带有明显的主观倾向，导致交谈不愉快。

4. 心理定式

人或多或少都有根深蒂固的心理定式和成见，很难冷静、客观地倾听说话者的信息，这会大大地影响我们倾听沟通的效果。比如，当交谈对象是一个我们认为讲话比较啰唆的人，我们很可能会先入为主地觉得他讲的很多都是废话，倾听的时候就心不在焉或者不耐烦，最终导致我们错过一些有价值的信息。

（二）不良的倾听习惯

在倾听的过程中，不同的人的倾听习惯可能是不一样的。很多时候，不良的倾听习惯是人们在日常交谈中不知不觉地养成的，具体体现在以下几个方面。

1. 假装倾听

有些倾听者可能表现出专注的模样，双眼注视着讲话者，并且不时地点头微笑表示赞同，或者紧皱眉头表示思索，或者说一些类似于“嗯，我知道”“是吗”这样的话，让讲话者以为他们是在认真思考自己的讲话内容，但实际上，他们只是在敷衍。

2. 打断别人

相较于听别人说，有些倾听者更喜欢自己说。遇到别人与自己的观点不同的时候，他们更倾向于认为自己是对的。所以，在倾听的过程中，不等别人说完就非常不礼貌地打断别人。比如，在某些会议上，有些人在别人发言的过程中不时地打断对方，然后开始说自己的观点，甚至直接指出对方观点的问题。也许他们的观点是对的，但以这种方式打断对方的表达，会让对方产生非常糟糕的情绪，影响沟通的进程和效果。

3. 联想自己

有些倾听者表现得过于自我，对讲话者的每一个话题都有意无意地以自我为中心展开发散和回应。不管别人说什么，他都会扯到自己身上。比如，他可能会说，“这就让我想起，我……”这就打断了讲话者的思路，不得不停下来听他侃侃而谈，甚至很多情况下，完全偏离了最初的交谈主题，影响了沟通的效率和效果。

4. 不雅动作

有些倾听者在听别人说话时，或东张西望，或双手交叉抱于胸前，并且跷着二郎腿，甚至用手不停地敲着桌面。在别人还没说完时，不停地看手表、看手机，甚至直接走到办公室门口，把手放在门把手上，暗示对方“时间到了，别说了”。还有些倾听者从别人刚开始发言就一直在忙自己的事情，头也不抬地做着与沟通无关的事。

5. 吹毛求疵

有些倾听者不关注讲话内容，反而不时地提醒讲话中的语法、用词错误，并乐此不疲地挑剔对方的口音或说话风格的问题。很显然，他们根本不想认真听，甚至可能抱有敌对或看笑话的心态。

任务小结

班级：	学号：	姓名：
知识点	学习索引	学生自测
	倾听环境障碍	
	语言表达障碍	
	倾听者障碍	

任务思考

1. 倾听沟通的障碍可以分为哪几种类型？
2. 倾听环境障碍包括哪些？
3. 语言表达障碍对倾听过程的影响是通过哪些层次表现出来的？
4. 倾听者障碍具体表现在哪些方面？不良的倾听习惯有哪些？

任务三 掌握倾听沟通的技巧

任务目标

1. **知识目标：**理解并掌握倾听沟通的九种技巧。
2. **技能目标：**具备应用倾听沟通技巧克服倾听沟通障碍的能力。
3. **素质目标：**培养同理心，增强共情感，初步成为善于换位思考的人。

任务导入

弦外之音

汪总在商界被誉为谈判高手。在一次关于供货合同的谈判上，供货商先谈到他们合作的愉快，又谈到现在原材料价格波动较大，加工成本攀升，还谈到省外的几家公司上门求货，给出优惠价格等。俗话说，“敲锣听声，说话听音”。汪总听出了弦外之音：供货商想提高供货价格，又担心伤了合作的基础，到头来价格未提高反而得罪了一个可靠的合作伙伴。所以，供货商才费尽心思，绕来绕去地说。

汪总考虑到现在成品出厂价格确实在逐渐上涨，如果从别的地方进货，价格也要比原来高，适当提高价格也行，何况还是长期合作的关系。于是，他直截了当地说：“这样吧，明年的供货合同照签，价格按现行的市场价。”

供货商听后，眼睛发亮，朗声大笑道：“和你这样的聪明人合作就是愉快！”就这样，合同在很短的时间里就谈妥了。

（资料来源：百家号。）

问题思考

1. 汪总是怎么听出供货商的“弦外之音”的？
2. 你还知道哪些倾听沟通的技巧？

任务描述

不是所有听觉完整的人都懂得倾听，良好的倾听能力不是与生俱来的，需要学习和训练。掌握相关的倾听沟通技巧，能够帮助我们克服倾听沟通中的障碍，促进我们与他人进行良好的沟通，让我们从倾听中获益匪浅。

一、有效倾听沟通的原则

（一）专心原则

有效倾听沟通的专心原则要求我们主动倾听，而不是被动倾听。因为积极主动地倾听能够使我们更加了解说话的内容，抓住关键点，更加懂得欣赏对方并产生思想的碰撞、情感的交流，从而引发共鸣，更能够让我们的回答切中要害，有理有据。

（二）移情原则

移情原则要求我们理解讲话者想表达什么，而不是我们想理解什么，即做到换位思考。在与不同的文化背景的人进行沟通时，我们要以开放的心态接纳新的知识、技术、文化、观念等，这样才能够帮助我们排除沟通障碍，获得更多有价值的信息，增强沟通的效果。

（三）客观原则

客观原则要求我们不能自以为是，也不能带有个人偏见，更不能边听边批判对方的观点和内容。切忌在听到与自己相左的观点时，就不耐烦甚至在心中反驳他人所言，否则，我们就会陷入心理定式，错失重要的信息。

（四）完整原则

完整是有效倾听沟通的前提，只有对讲话者传递的信息有完整的了解，才能够进行正确的判断。在倾听中，我们既要获得讲话者传递的沟通内容，又要理解其中传递的价值观和情感信息；既要明白讲话者的言中之意，又要发掘他们的言外之意；既要注意倾听对方的语言信息，又要注意观察他们的非语言信息。

二、有效倾听沟通的策略

（一）选择良好的倾听环境

倾听环境是影响倾听沟通效果的重要因素。例如，在安静、安全的环境中交谈要比在喧闹的环境中沟通效果更好。所以，慎重选择良好的倾听环境有助于在一定程度上改善倾听沟通的效果。

1. 选择合适的倾听场所

场所的选择会直接影响倾听沟通的效果。倾听的场所应尽量选择安静、舒适的室内，比如办公室、咖啡厅、茶室等，同时避免电话和他人的干扰。如果是在家中聚会，有必要将电视音量调小，尽量让室内通风透气，临近街道的情况下，可以将门窗关紧。如有条件，也可注意室内家具的摆放、颜色搭配等细节问题。如果不得不在公共场合，要尽可能避免在噪声比较大的地方交谈，比如车水马龙的街道、正在施工的工地等。

2. 选择合适的倾听时间

时间的选择应该得到交谈双方的认可，并提前预约，让双方都能够为交谈做充足的准备。人在不同的时间段精力状态不同。有些人早晨精神状态最好，他们通常会把重要的交谈安排在早晨。对大多数人来说，一天当中精神状态最差的是午餐后和下班前，我们应尽量避免在这些时间段安排重要的倾听内容，防止精力状态影响倾听的效果。

3. 选择合适的倾听氛围

环境氛围的选择会直接影响沟通双方的心理感受。根据沟通双方的关系和交谈内容的性质，选择合适的倾听氛围非常重要。如果讨论的是工作上的事情，应选择正式、严肃、相对封闭的环境氛围；如果沟通双方是非工作关系，交谈内容轻松，则选择非正式的、相对放松的环境氛围。管理人员在与下属的沟通中，也要注意营造平等、信任的氛围，因为良好的沟通是建立在相互信任的基础上的。

（二）提高讲话者语言表达的能力

语言表达障碍是影响倾听沟通效果的又一重要因素。沟通是双向的，不仅倾听者需要学习技巧，讲话者也应提高语言表达的能力。

讲话者在语言表达方面常常可能会犯的毛病主要有四种：一是说话语速太快。语速太快、高密度的输出不仅容易让倾听者产生疲倦感，还会影响倾听效果。二是说话音量过小或过高。音量过小可能导致倾听者无法听清讲话内容，影响倾听效率，甚至可能会遗漏重要信息，而音量过高也会让倾听者产生不适，影响效果。三是措辞不当。过于晦涩专业或者带有负面情感色彩的词语，都可能影响倾听效果，讲话者在说话时应尽可能避免使用这样的词语。四是表述存在歧义。讲话者说出来的话在语法上存在歧义，会导致倾听者的理解出现偏差，影响倾听效果。

因此，为了保证倾听沟通的质量，讲话者需尽量克服这些问题，提高语言表达的能力。

（三）倾听者给予有效反馈

反馈是有效倾听的一个重要组成部分。讲话者会根据倾听者的反馈做出适当的调整，这样会更有利于倾听。在管理活动当中，管理者通过倾听获得大量的信息，并及时做出有效反馈，这将对激发员工的工作热情、提升工作绩效起到重要作用。

1. 反馈的类型

根据不同的标准，可以将反馈划分成不同的类型：语言的和非语言的，正式的和非正式的。其中，语言形式的反馈是以口头或书面方式对获得的信息做出反应，非语言形式的反馈是以一系列肢体语言对获得的信息做出反应，可以是有意识的，也可以是无意识的；正式的反馈多以报告、会议等方式呈现，非正式反馈则借助闲聊的方式来进行。常见的反馈类型包括以下几种：

（1）评价。即对所获信息加以判断和点评。比如“这样做很好!”“你的观点不正确，我不同意你的观点!”等，这些都属于评价，是基于判断基础上的点评。在沟通的过程中，人们总是利用自己已有的知识、经验、阅历等对信息进行判断，并通过语言或非语言的形式把自己的判断表达出来。

（2）分析。即对所获信息加以剖析。在沟通过程中，倾听者接收的信息量非常大，但并不是每一条信息都有价值。这就需要倾听者对接收到的信息进行分析，去粗取精、去伪存真，留下对自己有用的信息。

（3）提问。这是一种非常重要和有效的反馈方式。积极有效的倾听可以借助提问获得更多的相关信息，同时也向对方传递一个积极的信号：你对他讲述的内容很感兴趣，很乐意继续倾听。

（4）复述。即通过对有关信息的重复，核实所获信息正确与否。这种反馈方式也在向对方释放积极的信号。需要注意的是，在利用复述的方式进行反馈时，一定要抓住重点，避免赘述，否则，会给对方留下啰唆的印象。

2. 反馈应注意的问题

在倾听过程中，有效反馈可以起到激励和调节的作用，但要做到有效反馈，还需要注意以下几点：

（1）语言明确具体。反馈使用具体明确、不笼统、不抽象和不带有成见的语言。有时人们往往只顾把自己的结论反馈给对方，却忽略了自己有义务提供更多细节来进一步引导谈话向更加深入的方向进行。例如：“你这次任务完成得很好!”不如“这次活动你组织得很好，你认为还有哪些地方需要以后注意的?”后者更加明确具体，不仅进行了评价，还进行了提问。

（2）顾及对方感受。这反映了反馈过程中人性化的一面，它有助于沟通双方建立理解和信任的关系。虽说反馈要明确具体，但不能不顾及对方的感受。好的反馈是分享信任、取得共识的过程，而不是一方主导沟通或评审对方的过程。

（3）氛围开放坦诚。开放坦诚的反馈氛围不仅有助于加深彼此的了解，还有助于调节冲突，因为在建设性的、满意度较高的沟通氛围中，即使双方意见不一致，也对事不对人，共同努力，寻求解决问题的方案。

（4）时机及时适宜。一般情况下，应给予对方及时的反馈，及时反馈有利于问题的解决，否则矛盾逐渐积累，会越发不可收拾。但是，及时反馈并不意味着立即做出反应，需要在想清楚的前提下，灵活地捕捉合适的时机。

（5）尺度把握到位。尽管反馈在沟通中十分重要，但反馈的尺度必须拿捏准确。过量和过分的反馈会让对方有压迫感，甚至反感。

三、有效倾听沟通的技巧

倾听技能要点

倾听是一项非常值得被重视的沟通技巧，为了保证沟通的质量与效果，学习有效倾听沟通的技巧显得格外重要。

（一）保持良好的精神状态

倾听是一项需要感情和智力联动的综合性活动。很多情况下，之所以不能认真倾听对方，往往是由于精神层面没有准备好。人在情绪低落、烦躁或疲惫的时候，倾听效果肯定不会太好。为了实现良好的倾听沟通的效果，倾听者必须保持愉悦或平稳的情绪，保持大脑的活跃状态，让思维紧跟讲话者，精神饱满地投入倾听。

（二）努力培养倾听的兴趣

在倾听时，面对自己不感兴趣的话题，也可以尝试听听，即便当下对自己没有用处，也许在以后的某个时刻，就能成为对自己的有益补充。也就是说，以开放的心胸去倾听，把自己放在一个更广阔的世界里，拓展思维的广度，这样，当自己作为倾听对象的时候，就有能力提升和丰富自己的沟通内容，让自己的倾听者受益良多。

（三）保持目光接触

目光接触是一种非语言信息，表示"我在全神贯注地听你讲话"。细心的倾听者会适当注视对方的眼睛，并保持与讲话者的目光接触。如果直视他人的眼睛很困难，可以用弥漫性的目光注视对方的眼周。

（四）了解对方的真实想法

我们可以事前为沟通做准备，提前了解交谈的主题和对方的想法，以及预判交谈过程中可能出现的问题，并提前想好大致的解决方案，确保沟通顺利。了解对方的真实想法，还有一个层面的意思，就是倾听"弦外之音"，即听懂对方未挑明的潜台词。

（五）采取开放式的姿势

身体姿势会暗示倾听的态度。自然开放性的姿态代表着接受、容纳、尊重与信任。比如，用手托着下巴，能体现出倾听者的认真和诚恳，让说话者感受到倾听者的支持与信任。

（六）用动作和表情给予呼应

用动作和表情表现对倾听对象表述内容的反应，方便对方及时了解我们的感受，调整沟通的内容、方式和节奏。例如，微笑的表情或赞许地点头，表明我们在认真倾听，且愿意继续听；皱眉的表情或微微地摇头，表明我们对对方的某一个观点或某一句话不理解或不认同，提示对方做进一步的解释。

（七）换位思考

倾听者应站在讲话者的角度去思考他说的话，以客观的心态面对讲话者，用心感受讲话者的心情，用同理心去倾听，减少因心理定式和个人偏见等造成的倾听沟通障碍。

（八）适当记录要点

在倾听过程中，适当做笔记，记录要点，一方面有助于让对方感受到我们倾听的诚意和对讲话者的重视，另一方面，记录可以在很大程度上帮助我们完整存储所获信息。值得注意的是，不能句句都记录，这样会切断沟通的互动，拖慢我们的思维进度，影响倾听进程，给对方不好的观感。因此，简明扼要地记录讲话内容的要点即可。

（九）适时适度的有效提问

有效提问是积极倾听的一种重要方式。在倾听过程中，适时适度的有效提问，不仅可以帮助我们获得更多的信息，还能够让讲话者感受到被尊重和被重视。常见的提问方式包括清单式提问、开放式提问、重复式提问、假设式提问和封闭式提问。倾听过程中提问的主要目的在于收集信息、交流观点，那么，我们在提问前就应该明确想要获得的信息，最好事先拟定好提纲，正确使用各种提问方式，尽可能从对方口中获得有效信息。需要注意的是，提问要以不打断讲话者为前提，并且不通过提问随意改变对方未结束的话题，否则，可能会让讲话者产生不悦的情绪，反而影响倾听沟通的效果。

任务小结

班级：	学号：	姓名：
	学习索引	学生自测
知识点	有效倾听沟通的原则	
	有效倾听沟通的策略	
	有效倾听沟通的技巧	

任务思考

1. 有效的倾听沟通需要遵循哪些原则？
2. 有效的倾听沟通的策略包括哪些方面？
3. 有效的倾听沟通的技巧有哪些？

三人行，必有我“听”

项目训练

大家来找茬

两位同学设计一段对话，彼此既是说话者，也是倾听者。在设计中，加入一些倾听的坏习惯。设计完成后，这两位同学上台展示，请台下的同学们发现这段对话中倾听出现的问题，并指出怎样做才是合适的，然后，由这两位同学以同样的对话内容展示出同学们建议的正确的倾听行为。

项目练习

一、单项选择题

1. 倾听沟通的作用不包括（　　）。

A. 倾听能够帮助我们获取信息　　B. 倾听能够帮助我们解决问题

C. 倾听能够促进建立良好沟通　　D. 倾听能够化解一切误会

2. 下面哪一项不属于倾听环境障碍因素？(　　)
   A. 空间环境因素　B. 氛围环境因素　C. 倾听者因素　D. 时间环境因素
3. 下面哪一项不属于语言表达障碍？(　　)
   A. 情感层次　B. 语言层次　C. 语音层次
   D. 语意层次　E. 语法层次
4. 下面不属于有效倾听沟通技巧的是（　　）。
   A. 假装倾听　B. 保持目光接触
   C. 了解对方的真实想法　D. 及时用动作和表情给予呼应
5. 以下关于倾听沟通的说法，错误的是（　　）。
   A. 人际关系中的管理沟通必须保持听与说的互动关系，保持心灵与心灵之间的对话交流，管理沟通不仅需要言说，更需要倾听
   B. 倾听者为了了解某种知识、技能或就某一问题征求别人意见的学习过程即获取信息式倾听
   C. 在一种轻松愉快的氛围中倾听，使倾听变成愉悦的沟通方式即质疑式倾听
   D. 倾听是管理者解决问题的“提速机”

二、多项选择题

1. 倾听的作用表现在（　　）。
   A. 倾听是给说话者注入的“强心剂”　B. 倾听是获取完整有效信息的“接收器”
   C. 倾听是管理者与下属之间的“调和剂”　D. 倾听是管理者解决问题的“提速机”
2. 不良的倾听习惯包括（　　）。
   A. 假装倾听　B. 打断别人　C. 适当记录　D. 联想自己
3. 影响倾听沟通的障碍因素有（　　）。
   A. 倾听环境障碍　B. 语言表达障碍　C. 倾听者障碍　D. 情感障碍
4. 有效倾听沟通的原则包括（　　）。
   A. 专心原则　B. 移情原则　C. 客观原则　D. 完整原则
5. 有效倾听沟通的策略有（　　）。
   A. 选择良好的倾听环境　B. 提高讲话者语言表达的能力
   C. 倾听者给予有效反馈　D. 联想自己

三、判断题

1. 倾听是接收口头和言语信息、确定其含义和对此做出反应的过程。（　　）
2. 倾听者设法从他人的观点中理解他人的感受并做出相应反应的过程即情感移入式倾听。(　　)
3. 谈话场所的空间大小、有无遮挡设施、光线强弱、有无噪声、沟通双方之间的物理距离和位置等因素不会影响倾听沟通的效果。（　　）
4. 语速的快慢、词语的选择、表达方式的选择等都可能成为影响倾听沟通效果的障碍。(　　)
5. 保持良好的精神状态是有效倾听沟通的技巧之一。（　　）

综合
实战篇

项目九

沟通教你厉害　职场升级打怪

——职场沟通

项目导学

◎ 了解职场沟通

◎ 认清职场沟通的障碍

◎ 掌握职场沟通的技巧

学习导航

- 职场沟通
  - 了解职场沟通
    - 职场沟通的概念
    - 职场沟通的类型
    - 职场沟通的作用
  - 认清职场沟通的障碍
    - 与上司沟通的障碍
    - 与下属和同事沟通的障碍
    - 与客户沟通的障碍
  - 掌握职场沟通的技巧
    - 与上司沟通的技巧
    - 与下属和同事沟通的技巧
    - 与客户沟通的技巧

学前思考

职场沟通还是少些弯弯绕

职场年轻人玩出了新花样。有媒体报道显示，时下，一些年轻人中流行用这样一种社交网络账号头像——以卡通人物、影视人物或者动物等为主，试图给人一种“不太聪明”“难委重任”的感觉。据说，很多职场年轻人使用这样的头像，目的是要让领导失去沟通欲，达到“别来找我”的目的。

换个头像就能产生如此迥异的沟通效果吗？领导真会在意员工用什么样的头像吗？会因为头像就放弃安排或布置相关工作任务吗？不少人看到这则新闻后，恐怕内心都会打上几个问号。这一行为可能更多的是一种逗趣的表白、幽默的拒绝，从中可以窥见一些职场年轻人的心理。

让领导失去沟通欲，这一愿望本身包含了一些消极因素，比如逃避、不够进取、不愿担责等，但如果就此断言这届年轻人消沉得无可救药，也未免过于上纲上线。

有脱口秀演员（被视作“不那么积极”的年轻人的代表）曾在一次采访中解释：年轻人表现出的消极并非没有目标，恰恰相反，这正反映出大家内心有目标和追求。外在形式消极，只是给奋斗之余的自己一个缓冲，缓解生活的无力感。偶尔的消极是一种自我调节，是精神上的暂时放松。

了解了这一点，再去看那些自嘲、自黑的年轻人，或许就会多一分理解。

这种职场中想以“头像”暗示领导“别来找我”的年轻人，其传递出的意思，一种是工作干得太多不想再干，另一种是担心自己能力“难堪大任”。这些头像其实可以视为一些职场年轻人面对工作压力时的一种自我排解。

用头像表达情绪和想法，一方面折射出一些职场年轻人在职场沟通过程中存在的困惑，另一方面体现出这一群体对职场网络社交礼仪十分在意。

曾经，有关“被同事屏蔽朋友圈的心情”的话题引发网络热议，“长语音沟通很烦人”的吐槽引发不少职场人的共鸣，还有网友专门打包集纳“回复领导专用表情包”并进行分享——生怕在社交软件上的文字沟通过程中让领导产生误会……如今，“让领导失去沟通欲”头像的走红，仿佛给一些职场年轻人的沟通锦囊里又添一宝，但事实很可能是“你在细节上小心翼翼，领导可能根本没注意”。

其实，对诸多职场中人而言，相关的网络社交礼仪确实不可少，网络沟通也确实对一些患有社交恐惧症的人更加友好，只是网络沟通不该让职场沟通变得更复杂，无论线上还是线下，彼此尊重、真诚沟通、相互体谅等，都应是职场沟通最基本的原则。讲分寸、知进退、更直接、更纯粹，是职场沟通的理想境界。少些猜来猜去、多些将心比心，同事之间、上下级之间的沟通才能更高效、顺畅，真实的情绪和声音才能被更精准地传达和感知，迫切的需求和愿望才能被及时考量和满足。

对一个宽容、友好、积极健康的职场环境而言，高质量的职场沟通是其中的重要一环。“让领导失去沟通欲”的头像，指向的或许是职场沟通过程中“拒绝的艺术”，除此之外，职场沟通还有很多方面的内容，年轻人要讲究方式方法，领导或者前辈同样要予以重视和思考。

职场是生活和社会的浓缩，懂得、学会好好交流，是职场之道，更是人生的财富。

（资料来源：光明网。）

思考探究

探究一：结合案例，谈谈你对职场沟通是如何理解的。

探究二：结合案例，说说你认为职场上存在哪些沟通障碍。

探究三：结合案例，谈谈职场沟通有哪些技巧。

探究四：联系实际，谈谈你在未来工作中如何营造一个宽容、友好、积极健康的职场环境。

任务一

了解职场沟通

任务目标

1. **知识目标：** 认识职场沟通的概念，把握职场沟通的三种类型，理解职场沟通的作用。
2. **技能目标：** 能够识别职场沟通对象的类型，针对不同对象运用不同的沟通思维。
3. **素质目标：** 初步树立爱岗敬业、上进勤勉的职场意识。

任务导入

升职后的烦恼

何开元是某市一家轮胎公司的车间员工，因埋头苦干，且在工作之余自学工程类课程，成为一名工程师，工作岗位也从原来的车间调到了单位的住房管理处，担任房管处处长。这是令人开心的事情。但是，随着岗位调动，工作内容也从原先面对生产流水线变成了面对纷繁复杂的利益关系。

作为部门主管，他开始接触公司各个级别的上司，他发现，同样的事情，与有的上司沟通非常轻松，有的就非常麻烦。麻烦的不仅是偶尔的沟通不畅，还有上司布置的棘手的房改房任务，他需要带领办公室的下属们一起完成。看着曾是自己同事的下属们，何开元深感有的事情还不如自己一肩挑来得痛快，但这样是不合理的。为了房改房，对上和对下以及平级间的反复沟通，几乎成了生活的代名词。每天下班，仍然有单位职工登门拜访，表达希望自己能在房改房政策里被照顾的愿望。何开元觉得这些上门的职工，就好像是买东西的客户，方方面面非常讲究。如果哪一个环节做得没让某个领导、下属、同事和其他职工们满意，很快，就会有扭曲事实的风言风语传来，何开元还需要分出一点精力处理舆论的误解，以确保房改房任务的顺利完成。

夜深的时候，望着妻子和女儿，何开元觉得，与家人相伴，比与单位里的人沟通轻松多了。但是，他又告诉自己，为了家庭的幸福，职场上的你来我往再有压力也要坚持下去，就像轮胎那样，勇敢地奔跑在正确的轨道上。

（资料来源：根据编者真实故事改编。）

问题思考

1. 何开元的压力来自哪里？
2. 职场上的沟通压力主要来自哪些群体？
3. 既然职场上的沟通有压力，为什么还要努力地保持沟通呢？

任务描述

沟通原本是一件平常的事，可一旦把它放在职场上，往往就复杂起来。我们调研了校企合作单位，访问了在该单位实习的学生，充分的数据表明，再能言善辩的个体，一旦进入有严密运转规则的组织里，也会变得“不像自己”。这就是职场的威力，它让沟通更产生实际效益，也让沟通变得小心翼翼。然而，为了企业目标的实现和个人利益的兑现，小心翼翼也可以游刃有余。

一、职场沟通的概念

职场沟通，是指在工作过程中，为了与上司、下属、同事以及客户就某事达成共识，开展的语言和非语言的交流。概念不是最重要的，在这里，提出概念，主要是为了展示职场沟通的几个要素，以便了解职场沟通因何而起，与何共起，如何做起。

（一）动机——因何而起

任何一家单位或者公司，都要处理事情，员工们的工作，就是通过协作，把一件件计划的和突袭的事情解决好。因此，就某一个项目、某一项事务、某一个环节、某一处细节，展开讨论，形成方案，甚至是产生分歧后拿出相对平衡的策略，这就是职场沟通的动机，也是职场的运转常态。为使该常态维持在正常态势，就需要不同职务级别的员工在内部和互相之间进行合理的沟通，以确保既把事情办好，又维系了彼此间的职场生态链。

值得注意的是，存在两种特例。

一是上级单方面做决定。在某些单位或者在某些特殊时刻，不沟通，上级单方面做出决定，也不妨碍目的的达成，但这不是常态，也会为以后工作规矩的执行埋下隐患。毕竟，每个员工的性格和世界观不一样，甚至大相径庭，如果为了避免麻烦或者不信任员工，搞“一言堂”，那么，简单的事情就真要变得麻烦了。

二是沟通的事情和工作内容没有直接关系。比如办公室恋情、员工聚餐、看望生病的领导。这些不算严格意义上的职场沟通，却与职场有关，会对工作的开展产生影响。这样的沟通，就不仅需要职场沟通的技巧了，还需要日常生活的情商作为辅助。

提出这两种特例，不是为了把职场沟通搞复杂，而是为了提醒大家，职场沟通发生在职场，但绝不是孤立的、静止的存在，它依然扎根于生活。只靠职场上的技巧搞定职场沟通，在理论上可行，在实际中不完全畅通无阻，一定要把“技巧”与“真诚”相结合，不然，时间长了，我们可能就变成善于伪装和惯于掩饰的“职场老油条”。这不是职场沟通的目的，也不是工作的本意。

（二）主体——与何共起

上司、下属和同事以及客户，是我们在职场中必须打交道的四类人，任何一方都不可以怠慢。尤其是同时牵扯四方的事情，更要和每一方都沟通到位。因为这其中的每一方，都会对事情的进展造成影响，关系到职场沟通的动机能否实现。下文的职场沟通的类型，会围绕这四类沟通对象展开讲解，帮助我们实现一种“乌托邦”式的理想，这也是很多公司喜欢贴在墙上的标语：“公司是我家，美好靠大家”。所以，为了幸福生活，带着这四位家庭成员，“战斗”吧！

（三）途径——如何做起

明确了沟通的目的，也瞅准了沟通的对象，接下来，解放我们的嘴、表情、手和耳朵，合情合理地表达意图。嘴，是口头沟通；表情，是非语言沟通；手，是书面沟通；耳朵，是倾听。也就是说，项目五到项目八的技能，到了综合应用的时候。这四种途径会成为我们开展职场沟通的底蕴。我们要做的，就是把它们根据情况有理有据地搭配。这就是“合情”又“合理”。换句话说，日常沟通中的沟通方式，有些就不适合职场了，即便再能显示个人魅力，感觉自己“笑起来真好看”，也请务必舍弃，因为需要时刻密切围绕职场沟通的动机和主体，让看似谨言慎行、人情疏离的职场，尽可能因为美好沟通的存在，焕发温润的光彩。

二、职场沟通的类型

多行一步

根据职场沟通的对象，职场沟通可分为以下三种类型。

（一）与上司的沟通

与上司沟通，其实就是“组织沟通”里的“上行沟通”，是指下级向上级汇报工作、陈述意见、提出问题和建议，甚至是抱怨和批评的一种沟通方式，目的是下情上传。这类沟通多与工作相关，因为上司没有太多的精力和兴趣听到工作之外的事情，这不是他们的义务。作为下属，妥当地使用与上司直接沟通的权利，建立并保持良好的上下级关系，对一个人的职场生存质量有重要的意义。

（二）与下属和同事的沟通

如果我们在公司的某个部门、团队或者临时的工作小组里担任主副负责人，这时候，就存在与下属的沟通问题。具体内容包括向下属发布我们的或者来自上司的命令、指示、通知，对公司内部存在的问题提出意见和建议，提出协助的愿望，评价员工的工作，以便部门、团队或者临时工作小组有效地完成工作任务。这种沟通，就是组织沟通里的“下行沟通”。

与同事的沟通，同与下属的沟通的内容类似。区别在于，沟通对象不是相对的上下级关系，而是没有从属关系的同事，比如同部门、同团队或者同小组的同职务级别的员工，也可以是同一层级不同部门的员工。这种沟通，属于组织沟通里的“平行沟通”。

与上司的沟通、与下属和同事的沟通，合在一起，称之为“内部沟通”。与之相对，“外部沟通”，也是职场沟通的类型之一，在职场沟通领域，我们称之为“与客户的沟通”。

（三）与客户的沟通

与客户的沟通，其对象不仅是与公司有直接业务往来关系的群体，如购买方、供应商，还包括为公司发展提供外部环境的政府部门、媒体和社会大众，后两者可称其为“舆论”。因此，与客户沟通的内容，通常是说服顾客购买商品或服务，澄清供应商的说明、赊账、催款，与政府部门协调事宜，联系媒体进行新闻报道，发生纠纷时对媒体和公众做出解释。

三、职场沟通的作用

职场沟通能力测试

（一）及时发现工作问题

任何行业的运营过程中都会不断地产生问题，而问题的解决基本不能依靠个人力量单独实现。因此，针对不同的工作内容，员工需要与其上司、下属和同事以及客户展开有效对话，以便发现急需解决的问题，扫清绩效提升的阻碍。

（二）实时推进工作进程

发现工作问题后，该问题将转变成工作任务，经由上司分配给下属，或者同事之间协商领取，也可以转变成订单，由客户委托给公司。至此，一项任务的流程就开始启动了。在这一流程的进展过程中，需要当事多方就每一阶段产生的新问题，实时沟通，及时解决分歧、修补错漏，将工作稳定推进，直至达成工作目标。

（三）按时完成工作计划

通过及时沟通发现工作问题，经由实时沟通推进工作进程，才能确保按时且保质保量地完成工作计划。工作计划在有效的职场沟通的助力下落实了，这有利于营造职场良好的工作氛围，建立公司和谐的人际关系，实现员工理想的职业愿景。

职场沟通构成了职场忙忙碌碌的景象。然而，我们时常会有这样的感觉：感觉一天从早忙到晚，一个礼拜过得飞快，但是回想起来究竟忙了些什么呢，好像也没见什么事情有进展，要做的还是那么多、那么烦。这是因为，在实际的职场沟通中，存在这样那样的障碍，导致沟通的动机不能顺畅地实现。只要认清职场沟通的三类障碍，掌握合适的破解之法，具体情况具体对待，什么样的沟通难题都可以迎刃而解。正所谓：

职场沟通看似烦，上司难搞怎么办？

同事下属不买账，客户总是不签单。

人心终究肉长成，设身处地解忧难。

各路“技”能早掌握，“巧”妇好做香米饭。

任务小结

班级：	学号：	姓名：
	学习索引	学生自测
知识点	职场沟通的概念	
	职场沟通的类型	
	职场沟通的作用	

任务思考

1. 什么是职场沟通？
2. 职场沟通包括哪些类型？
3. 职场沟通起到怎样的作用？

任务二

认清职场沟通的障碍

任务目标

1. **知识目标：**认识阻碍三种类型的职场沟通的因素。
2. **技能目标：**能够在开展职场沟通前，预想阻碍因素，以避免阻碍发生。
3. **素质目标：**对职场沟通产生的问题保持积极的态度。

任务导入

捷径不走，非选弯路

按照某银行内部工作流程和风险管理委员会工作制度，A部门可以向B部门直接查询后者的相关重要业务数据。但是，A部门经理认为，B部门新任经理还是某支行行长时，自己曾经在工作上为难过对方，就不愿意直接去找，而是找自己的分管副行长，请领导出面去跟B部门经理先说说。

没想到，分管副行长说："第一，我不好放下架子去求B部门经理；第二，我跟分管B部门的副行长最近关系有点不好，也不好跟他说；第三，这段时间我跟董事长比较近，行长对我也不太友好。我干脆直接找董事长解决吧。"

最后，本来可以以最短路径在A部门与B部门之间完成有效沟通的事，结果演变成董事长出面找分管领导、分管领导找部门领导，前后加起来绕了一个大圈。这种线路过长的曲线沟通，不仅降低了工作效率，还容易生成靠人情世故解决问题的不良风气，进一步加深人际关系隔阂，导致原本可以简单、和睦的工作氛围变得复杂、紧张。

（资料来源：百家号，有改动。）

问题思考

1. A部门经理与B部门经理之间的沟通障碍是什么？
2. A部门经理的分管副行长顾虑的三种沟通分别涵盖了职场沟通的哪几种类型？
3. 你觉得职场沟通障碍产生的原因有哪些呢？

任务描述

职场沟通之所以教人谨言慎行，在于每一个处于三种沟通类型中的个体，个性各不相同，且每个人的个性又存在多样性和易变性，再加上职场属于特殊情境，代入该情境中的性情更未必是真性情，这就导致主体与对象的沟通会产生障碍。其实，这些障碍常常是被心理作用放大了，实际上，了解了沟通对象，也就找到了沟通的障碍。

一、与上司沟通的障碍

（一）接触时观察不妥

上司常常是长辈，在年龄、阅历和时代背景上，可能与员工存在代沟，因此，联系仅限于工作，私下里的接触特别少。这就容易让听来的别人对上司的印象变成自己"先入为主"的成见，或者是因为某一次沟通不畅导致心里萌生阴影，害怕再与上司沟通。如果尝试观察上司的言行习惯，就会发现，在某个层面上，上司也是普通人，也许与之沟通并没有想象得那么复杂。当然，还有一种情况，正是因为观察过、了解过上司，感觉到自己和上司不是所谓的"一路人"，才不愿意或者不懂得如何与其沟通。其实，这也是没有真正地了解上司。不了解上司，也就不了解与上司沟通的方式，职场沟通自然无法有效开展。

（二）汇报时逻辑不妥

向上司汇报工作计划、方案和进程是最为常见的职场沟通。由于上司的倾听时间有限，汇报的下属也还有其他工作需要完成，因此，汇报的逻辑混乱是职场沟通中的忌讳。这就要求不管是口头汇报还是书面汇报又或是二者结合，汇报都应该中心明确、层次清晰、重点突出、详略得当，否则，汇报了一大堆，上司抓不住重点，会影响工作的下一步部署，也会影响上司对员工的信任度。

（三）接指示时反应不妥

当上司布置任务或者交代注意事项，作为下级，也作为晚辈，必须注意合适的礼节。如果还未等上司说完，就急于表达自己的想法或者为自己辩解；如果上司说话的过程中，不在适当的时机给予适当的语气和表情的反馈；如果上司说完，可以发表意见却不发表意见，发表意见又措辞不妥，这些都会为后续工作带来麻烦，甚至会有上司临时更换员工的可能。

（四）提意见时措辞不妥

这种障碍，实质是"察言观色"的问题。在不合适的时间，用不合适的事情，用了不合适的表达，会让提意见和建议这类原本很好的事情，取得适得其反的效果，甚至会导致原本非常有用的意见和建议，成为上司不愿听取的"遗珠"。给上司提意见和建议本来就是容易尴尬的事情，千万不能在这方面做毛手毛脚的"愣小子"。

二、与下属和同事沟通的障碍

（一）传达不当

1. 传达自己的意图

从我们接触的公司实习生和职场新人的实际经历来看，结合合作企业给我们的反馈，我们发现，很多职场人的语言表达的基本功存在欠缺，即不能精准地表达自己的意图，造成不必要的误解。例如，询问下属和同事的工作进度，本意是关心和慰问，应该说的"你做完工作了吗?"说成了"你还没做完工作吗?"一个"还"字完全改变了意图，把好事变成了坏事。

职场上与同事相处的禁忌

2. 传达他人的意图

当需要我们带话给他人的时候，最简便的方法是原话怎么样就怎么样转达，这是最不容易出现误会的办法。但是，有时候，不方便原封不动地转达，需要对原话进行二次加工，这就容易出问题了。不辨别所传的内容中可能存在的错误，不提炼所传内容的要点，不考虑传话时机，为了图省事直接把传话人的 QQ 或微信截图转发给受话人，尤其是智能手机时代的这后一种传话方式，极易引发同事矛盾等一系列问题。

（二）夸奖不当

夸奖能够增进与下属和同事的感情，但是，不恰当的夸奖，就像是服务行业的某些“假笑”，让人觉得怪怪的。夸奖不走心、不具体，仅仅是堆砌“放之四海而皆准”的华丽词汇却没有务实的内容，不注意夸奖的场合，都会让夸奖“垮掉”。

（三）批评不当

下属有做得不对的地方，围绕职场沟通的目的，就事论事的批评是必要的。即便是同级的同事，在合作一项任务的过程中犯了错误，为了工作的顺利进行，也是为同事本人好，该指出的问题还是要指出，但一定要注意方式方法。否则，因为工作，得罪了同事，得不偿失。

（四）拒绝不当

一个人不可能做成所有事情，也总会有不方便做的事情，只有学会合理地拒绝，才能把麻烦斩断在源头。既达成推辞的目的，又让下属和同事心平气和地接受，是职场沟通的一个难题。想都没想就拒绝，态度模糊，没有合理的拒绝理由，是职场上关于“拒绝”的大忌。

三、与客户沟通的障碍

（一）不注意了解客户的实际需求

无论公司是提供产品还是提供服务，都是为了满足顾客的需求。实际的职场沟通过程中，交易难以达成的一个重要原因，往往是员工只顾介绍产品或服务的优势，想当然地以为自己提供的都是客户需要的，不考虑客户的实际需要。

另一方面，当公司出现危机需要危机公关的时候，面对特殊客户——媒体和公众，不了解他们真正想听什么，而是一味地为自己开脱，甚至打“同情牌”。这些都只会让客户觉得沟通是逢场作戏，没有诚意，不但解决不了问题，还加深了危机。

（二）不注意分析客户的个体差异

由于客户成长环境、性格、学历、经历等各方面的不同，其在市场交易中体现出的特征会出现相应的差异。有的沉默，对销售人员的热心介绍反应冷淡；有的虚荣心较强，即便买不起，也极力掩饰自己真实的购买力，让销售人员在其身上花费无谓的精力；有的挑剔，寻找产品或服务的各种问题，如果销售人员没有足够的准备，不具备灵活的应变能力，将难以应对这样的客户；还有的犹豫不决，可能是因为价格，也可能是因为自己做不了主，这时候，就需要销售人员发现犹豫的原因，找到解决之策。在职场沟通里不存在“万金油”，如果不重视客户的个体差异，“一刀切”，那么，与客户的沟通是不可能成功的。

（三）不注意接待客户的基本礼节

面对客户的职场沟通，其实也是在向外界传递公司形象和企业文化。语言和仪态方面过于随意的沟通，会让客户感觉到自己不受重视，或者感觉到自己在公司眼里只是钱包一样的存在。任何公司，随着经营的日益完善，在没有独创产品能够领跑行业的时候，与同类公司的同质竞争，骨子里就是文化的竞争。体现在产品和服务上的文化价值是增强客户黏性的关键因素。象征公司文化的基本礼节做得不到位，沟通也就难以到位，产品和服务自然就不能“飞入寻常百姓家”了。

任务小结

班级：	学号：	姓名：
知识点	学习索引	学生自测
	与上司沟通的障碍	
	与下属和同事沟通的障碍	
	与客户沟通的障碍	

任务思考

1. 与上司沟通存在哪些障碍？
2. 与下属和同事沟通存在哪些障碍？
3. 与客户沟通存在哪些障碍？

任务三

掌握职场沟通的技巧

任务目标

1. **知识目标：**识记与上司、与下属和同事、与客户职场沟通的各式技巧。
2. **技能目标：**掌握各具体沟通技巧的使用方法，排除职场沟通障碍。
3. **素质目标：**确立技巧使用的分寸，体会到真诚才是职场沟通的根本。

任务导入

放下身份好沟通

河北赞皇是国务院港澳事务办公室的定点帮扶县。尹家庄是该县97个贫困村中一个贫困程度较深的典型，也是全县基层党建软弱涣散村之一。2017年8月，时任国务院港澳办秘书行政司副处长的陈喆到尹家庄担任第一书记。他发现，村“两委”班子成员人心不齐，干部之间还有不少“历史积怨”。陈喆决定先从班子内部入手，解决内部矛盾，以便后续工作的开展。深入了解情况后，陈喆在大会小会前都注意与村干部充分沟通，对不了解情况的事情尤其是涉及政策和利益的事情从不轻易表态。同时，在遵守纪律和政策规定的前提下，千方百计关心关爱村干部，最大限度凝聚共识。有一名副主任在村委会工作多年，是村里大小事务的明白人，同时也是村里建档立卡贫困户之一。2018年精准识别“回头看”中发现其家庭条件不符合，但他又不想退出贫困户行列，并因此和其他村干部有了矛盾，认为自己为村奉献多年，应该继续享受相关政策。陈喆没有以第一书记的身份下“硬命令”，而是主动到他家中，与他和家人促膝长谈，帮其明白党和国家政策，明白当干部就得带头等道理。这名副主任最终带头放弃贫困户身份，还动员身边不符合条件的亲朋好友也都主动退出。干部带了头，群众就少了矛盾，为精准识别“回头看”打下坚实质量基础，进而为赞皇县的脱贫工作铺好了顺畅的道路。

（资料来源：陈喆. 用行动强班子　用真心换真情［M］//中央和国家机关工委. 中央和国家机关驻村第一书记扶贫典型案例集. 北京：研究出版社，2019：47–51，有改动。）

问题思考

1. 陈喆是怎样化解下属之间的矛盾的？
2. 你觉得同事之间有哪些相处之道？
3. 良好的职场沟通技巧有什么作用？

任务描述

“解决问题的办法总是和问题一起产生”。在认识了职场沟通三种类型各自的障碍后，职场沟通得以顺利进行的技巧也就有的放矢了。现在，我们根据刚才提到的每一个障碍，针对性地对症下药，让职场沟通“药到病除”，也帮助你在综合实战篇里，层层进阶，步步为营。

一、与上司沟通的技巧

（一）细致观察

1. 对控制型的上司

了解脾性：这类上司喜欢直接下命令，不允许下属违背自己的意志，在意工作结果，不在意过程，也不关心员工在完成工作的过程中遇到的困难和遭受的委屈。

沟通技巧：尊重上司的权威，有事说事，开门见山，干脆利落地说出你要说的事情，且直奔重点，不要在中间穿插细节性的描述和属于个人的主观感受。

2. 对互动型的上司

了解脾性：对下属亲切友善，愿意倾听员工的困难与诉求，努力营造融洽的工作氛围。

沟通技巧：同样亲切友善地表达自己的想法，在沟通的过程中，可以使用一定的缓和的语气词，但切忌因为上司的亲和力就得寸进尺，还是要注意对说话内容的筛选和随意性语气的适量使用。上司毕竟还是上司，员工需保持最起码的尊重，拿捏好分寸感，把握好安全距离。

3. 对实事求是型的上司

了解脾性：按照自己的行事标准要求下属，要求下属做到的，自己也会以身作则，且注重细节，善于思考，介于前两种类型之间。

沟通技巧：不用拘谨，也不用放松，以客观的态度面对即可，直接进入主题，可以谈工作的细节，比面对控制型上司的时候多说一点，但比面对互动型上司的时候少说一点。

（二）严谨汇报

1. 明确目标，有的放矢

弄清为什么汇报和汇报什么。

2. 先总后分，巧分层次

事先总结好打算汇报的内容，按照认知事物的逻辑，将汇报内容归纳为三大块，即是什么，为什么，怎么样，在每一块里，标记重点部分，提示上司需要着重聆听的部分。某单位员工小明，接到部门领导指示，向单位领导汇报欲申报的实训室的相关情况。为便于领导在短时间内掌握实训室的建设构想，也为了申报得以顺利通过，该汇报以口述结合PPT的形式，在一开始就开门见山，从简介（建设什么）、背景（为什么建设）、构思和预算（怎么建设）三个逐步深入的层次，实现了汇报应该取得的效果。

3. 用数据说话

巧用数字，如果汇报结合书面材料或者PPT，把数据做成柱状图或者饼状图等图示，配以简单说明，一目了然。除了数据，文字也可以做成图示，一目了然。如某家准备进驻国内VR市场的设备生产公司，为了了解消费者更看重VR设备的哪个方面，做了一次市场抽样调查。调研部门向决策部门汇报的时候，采用了化繁为简的数据图示。

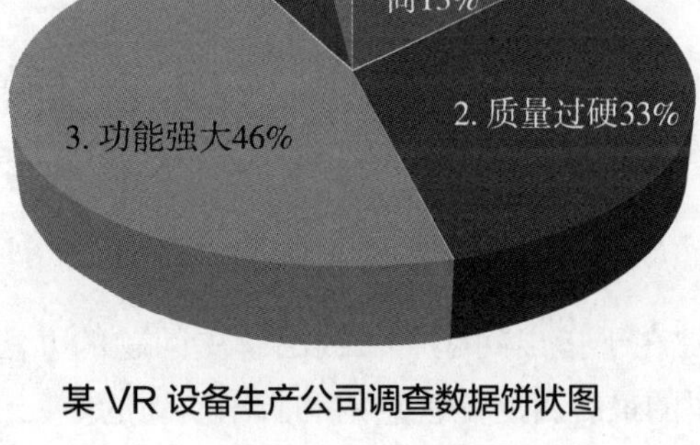

某 VR 设备生产公司调查数据饼状图

4. 用典型案例

善于把第一手的有代表性的材料融入汇报中。

5. 用语朴实，态度乐观

注重客观真实，言简意赅，尽量不带主观情感。

6. 能简能详

指定详略两套方案，根据上司脾性和汇报的场合、允许时长来选择汇报版本。

（三）用心接指示

1. 认真听取指示，不打断不插话

上司在交代工作之前，一般已经想好了交代的次序，如果员工突然打断上司，表达自己的想法或者疑惑，会影响上司的思路。

2. 应答及时

在上司与下属沟通的时候，下属应点头或用“嗯”“好的”这样表示肯定的词语轻声应答，及时表示自己一直在倾听，且领会了工作内容，切忌目光呆滞、神情木讷和“开小差”，当然，配合的语态和体态也不能够过于夸张，不可以沦为对上司的溜须拍马。2015 年央视春节联欢晚会上，“开心麻花”团队表演的小品《投其所好》，马丽饰演的马科长为沈腾饰演的小科员郝建普及怎么样听领导讲话，即使什么都没听进去，也要做出领悟的表情，这就是阿谀奉承的做法。我们在实际应用中，要发自内心，实事求是。

3. 委婉地表达自己的想法

如果上司没有主动要求下属就上司的讲话内容发表看法，且当时的条件允许，下属需要先请示上司是否允许表达意见。在征得上司的同意后，下属还要注意表达技巧，不可以有“总监，我对您刚才说的有点自己的想法”这样的表达，建议这样：“总监，我会按您的要求去做的，同时，关于第三点，您看可不可以这样安排……”。如此一来，既表达了自己的想法，又顾及了上司的威严和面子。

（四）诚恳提意见

1. 分清场合

一般来说，大部分上司都很在意自己的威信，因此，避免在上司心情不好的时候或者在公众场合提意见。

2. 说话得体

作为下属，不可以颐指气使地指出上司在讲话中出现的问题，要让上司感觉到下属在为他和为公司大局着想，而不是被抓住了“小辫子”。

3. 留台阶

点到为止，切忌铺开细节，喋喋不休，事后不要对别人提起给上司提意见和建议的事情，更不要把上司的改变归功于自己的进谏，要让大家觉得是上司自己的改变，让一切显得水到渠成。

4. 切勿只破不立

谁都会挑毛病，关键在于指出问题后，提出解决问题的办法。可以提供几个方案供上司选择，让上司明白下属的最终目的是善意的和脚踏实地的。

二、与下属和同事沟通的技巧

（一）清晰地传达

1. 传达自己意图的技巧

（1）选用合适的句式。不同的句式表达的感情色彩不同，有的客观，能得到下属和同事积极的响应；有的句式则带有说话人的主观判断，容易引起受话人的不愉快；还有的句式表达的是否定的态度，则完全让对方产生抵触和不服气的心理。

例如，想提醒下属和同事开会别迟到，客观句式“中午十二点半在经管楼305 开会，请大家准时到场”和否定句式“中午十二点半在经管楼 305 开会，别迟到了”，传达给沟通对象的意思截然相反。显然，在职场上，前者更喜闻乐见。

（2）选用合适的语气。不管自己有多忙碌，当有下属或同事前来咨询事项、商讨工作、请求协助的时候，都应该一以贯之地保持平和的语气，不能因为忙不过来，就使用了随便的或者不耐烦的语气，应付了事。

例如，如果我们实在忙得脱不开身，建议使用这样的语气：“请稍等，管总正等着我把这份文件给他送过去，我先去他办公室，您如果方便，在这里休息一会儿，我待会儿就回来和您商量。”如果我们说“我太忙了！管总要我现在送文件过去，我没有时间和您商量”，那么，可能我们永远都不会再有机会和人家商量了。

（3）传达积极的能量。与下属和同事商讨问题的时候，多传达正面的能量，让沟通对象相信经过大家的努力，一定可以完成工作任务，特别是在夜里和休息日加班的时候。如果表达消极的甚至是抱怨的情绪，对方会认为我们工作的决心是不坚决的。如果对方是下属，这种能量会动摇下属的信心；如果对方是同事，这种能量会影响大家的工作效率；如果对方是心术不正的人，这种能量可能会被对方汇报给上司，事情就会变得烦琐起来。另外，正能量不是口号，是融合在具体的接地气的事务里的，务必不要学网络上流行了一段时间的《满满的正能量》，这不是正能量，而是作秀。

2. 传达他人意图的技巧

（1）分析传话内容。认真思考上司交代的内容，如果一字不差地传达给接收对象会提升工作效率，那么，就原汁原味地传达。如果上司的表述中有些措辞可能引起接收对象的不适，那么，需要我们加以剔除。假设上司的表述很长，我们就不可能一字不落地传达了，只能在不改变原意的前提下，对原话进行归纳整合，再传达给接收对象。

（2）用合适的传达媒介。切忌在未得到原话表述者许可的时候，由于害怕上述第一点分析的麻烦，把原话录音播放或发送给接收对象，也不要把与原话表述者的 QQ 或微信聊天记录截图给对方看。这是对原话表述者隐私的侵犯，也容易带来不必要的误会。

（3）适当讲究礼节性措辞。代主管领导向副职领导传话，可突出商议、信任、称赞的措辞；代同级领导传话，可突出协商、帮助、支持的措辞。运用礼节性措辞，能够融洽下属之间、同事之间的感情。

（二）诚恳地夸奖

1. 态度真诚

“精诚所至，金石为开”。在夸奖下属和同事的时候，一定要发自内心，觉得确实应该夸奖，有夸奖的冲动，再进行夸奖。否则，没有高超的演技，总会被对方识别出虚伪的破绽，效果适得其反。

2. 夸奖的内容真实、具体

夸奖下属和同事，从真实发生的具体的事例出发，挑取整体或者细节进行赞美。这样，沟通对象会和我们产生共鸣，对方会相信我们的夸奖是真诚的，是乐于接受的。因此，夸奖的内容真实和具体是态度真诚的基础。

3. 注意夸奖的场合

在公众场合夸奖某个下属或同事，最好的情况是，他被夸奖的部分是被在场的人们认可的，否则，其他人难免会有不满意和不服气的情绪。如果其他人和被夸奖的人同属一个部门或团队，这样的行为会影响他们之间的关系。

4. 适当间接夸奖

如果能做到前两点，我们对下属和员工的直接夸奖就会有很好的效果。如果做不到，又确实想通过夸奖增进大家的关系，那么，可以使用间接夸奖的方法，即借第三方的话来夸奖对方。

例如，见到下属或同事，我们可以说："前几天我和管总谈起你，他很欣赏你接待客户的方法，你对客户的热心与细致值得大家学习。"这种夸奖的方式，是把间接夸奖和真实具体内容结合了，会更让对方相信你的夸奖是真诚的，而且提到了上司，这既让下属和同事高兴了，又凝聚了公司内部的关系。

间接夸奖还有一种方式，是在当事人不在场的时候进行夸奖，这比当面夸奖效果更好。一般来说，背后夸奖都能传达到本人，这除了能起到激励作用，更能让被夸奖者感到我们对他的赞美是真诚的。

（三）善意地批评

1. 褒贬结合

被批评对象的最主要的心理障碍是担心批评会伤害自己的面子，所以，在批评的同时，也肯定对方的优点，让对方知道，即便他有做得不周到的地方，但他依然有值得被肯定的地方。这样，对方会更容易接受，也不容易失去对自己的信心。每个人的工作都不容易，最大限度地善待对方，也是对自己的仁慈。

2. 就事论事

只谈具体的出现问题的事情，不上升到个人素质、道德和能力的高度。

就事论事

3. 不伤自尊

为了不伤害沟通对象的自尊，建议采用这样的技巧："我以前也犯过这样的错误""如果是我，这件事情会比现在更糟糕"。也就是说，不要以高高在上的姿态批评对方，放平甚至是放低自己的位置，让对方觉得我们和他是一条战线的战友，他不是被批评，而是被善意地提醒，同时，有了我们的对比，对方不会觉得自己很糟糕。

4. 友好结束

在批评结束时，对下属和同事表示鼓励，提出充满感情的希望，让对方把所谓的批评当成鼓励而不是难堪的打击，从而做好后面的工作，这才是批评的目的。

5. 挑选地点

最好选择单独的场合，比如独立的办公室、安静的会议室或者是让人感到没有包袱的地方。

（四）友好地拒绝

1. 让对方把话说完

即使对方知道我们会拒绝，我们也要等对方把话说完。在聆听的过程中，给予积极的反应，让对方感觉到我们在感同身受地体会他的难处。这样的拒绝，虽然结果是否定的，但至少是真诚的，对方会感知到我们的拒绝不是“不愿”，而是经过思考后的“实在没有办法”。

2. 态度明确且坚决

这是拒绝的最重要的一步，不让对方产生以为自己还有希望的错觉。态度模糊的拒绝，会给对方带来更严重的伤害。

3. 说明拒绝的理由

说明拒绝的理由，让对方知道我们不是故意拒绝，确实有原因，这样，对方会理解我们，不会影响彼此日后的关系和协作。要注意的是，言简意赅地说明就好，不要长篇大论，不要诉说自己多么为难。说得越多，越会让对方觉得不自在和难为情。

4. 提出可替代方案

尽可能为对方设身处地地着想，帮忙想出其他解决办法。即便想不出来，对方也会感受到拒绝背后的诚意，不会因为一次拒绝而丧失对我们的信任。

三、与客户沟通的技巧

（一）了解客户，设身处地

1. 收集信息

客户信息包括以下两个方面：一方面是基本信息，例如姓名、性别、年龄、联系方式、常住地、学历、工作、收入等；另一方面是其他与购买直接相关的信息，例如沟通习惯、购买需求、购买喜好、购买顾虑、购买能力和购买决策权等。也就是说，基本信息反映的是影响客户会否购买产品或服务的支撑条件，购买相关信息反映的是客户具体消费行为的特点，其决定因素是基本信息。

2. 听话听音

基于对客户信息的了解，我们可以从沟通过程中客户的某些特定语句，推断出客户的心理，进而采取对应的沟通方式，打动顾客。常见情况有以下两种。

（1）“太贵了”。

心理：有点动心，想买，但又不想花这么多钱，不是买不起，是价格超出了预算。

策略：人们常常羞于启齿自己买不起，可能会以挑产品毛病的方式，掩饰买不起的尴尬，我们不便于挑明，但是围绕产品性能说服客户，已经是徒劳。然而，客户直接提出买不起，这就是非常透明地表达了他不想购买的原因，这反倒是好事，只要紧紧围绕价格来谈即可。如果价格有下调空间，就与掌管价格调整权力的上司沟通，且让客户感觉到你很为难却依然愿意帮助他请示上司，客户会觉得自己受到了真诚地对待。如果价格实在不能降低，可以申请赠送实用的小礼品，补偿客户。如果既不能下调价格，也不能赠送礼品，那么，就从产品质量和价格的关系入手，让客户意识到一分价钱一分货。

（2）“我想再看看”“我下次再来”“我回家商量一下”。

心理：这时候，客户可能只是想找一个理由离开。

策略：从他说这句话之前的语言来判断，他是否有稳定的购买需求。如果他驻足时间比较久，还时不时咨询，这说明他有购买该类产品或服务的打算，只是当下无法决定，可能是价格的考虑，可能是想去看看其他品牌，也可能是家里的“经济大权”不在自己手上。这时候，强行挽留只会引起反感，可以善意地提醒客户，优惠活动很快结束，给客户适当的紧张感。这不能保证他会再次回来，但可以加深他对我们的印象。切记，客户离开之前，尽量交换联系方式，微信即可。

（二）分析客户，差异处理

1. 针对沉默的客户

详细了解其背景，认真观察其言行，鼓励其发言，提供样品，详细介绍，表现热情、耐心、谦虚的态度，打消其疑虑，争取对方的信任和支持。

2. 针对虚荣的客户

称赞客户的眼光独到，介绍产品所具有的高级的特性与对方的品位非常搭调，着重强调产品的附加的精神属性，这是这类客户格外在意的部分。

3. 针对挑剔的客户

不要直接和这类客户争辩，建议委婉地说：“是的，我觉得您说得很有道理，值得我们改进。不过，您看，虽然我们的产品还有缺陷，但是在目前的市场上，它的性价比还是不错的。”

4. 针对犹豫的客户

正面介绍产品，示范操作，请客户自己动手体验，对客户的正确意见给予及时和积极的肯定，多用正向的提议打消客户的疑虑。

5. 针对特殊客户

特殊客户指的是生成舆论的媒体和公众。当公司的产品出现质量问题，或者服务出现疏忽，甚至是危及生命、人权和国家主权的时候，媒体和公众会通过多种途径进行声讨。这就是“公关危机”。危机公关，可以通过发布会开展，也可以在官网和官方微博上发表说明、声明或者律师函。此部分内容在项目十二里有详细阐述，在此不作赘述。

（三）接待客户，礼尚往来

1. 勤打招呼

见到客户的时候，多用不同的方式与其打招呼，实时地将合作的诚意传递给对方，在正式洽谈之前，建立良好的沟通氛围，有助于后续沟通的平稳开展。常见打招呼的方式有称呼对方、自我介绍、握手、递名片、嘘寒问暖等。

2. 倾听客户

倾听客户的时候，面部表情保持微笑，眼睛自然地平视对方，目光坚定且柔和，在倾听客户诉求的过程中，在关键信息处，适当地点头。如果是坐着交谈，可以用笔在笔记本上记录要点，让客户感觉自己被重视。

3. 排忧解难

在倾听过程中，了解或者引导客户说出困扰其的问题是什么，然后站在对方的立场提供解决方案。

4. 使用赠品

通过赠品传递友好的情谊，维系与客户的关系，完成对公司形象的宣传。

5. 保持形象

与客户见面前，做到妆容、发型、衣着等外在形象的得体。随着沟通的进展，积极地调整心态，保持稳重的内在形象。通过内外兼修的双重形象，给客户留下愿意再次沟通和合作的美好印象。

任务小结

班级：	学号：	姓名：
	学习索引	学生自测
知识点	与上司沟通的技巧	
	与下属和同事沟通的技巧	
	与客户沟通的技巧	

任务思考

1. 与上司沟通的技巧有哪些？
2. 与下属和同事沟通的技巧有哪些？
3. 与客户沟通的技巧有哪些？

有的放矢

项目训练

完成以下与客户的沟通技巧练习。

职员的挑战

6位同学为一组，1人为职员，另外5人分别为五种类型的客户（沉默型、虚荣型、挑剔型、犹豫不决型、媒体），模拟真实的购买环境，体验面对不同的客户和动机，采用哪些沟通技巧足以应对。

无奈的李小姐

今天我汇报

项目练习

一、单项选择题

1. 向上司汇报时，哪种方式最得体？(　　)
   A. 口述
   B. 事先印好材料，呈给上司，且简明却有条理地介绍情况
   C. 事先印好材料，呈给上司，请上司自己看
   D. 把相关PPT发给上司
2. 以下哪种与下属或同事的对话最恰当？(　　)
   A. 下属：请问我什么时候把文档发给你？你：明天之前。
   B. 同事：这是我入手的最新款水果手机。你：你真有钱。
   C. 下属：对不起，我没完成任务。你：没关系，我们一起看看怎么样补救一下。
   D. 同事：你可以帮我做下这份文件吗？你：没空。
3. 如果你在很热心地为客户介绍产品，客户却很冷淡，你应该(　　)。
   A. 看谁比谁更冷淡
   B. 点到为止，然后保持一定的空间距离，适当观察，当客户有需求时再靠近
   C. 继续热情地介绍
   D. 心里打退堂鼓
4. 以下哪种方式不可用于给上司提意见？(　　)
   A. 只破不立　　B. 说话得体
   C. 留台阶　　D. 分清场合
5. 以下哪种做法不适合拒绝同事？(　　)
   A. 让对方把话说完　　B. 态度坚决，也不拖沓，明确说“不”
   C. 说明拒绝的理由　　D. 拒绝就完事

二、多项选择题

1. 职场沟通的类型包括(　　)。
   A. 与上司沟通　　B. 与下属沟通
   C. 与同事沟通　　D. 与客户沟通
2. 与上司沟通的障碍有哪些？(　　)
   A. 接触时观察不妥　　B. 汇报时逻辑不妥
   C. 接指示时反应不妥　　D. 提意见时措辞不妥
3. 以下哪些选项是与下属和同事沟通的障碍？(　　)
   A. 传达不当　　B. 夸奖不当
   C. 目的不当　　D. 拒绝不当

4. 以下哪些选项属于与上司沟通的技巧？（　　）

A. 大致观察　　B. 严谨汇报

C. 用心接指示　　D. 不提意见

5. 与下属和同事沟通的技巧有哪些？（　　）

A. 清晰地传达　　B. 诚恳地夸奖

C. 善意地批评　　D. 坦然地拒绝

三、判断题

1. 职场沟通的技巧不仅适用于职场。（　　）
2. 上司让员工受委屈，员工应先忍耐，再寻找合适的时机向其他同事表达意见。（　　）
3. 客户总是不接电话，如果现实条件允许，可以考虑登门拜访。（　　）
4. 下属迟到了，作为他的上司，应先批评，再问原因。（　　）
5. 同事之间应亲密无间地沟通。（　　）

项目十

小会议大学问　懂沟通事能成
——会务沟通

项目导学

◎ 了解会务沟通

◎ 认清会务沟通的障碍

◎ 掌握会务沟通的技巧

学习导航

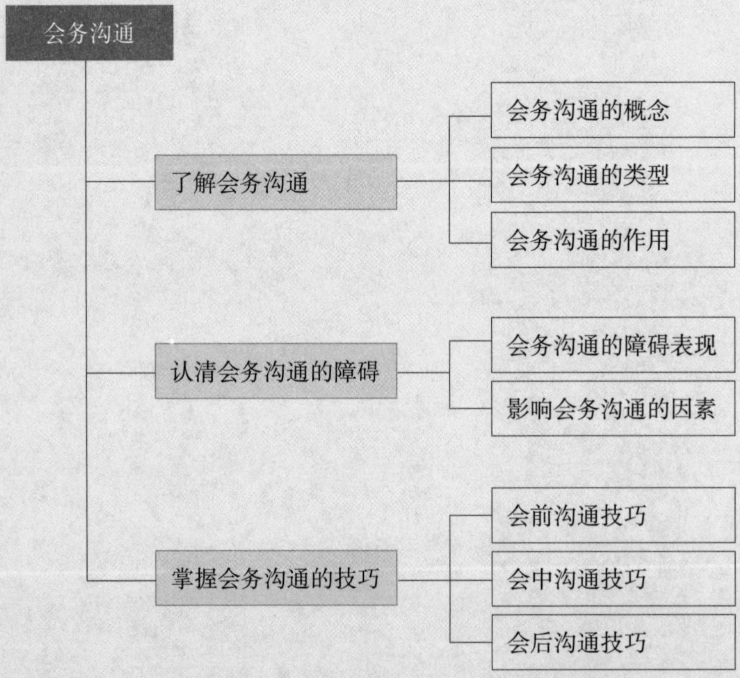

学前思考

美团成功召开全国骑手恳谈会

2023年11月17日，美团首场全国骑手恳谈会在北京举行。会上，骑手代表和美团代表、合作商代表就各项骑手权益保障事项展开协商、形成共识，并在与会人员见证下签署《美团（全网）骑手集体恳谈会议纪要》及各项相关文件。

出席本次恳谈会的美团骑手代表来自全国各地，他们在会上带来了骑手关心的各项权益保障问题，主要集中在收入报酬、安全保障、职业发展等方面。“北京入秋后天冷得特别快，咱们骑手的工作时间大部分都是在外面骑行，能够有个地方休息、喝上一杯热水，暖暖的心里一下就美了！”“我跑单四年了，深感交通安全对于一名骑手来说非常重要，针对暴雨、暴雪等极端恶劣天气的安全保障，未来会做哪些改进呢？”交流过程中，骑手范铁明和王哲说出了不少骑手的心声。

对此，美团企业代表在会上向骑手同步了相关工作进展。为方便骑手随时休息和获得补给，美团目前通过自建、社会共建以及与品牌商家合作等方式，已在全国各地建设骑手驿站超过3.8万个。为加强特殊天气下的配送安全保障，2023年冬天美团也启动了应急机制，在暴雪、大风等特殊天气下，为骑手提供配送补时、差评剔除等帮助，并动态调整配送半径，以缩短骑手暴露在户外的时间，同时正在全国一百余个城市开展冬季关怀活动，向骑手送上电动车挡风被、车把套、手套、护膝、保温杯等物资。

结合骑手及各方代表的协商结果，会议形成了《美团（全网）骑手集体恳谈会议纪要》。尤其针对女骑手权益，形成了《美团（全网）女骑手权益保护专题恳谈会议纪要》，进一步细化权益保障内容，包括女骑手关怀慰问、体检服务、专属热线等。

“这是保障新就业劳动者权益，构建和谐劳动关系走出的重要一步，希望美团积极履行社会责任，继续推进协商协调机制建设，在维护新就业形态劳动者权益方面取得更大成绩。”全国总工会与会同志总结点评。

（资料来源：新华网，有改动。）

思考探究

探究一：结合案例，谈谈你对会议沟通是如何理解的。

探究二：结合案例，谈谈全国骑手恳谈会体现了哪些会议沟通技巧。

探究三：联系实际，分享你知道的骑手、外卖平台和商家在工作过程中乐于奉献的行为。

任务一

了解会务沟通

任务目标

1. **知识目标：** 掌握会务沟通的概念和作用。
2. **技能目标：** 能够根据不同的会议开展相应类型的会务沟通。
3. **素质目标：** 树立会务沟通意识，感悟会务沟通的必要性。

任务导入

对话世界最高质量舞台，海尔为中国质量代言

2018年4月30日，第72届世界质量与改进大会在美国西雅图召开，本届大会的主题为“属于你的创新”，将质量创新放到每一个普通用户的身上，每一个用户都有可能成为质量标准的制定者。来自全球50多个国家和地区的约3000名专业人士出席会议。30日下午还举行了中美质量高峰论坛，这是美国质量学会新推出的全球质量峰会系列首场活动。海尔作为中国质量的代表，向在场美国质量专家、企业分享了以“质量标准是用户定义的”为主题的质量探索经验，海尔家电产业集团副总裁任贤全表示，海尔的质量观念就是“用户永远是对的”：一方面，企业的标准只有一个，满足用户需求；另一方面，建立全流程质量体系，为用户提供最佳质量体验。海尔的分享，得到了与会代表的一致好评和认可。

一年一度的世界质量与改进大会始办于1947年，是当今国际上最令人瞩目的质量会议，被视为传播和研讨最新质量发展动态和技术的信息发布站。中美质量峰会是世界质量与改进大会召开71年以来首次举办，不仅传递了中国由制造大国向质量强国转型的强音，也表达了中国企业将继续为世界发展做出贡献、期待与合作伙伴共赢未来的愿景。

（资料来源：搜狐网。）

问题思考

1. 案例中的会议属于会务沟通的哪一类型？
2. 不同会议类型的目的各是什么？

任务描述

在我们的日常管理沟通，特别是职场沟通过程中，会务沟通可以说是一项最常见的工作。一项调查表明，大多数商务人士有三分之一的时间是用于开会。有感于繁重不堪的会议邀请，万科的总裁王石曾经说过一句很形象的话：“我如果不是在开会，就是在去往下一个会议的路上。”虽然大家都很了解会议带来的资源、人力、物力的巨大耗费，但人们也不得不承认，会务沟通是一种很有效的沟通手段，因为面对面的交流可以传递更多的信息，尤其是需要各部门协作的工作，就更需要会议作为纽带来协助运作。

一、会务沟通的概念

会议是人类特有的一种复杂社会现象。在已经记载的每一个组织和每一种人类文化中，人们按照有规律的、频繁的时间间隔，以各种形式不断地聚在一起。会议的规模不同、讨论的问题各异，表现出来的形态也差别巨大，甚至参与者的内心体验也不一样。因此，厘清对会议的认识是正确把握会议并使其发挥应有作用的起点。

对会议概念的界定多种多样。汉代蔡邕认为：“凡章表，皆启封，其言密事，得帛囊盛；其有疑事，公卿百官会议。若台阁有所正处而独执异议者，曰驳议。”汉语“会”和“议”二字自身含义也支持了蔡邕的这种看法，会议就是聚众、讨论。但是，聚在一起讨论，并不能保证会议的效率和效果。现代社会的快节奏，讨论内容的复杂化，都强调会议要有最佳效果。

因此，本书认为，“会议”是若干关键人物聚在一起，每个人都有各自的角色，讨论他们共同关注的问题，最终取得某些决定，而这些决定都是会议预期要达到的。在这个会议概念中，主要强调了以下几个方面的内容：

首先是针对性。每个会议都必须有明确的主题，也就是必须在开会之前确定会议的目标。它决定了会议的所有环节，也是保证会议成功的首要前提。

其次是规定性。会议的参与者是由会议主题决定的，而且他们在会议进程中分别担当不同的角色，以共同推动会议的有序进展。

最后是程序性。会议是一项组织有序的集体活动，在开始之前有明确的预期和设定的进程。所有与会者的努力都是为了保证会议沿着预定程序进行，并最终实现目标。

二、会务沟通的类型

（一）按主办单位的类型分类

按主办单位的类型，可分为由政府部门组织的会议、学术机构组织的会议、专业协会组织的会议、企业组织的会议等。

（二）按是否涉外分类

按是否涉外，可分为国内会议和国际会议。国内会议即没有外国代表参加的、纯属国内事务方面的会议；国际会议即政治、经济、文化等领域的各种涉外会议。

（三）按会议目的分类

按会议目的，可分为谈判型会议、通知型会议、解决问题型会议、决策型会议和信息交流型会议等。

1. 谈判型会议

这种会议的目的是解决双方在利益上的冲突，常采取双向互动的讨论方法，力求达成一致的意见或双方达成谅解。

2. 通知型会议

这种会议的目的是传播信息，其传播方式通常为单向式。通知型会议一般不鼓励讨论，否则会影响信息的有效传递。

3. 解决问题型会议

这种会议的目的在于利用团队的创造力来解决问题。通常是将待解决的问题摆在桌面上，与会者通过广泛的讨论找到解决的办法。在这类会议中，人们都会为探求解决问题的方法而努力。

4. 决策型会议

这种会议的目的是在不同方案中权衡利弊，做出抉择。与会者不仅要参与会议讨论和决策，还要遵守会议的决议，即使自己持有不同的观点。

5. 信息交流型会议

这种会议的目的在于发表意见，交流消息，了解与会者对意见的反应。此类会议鼓励广泛讨论和踊跃提问，每一位与会者都可以提出自己对问题的看法和意见，并从相互交流中得到启发，产生创意。

（四）按参加会议的人员规模分类

按参加会议的人员规模，可分为大型会议、中型会议和小型会议。

1. 大型会议

该类会议的参与人员可以达到成百上千人。在这种会议上，演讲者不可能很多，只能是有限的几位，大多数人只能是听众。大型会议在告知信息时运用得较多，并且大多设计有会标、会徽，甚至有会议旗帜，这样有助于加强与会者的群体感受。由于大型会议参加人员较多，因此大型会议组织起来难度较大，维持秩序也比较困难。

2. 中型会议

这类会议的参加人数一般在几十人之内。在中型会议上，可让与会者都有机会发言，但必须按严格的秩序进行，并且限制发言时间，以免会议失控；也可让几个主导的人发言，其余的人加以补充。

3. 小型会议

这类会议的应用最广泛，意义也最大。由于参与人数较少，一般在十人以内，沟通较为方便，大家可以畅所欲言，气氛相对活跃，容易产生好的创意。会议主持人也可以随机应变地调控会议议程，以求获得最佳的会议效果。

（五）按会议时间的规律性分类

按会议时间的规律性，可分为例行会议和非例行会议。

1. 例行会议

例行会议是指定期举行的会议，如晨会、周会、双周会、每月会、年度会等。晨会是每天早晨工作开始前的短会，主要是为了安排当天的工作内容，提出并预防一些问题。周会则是团队在每周举行的例行会议，用以检讨每周的工作成果，讨论未来的工作计划，研究一些重要问题。

2. 非例行会议

非例行会议是指不定期召开的、用来解决一些非常规性问题和重大问题的会议，如企业为了解决顾客投诉而召开的会议，或者为了解决某个重大质量事故而召开的会议，或者为了处理某些突发事件而召开的会议。这些会议往往不是事先安排的，而是围绕出现的重大问题临时召开的，这样的会议主要解决非常规性问题或突发性问题。

（六）按参会者身份分类

按会议参与者的身份，可分为员工会议、委员会议和董事会议等。

1. 员工会议

由于企业是由众多阶层和不同性质的成员构成的，因此员工会议是企业中常见的会议形式之一。与会者由管理者和一个特定范围的全体员工组成。通常这种会议的目的是分派工作，给予下级群体指导、传播组织资讯和政策、调查员工面临的问题并提出解决方法。员工会议有时也是员工们正式集合与交谈的唯一机会，可促进组织中的上行、下行及平行沟通的有效开展。

2. 委员会议

一个企业可能有种类繁多的委员会，其职能与发现问题、解决问题、制定策略等有关，被认为是民主决策的群体。委员会议，就是由他们参与的会议，使用严谨的会议程序，商议与他们代表的成员有关的事项。委员通常来自企业中不同的部门，拥有不同的信息、不同的看法和不同的需要。

3. 董事会议

董事通常是通才，而不是企业日常管理所需的专才。董事长并不直接处理公司内部事务，只对整个企业负以道德和法律上的责任。董事会通常每年召开2～4次会议，需要作决定时可能会更多。会议可以在公司的会议室召开，也可在其他地方的会议场所召开。董事会议通常不对外公开，尽管有时会有管理者或员工出席和回答问题。董事会议由董事长主持，如果董事长不能主持，则由董事长指定的副董事长主持。董事会的开始和结束时间有严格的控制，并有严密的会议议程。

（七）按会议性质分类

按会议性质，可分为达成共识的共识型会议、传达信息的传达型会议、特定主题的讨论型会议、处理重点工作和检查计划的例行会议、解决问题的专项会议以及双边会谈或多边会谈。

1. 达成共识的共识型会议

此类会议是为了让与会者达成共识，因此此类会议的重点是把握精神、转变观念，求同存异、统一思想，形成决议、共同执行，明确责任、检查监督。

2. 传达信息的传达型会议

此类会议的目的是传递信息，与会者不需要有个人见解，而是由召开会议的人单向传达信息。因此，此类会议要求提前做好充分准备，精准把握会议精神，复述详略得当，避免长篇大论，方便与会者理解和把握会议重点。另外还要限定完成工作任务的时间节点，强调执行力，狠抓落实，确保会议精神落到实处。

3. 特定主题的讨论型会议

此类会议的目的是就某些特定主题展开讨论。因此，要善于引出与会者的意见，集思广益，做好会议记录，会后及时归纳整理意见，然后进一步落实。由于是特定主题，所以，会议主持人要注意始终把握会议主题，防止讨论跑题，调节会议气氛，就事论事，不掺杂个人恩怨。

4. 处理重点工作和检查计划的例行会议

准备充分，突出重点，检查计划的完成情况，强调计划的严肃性。对遇到的问题，下级表达要简单明了，上级要给予指导和必要的支持。主持人要控制好会议议程和节奏，议而不散；一个单元若有多人参加会议，一定要各有重点，合理分工，不要重复；善于总结经验，推动全盘工作；应用批评和表扬引导会议气氛；按时开会，一般不延长会议时间。

5. 解决问题的专项会议

兼听则明，偏听则暗，找出解决问题的关键；把握全局，善于协调，控制好会议气氛和时间，尽量避免对立各方陷于僵局，最好别“熬会”；对明确的事情敢于拍板，明确责任和任务，限时解决；对一时难以解决的问题，不要焦急，条件允许时不妨“议而不决”，会后或请示上级或加强调查研究和沟通协调，另行解决；与会人员一定要做好记录，注意会议议程，不要轻易节外生枝；善于面对不同意见；重要的会议一般应形成会议纪要或备忘录。

6. 双边会谈或多边会谈

各方一般有需要弥合的重大分歧；围绕目标充分表达观点立场，随时注意调节会谈气氛；充分运用谈判技巧；各方应有明确的主谈人，其他与会人员不要轻易插话；己方人员会前应十分清楚己方的底线和目标，既把握原则，又有灵活性；遇到困难不轻言放弃，要善于找共同点，运用智慧，实现共赢；沉住气，尽可能不要谈崩，说话要留有回旋余地。

三、会务沟通的作用

会议作为一种复杂的人类活动，它实际发挥的作用远远超出了召集会议者对它的预设，超越了实现会议目标的框架。因此，在探讨会议的作用时，我们也要跳出组织方的局限，对会议的作用进行全方位的把握。

（一）信息交流

在现代这样一个信息化的时代，人们获取信息的渠道非常多。可以通过传统的媒介，比如报纸、电视、广播等；也可以通过更先进、更及时的互联网。相比之下，会议对信息的收集更集中、迅速而且针对性更强。因此，它的实际意义也就更大。每个与会者在会前都需要对会议议题进行充分的准备，包括提出自己的观点，整合支撑材料。在开会时，与会者把自己的观点和信息与其他与会者交流和分享。这些信息从不同的领域和角度指向同一个目标，针对性尤其突出。而且这种信息共享必须在规定的时间内完成，因此每个与会者掌握关于一个议题的信息的效率也更高。另外，会议这种形式的严肃性也有效地削减了出现虚假信息的可能。所以，相比通过电话或者电子邮件的方式得到的信息，人们通常更重视在会议上接收的信息。

（二）科学决策

当问题较为重大、复杂，甚至问题的牵扯面较大，涉及广大群体利益，难以决定做不做或者怎么做的时候，就需要开会。召集有关人员研究讨论，充分就议题发表意见，分析得失，权衡利弊，集思广益，寻找科学的决策。经过大家讨论形成的方案通常能满足多方面的需求，也能说服更多的反对者，使决策的执行变得更加顺畅。

（三）发扬民主

会议是民主得以实现的非常重要的形式和载体，会议和民主密不可分。

1. 会议是上下交流、沟通的有效渠道

在会场上，管理者和下属都要对议题发表自己的看法和见解。管理者可以宣布自己或者管理者团队对于议题的立场和态度，下属也可以就此提出疑问和意见。这样的交流、沟通便于决策者直接了解民意，使其最终做出的决策更加符合实际和群体利益。

钱老“错话”的用意

2. 会议制度保证民主的和谐气氛

会议是体现群策群力的地方，但是会议上经常会出现少数人垄断会议的情况，满场只能听到他们的声音，其他人或是被迫或是自愿保持沉默。对于这种严重影响会议效果的局面，会议制度必须提前做出预防。首先，开会之前主持人可以重申会议制度，鼓励所有人，尤其是性格内向、经常沉默的人积极发言；其次，对垄断会议的少数人，分析情况，事先与其沟通并限定个人的发言时间；最后，可以规定采用轮流发言的形式，保证每个人充分行使自己的权利。

（四）检查监督

召开会议，可以让有关部门向上级汇报工作任务的贯彻执行情况，总结决策和执行过程中的成功经验和失败教训。开会是每个组织或企业的常态，但是会议并不是各自独立的，相反，每个会议都是紧承前一个相关会议而来，它们是彼此紧密联系的一个体系，让它们紧密相连的就是决策的制定与执行。在新的议题开始前，最重要的一件事情就是检查上一个决策的实施情况。相关的执行负责人要向会议报告决策的实施进展和存在的问题。通过会议的检查比较，对积极贯彻会议决议的员工，给予表彰奖励，对工作马虎、消极怠工、失职渎职的员工要进行相应处罚，从而推动工作健康有序地开展。

（五）横向协调

会议的协调作用主要体现在加强横向联系方面。会议研讨的主题常常关乎组织或企业全局，需要下属所有部门的通力配合。一般来说，由于各部门的业务不同，主管性格、个人观念等方面也均有不同，致使部门之间存在很大差异。因此，对于同一问题，不同部门往往都有自己的考虑角度，彼此不自觉地倾向于维护自己部门的利益，意见难以统一，从而影响问题的妥善解决和工作的顺利进行。这时，就要发挥会议的协调作用，部门之间互相磋商，保持行动一致。

（六）树立权威

从制度上来讲，会议决议是群策群力的结果。因此，它的权威性要远远大于管理者或管理者团队不经过会议决议而发布的任何行政命令。因为会议决议是经过众人讨论过的，即使有人持反对意见，也不能继续坚持个人意见，需要服从和接受大家的意见。群体力量造就的会议决议的这种权威性，极大地保证了决议在会后顺利地执行。

（七）附属作用

除了以上六大主要作用之外，会议还具备以下附属作用，这些作用同样或强或弱地引导着会议的走向。

1. 象征地位

很多人内心都会认为，参会代表着自己在组织中的地位和身份。参会越多，意味着自己的地位越高。因此，常常会出现这样的情况：组织内部有人反对会议决议的方案，其实不是完全因为方案本身有可商榷之处，而是自己被排斥在了会议之外，感到自己的地位和尊严受到了挑战。

2. 形成印象

因为会议可能会有高层管理者和各部门的关键人物参加，因此成为与会者展示自我、让他人对自己更加有印象的重要舞台。

3. 激发士气

有些会议并无太多的日常管理实质内容，而纯粹是通过会议来调节与会者的情绪和心态，为某种特定的管理需求服务。

4. 增强合力

会议活动是一种互动性的交往方式，在人们交流思想、互通情况的同时，还有助于他们感情上的沟通。增进感情的结果就是对内增强组织的合力，因此，有时我们可以直接将联络感情、加强团队协作作为会议活动的主要目的。

5. 明确目标

人们每天埋头于具体事务，很容易忘记自己所做的一切都是为了什么。从组织本身的发展来讲，这是很大的损失，而会议却能弥补这个缺憾。会议的议题都是围绕组织目标展开的，对它的讨论以及大家对讨论意见的取舍，最终都是帮助所有人重新认识或者更加明确组织目标，有力地推进今后的工作。

6. 激发灵感

会议上发生争吵是很正常的现象。有趣的是，争吵常是解决问题、获得想法之道，有人将其称之为“创造性摩擦”。很多激动人心的想法都是在这样的“摩擦”中产生的。

任务小结

班级：	学号：		姓名：
	学习索引		学生自测
	会务沟通的概念		
知识点	会务沟通的类型	按主办单位的类型	
		按是否涉外	
		按会议目的	
		按参加会议的人员规模	
		按会议时间的规律性	
		按参会者身份	
		按会议性质	
	会务沟通的作用		

任务思考

1. 会务沟通的含义是什么？
2. 会务沟通的类型有哪些？
3. 会务沟通的作用是什么？

任务二

认清会务沟通的障碍

任务目标

1. **知识目标：**了解会务沟通的障碍表现和影响因素。
2. **技能目标：**能够判断实际会务工作中的沟通障碍。

3. 素质目标：培养简约、高效、务实的会务意识。

任务导入

多么寂寞的会

酒店行政经理在星期一早上告诉小王，星期四上午9：00到11：00召开各部门经理会议，需要小王通知有关人员。小王刚到公司不久，不太清楚酒店有哪些部门，酒店的部门主管是哪些人。她到酒店转了转，大多数人都在工作岗位上，也没有遇到各部门主管。后来，小王忙于其他的事情，几乎把通知的事忘了。一直到星期三下午，经理问她会议通知了没有，她才在公司的网络公告栏里发了如下通知："兹定于星期四上午在会议室召开各部门主管会议，会议重要，请务必出席。"

星期四上午8：30左右，有两个部门的主管到了办公室，但会议室里没有人招呼他们，以为会议不开了，坐了一会儿就走了。9：00左右，又来了5个部门的主管，什么资料也没带，其中2位说，他们已经约好客户在10：00见面。到了10点，剩下的3个部门的主管不知道这次会议要谈什么，随便谈谈就走了。

事后，行政经理得知，去了会议室的7位主管不确定会议具体时间和议题，没有去的3位中，有2位是没看到通知，经行政经理提醒，才发现通知是在会议前一天下午快下班的时候发的，那时候他们已经关了电脑；另外一位是还在外地出差，他看到通知也来不及赶回来。行政经理对小王十分不满，小王也受到了批评与处罚。

问题思考

1. 小王的问题出在哪里？
2. 小王应该怎么做，才能避免这次问题？

任务描述

每个企业都会有大大小小的会议，可为什么要召开会议？开会是企业解决问题的重要方法，只要与会者充分了解议题、积极提供意见，便可享受解决问题的快感。按理说，开会应当是令人期待或者快乐的事情。然而，最大的问题是，大家都非常忙碌、工作分秒必争，却得耗费大量时间开各种大大小小却不知道是否有效的会议。这一现象的产生主要是由于会务沟通的障碍。只有明确了构成会务沟通的基本因素，才能分析出会务沟通常见的障碍。进一步说，明确了会务沟通的障碍，才能扫清障碍，让会议顺畅、高效地进行下去。

一、会务沟通的障碍表现

（一）会议目标搁浅

对会务沟通障碍的表现最常见的总结是"会而不议、议而不决、决而不行、行而无果"。鉴于会议召开的初衷，会务沟通障碍最严重的后果就是会议目标没有实现。

首先，会议目标没有实现意味着为此次会议投入的人力、物力、时间和金钱等都完全浪费，这是最直接的后果。

会务沟通能力测评

其次，开会意味着提出问题，确认指导原则，制定新的方案，直至最后做出决策。它是管理的一个手段。与此同时，为了解决某个问题，需要多个环节紧密配合，会议只是众多环节中的一个，但它是起决定性作用的一环。会议目标不能实现，会议不能制定出决策，也就无从谈起后续的所有其他程序，亟待解决的问题也只能作为一个问题和困扰继续存在。

最后，会议目标未能实现，会带来顺延的恶性循环。这对于时间本来就紧张的与会者而言，无疑增加了额外的压力。再次召开的会议极有可能导致再次补救，形成恶性循环，占用与会者更多的时间，在事实上又延误了其他工作的开展。

（二）会议成本增大

开一次会究竟要花多少钱？其实很多人对这个问题并不清楚，尤其不知道该从哪些方面去衡量会议开销。会议成本的计算方式有很多种，归纳起来无外乎三个部分：直接成本、时间成本和机会成本。

1. 直接成本

直接成本，是组织方和与会者都能清晰感受到的会议花费。比如，场地租用、场地装饰、设备租用的费用，各种资料文件的印刷、制作费用，与会者的食宿费用、茶点的费用，必要的娱乐活动费用，差旅费用，宣传报道费用，礼物以及会议礼仪用品费用等。这些花费最后都会以具体可查的票据形式进入会议费用的核算中。直接成本可触可感，通常人们对它都有明确的认识。

2. 时间成本

“时间就是金钱”，这句话尽人皆知，但常常忘记把它用于对会议成本的衡量之中。会议之所以开得随意，是因为很多人根本意识不到与会者的时间究竟有多么宝贵，也不清楚会务人员的时间价值。

3. 机会成本

机会成本，是假设将投入会议的时间、精力以及经费改变使用途径，预估产生的效益。相较于直接成本和时间成本，机会成本是一种隐性成本，对它的衡量显得比前两者更加困难。我们可以从另一个相对便利的角度来认识它：假设全体与会者和会务人员将开会的时间用于在各自岗位上满负荷地工作，那么将产生多大的效益、多少直接的创收呢？从这个角度而言，会议一旦失败就必然带来双倍的损失。

以上三个内容中，直接成本和时间成本是每个会议都要产生的，而只有当会议失败时才会产生机会成本。因此，对机会成本的认识让我们更清晰地了解无效会议的成本浪费状况，而仔细计算这三项开支也必然会增强我们对于开会的审慎态度。

（三）员工士气受挫

会议时间浪费、会议效率低下、会议没有效果，都会让认真投入的与会者严重受挫，引发挫败感。如果这种挫败感重复出现，就将严重影响与会者对于公司的认识，降低他们继续为其服务的意识，削弱他们对公司的信心，导致缺勤率和离职率的上升。

二、影响会务沟通的因素

会议虽然是组织沟通的主要形式，但若控制得不好，很容易产生负面影响，既达不到开会的目的，又浪费了精力、物力和财力。因此，为了提高会议的质量和效率，就必须了解影响会务沟通的因素，只有这样，才能采取正确的对策，避免无效会议的产生。造成会务沟通障碍的因素是多方面的，归纳起来大致有以下几个方面。

（一）会议目的不明确

许多会议之所以没有成效，让人生厌，是因为会议目的不明确。那么，会议只能是漫无边际的闲聊，或者变成大家谈论新闻、发牢骚和抱怨的场所，结果只能使会议陷入混乱，越开越长，毫无效率。有的会议虽然有目的，但目的过于抽象和空洞，如树立企业形象、追求成本节约、提高经济效益、采取流线型管理等，围绕这样的目的开会同样无法收到应有的效果。

（二）会议持续时间长

有些会议像马拉松，开起来没完没了，原本只需要半小时就可以解决问题，却非要开上一个小时的会，致使与会者过于疲倦，降低会议效率，甚至惹人反感。

（三）简单问题复杂化

高效率的会议能够把复杂问题简单化，在简单中把握重点和规律。低效率的会议恰好相反，常常把简单问题复杂化，结果是为了复杂而复杂。有的问题，本来三言两语就可以解决，却要与会者反复讨论，不仅浪费了与会者大量的时间和精力，还容易引出许多不必要的矛盾，导致太多的方案或细节没法处理，或者太多的情绪和误解产生，甚至还会使会议再生出新的会议，会议越开越多，却越开越解决不了问题。

（四）分歧处理不妥当

与会者由于知识结构、文化素质、个人阅历、所处地位及部门等各不相同，难免对同一事情的意见产生分歧。如果双方各执己见，互不相让，就可能导致冲突，影响会议正常进行，导致会议目标无法实现。

（五）会议主持不给力

会议主持人是会议的领导者与组织者，其主持能力高低直接影响会议的效率和效果。一般来说，会议主持人主持不力主要表现在以下几个方面：

一是不告知开会的目的。领导者唯恐别人的意见超过自己，以致在开会时不告诉人们开会的目的，结果是“一人台上讲，众人台下听”，领导者高谈阔论、口若悬河，而与会者则“丈二和尚摸不着头脑”。

二是不准时到场。有的主持人为了凸显自己的地位，故意迟到，向与会者显示自己是会议的主角。如果领导不能以身作则，准时参加会议，那么，下次会议迟到者会更多。

三是官腔十足。有的主持人习惯“打官腔”，“嗯”“哈”等口头语过多，显示出高高在上的姿态。

四是搞形式主义。有的主持人善于做表面文章，开会时泛泛地让大家自由发言、讨论，但最终还是自己一人说了算，并不接受与会者提出的合理建议。

五是控制会议。有的领导者在会议上常常讲一个长长的故事，显示自己的经验和学识，却回避关键问题。还有的领导在会议上经常用一些信号来强调自己的地位，如看手表、打哈欠、插话等，其意图在于告诉别人自己时间紧、地位重要等。所有这些，都会严重影响会议的成效。

（六）保障条件不达标

开会需要一定的物质保障和环境保障。如果会议的物质条件欠缺或者环境条件过差，则会影响会议的成效。物质保障方面，缺乏可利用的辅助设备，音响效果差，座椅不舒服等，都会影响与会者对会务沟通信息的有效接收。环境保障方面，会议地点选择在闹市区或车流量较大的公路旁，声音嘈杂，与会者会受到外部环境的强烈干扰，很难集中注意力，甚至失去开会的耐心。同时，会议室过小、人员拥挤、灯光昏暗、室温过高或过低、手机未静音、服务员沏茶倒水的时机不当等内部环境因素，都会影响会议的效率。

任务小结

班级：	学号：	姓名：
知识点	学习索引	学生自测
	会务沟通障碍的表现	
	影响会务沟通的因素	

任务思考

1. 从哪些方面界定会务沟通存在障碍？
2. 影响会务沟通的主要因素有哪些？

任务三

掌握会务沟通的技巧

任务目标

1. **知识目标**：掌握会务沟通的技巧。
2. **技能目标**：具备在会前、会中、会后开展良好沟通的能力。
3. **素质目标**：初步养成专业会务人员的职业素养。

任务导入

如何提高会务沟通效率

在我国，一年要开多少会？这是一个无法统计的数字。2011年，中国首部《中国会议蓝皮书》在京发布。书中指出，目前我国每年举办的各种会议多达几千万个，年均增长20%。在白领中，“会议恐惧症”已经不是个新词了，对于很多政商人士而言，在会议室里度过一天已经是一件司空见惯的事情，似乎每天都有开不完的会。据相关调查数据，57.4%的人每星期平均开会2次以上，只有不到三成的白领认为自己参加的会议有意义。

会务沟通作为组织沟通的重要内容，应该提升有效性。2012年12月14日，中共中央政治局通过了关于改进工作作风、密切联系群众的八项规定，规定指出应当精简会议活动，切实改进会风，严格控制以中央名义召开的各类全国性会议和举行的重大活动，不开泛泛部署工作和提要求的会，提高会议实效，开短会、讲短话，力戒空话、套话。2019年3月11日，中共中央办公厅发出《关于解决形式主义突出问题为基层减负的通知》，通知指出少开会、开短会，开管用的会，减少会议数量频次、严控会议规格规模、提高会议实效，大力精简会议；严禁随意拔高会议规格、扩大会议规模，未经批准不得要求党委和政府主要负责同志以及部门一把手参会，减少陪会；提倡合并开会、套开会议，多采用电视电话、网络视频会议等形式，坚决防止同一事项议而不决、反复开会，进一步改革会议公文制度，提高会议实效。

（资料来源：关于改进工作作风、密切联系群众的八项规定与反腐败斗争[EB/OL].（2014-11-02）. http://www.gov.cn/xinwen/2014-11/02/content_2774141.htm.）

❓ 问题思考

通过这个案例，你对如何开会有什么新的认识？

任务描述

会务沟通有效与否取决于对会议的组织。因此，为了使会议有成效，必须做好三个阶段的工作：会前准备、会议期间的控制以及会后工作。

一、会前沟通技巧

（一）明确会议必要

如果通过其他方式能有效解决问题，就尽量不要开会。下表可作为开会是否具备必要性的参考。

开会与否的依据原则

不开会的原则	开会的原则
如果已经有每周的例会	如果必须把信息同时传达给很多人
如果会议的成本过高	如果需要当众表扬或批评一些人
如果还有比开会更好的方法	如果要让多些人参与决策

续表

不开会的原则	开会的原则
如果没什么特别重要的事	如果需要听取部门汇报工作
如果你是唯一能做决策且知道该怎样正确处理的人	如果要给小组委派任务

（二）明确会议目的

明确会议的目的是保障会议顺利进行的基本条件。会议如果没有一个明确的目的，就有盲目性和风险性，最直接的表现就是浪费时间和资源。会议的目的各不相同，有的为了传递信息，有的为了分配任务，还有的为了决策或动员。不管会议的具体目的如何，都要求在会议召开之前将目的明确下来，越具体越好，这样才能使会议更有针对性。

（三）确定会议议题

会议议题，是根据会议目的而定的要讨论的话题或决策的对象。议题的确定可使会议重点突出，不容易跑题。企业中常见的议题有两大类：一是讨论工作中已经出现的问题，分析原因，提出改进与避免措施；二是分析未来工作中可能出现的问题，建立预警机制，防患于未然。

一般来说，议题的确立要遵循以下原则：第一，紧扣目标。凡是与会议目标无关的议题都不能列入议程，以免分散会议主题，影响会议目标的实现。第二，数量适中。议题太多，会使议题难以深入；议题太少，则浪费时间，增加会议成本。第三，逻辑关联。议题与议题之间需建立合适的主次和先后关系，确保会议在问题一个接一个均得到解决的前提下顺利进行。第四，时间明确。应清楚地指出各项议题所需的讨论时间，使与会人员心中有数。

（四）确定与会人员

确定与会人员，实质上就是确定与会人员的结构和规模。在人员结构上，哪些人应参加会议取决于会议的性质和目的，因此，应本着会议需要的原则确定人员。与会人员一般包括以下几类：对会议主题有深入研究或对情况较为熟悉的人；对会议目标及成果起关键作用的人；善于做客观判断、勇于表达见解或有高度沟通意愿的人；有权做出决策的人。在确定与会人员的规模时，要本着精简高效的原则。另外，对那些与达到会议目标有冲突的人要谨慎邀请，在请他们参加会议之前，事先进行沟通和说服，以免其在会议上公开宣布对立或进行干扰。

（五）安排会议议程

任何会议都要有明确的议程。所谓会议议程，就是会议的基本程序，它表明会议先做什么，后做什么，再做什么。会议议程通常包括以下内容：会议时间、地点；与会者的姓名与联系方式；议程中每个项目的暂定目标；每个议程项目的负责人等。在安排会议议程时需要注意的是：主要议题往前排；次要议题往后排；时间紧迫、需立即做出结论的议题往前排，时间余地大的往后排；需要与会者高度集中讨论的议题往前排，大家有极大兴趣、相关知识已了解较多的问题往后排。

（六）安排会议时间

时间安排得恰当是会议成功的关键所在。安排会议时间包括何时开会、开多长时间、何时结束，以及如何按时开始。时间安排不当，会使会议在很多方面出现差错。比如会议太短，一半议题要留在以后讨论；会议太长，人们在多出来的时间里无所事事；时间分配不平衡，在某些议题上花太长时间，却匆匆跳过其他一些议题等。确定会议时间还应该考虑尽量让所有与会者都能参加会议。如果是外部会议，要避开节假日或有重大社会活动的日子。如果早上开会时间太早，会导致与会人员的迟到或忙中出错。如果希望就某一问题迅速达成协议，那么最好把会议时间安排在下班前一个小时。一般来说，下午人们的注意力没有早上集中，特别是在夏天的下午，倘若主持人又做不到生动有趣，常常会使会议变得乏味沉闷，与会者昏昏欲睡。

（七）安排会议地点

一般来说，选择会场要考虑以下因素：会议规模大小与人数多少，到达会议地点的交通是否方便，是否有足够的停车场地，是否不受外界干扰，会议设备是否完备，会议租用费用是否合理，会场环境与与会者的身份、地位是否相称等。

（八）布置会议场所

会场布置要根据会议的性质、规模和会场的大小来决定，通常会场布置包括座位布置和与会者座序安排两个方面。在座位布置上，经常采取的有剧场式、教室式、花瓣式、圆形会场、正方形或长方形会场、U形会场等多种形式。在与会者的座序安排上，通常根据与会者的身份、所在单位及是否发言等安排顺序。

（九）准备会议资料

为了帮助与会者更好地理解会议议题和内容，最好在会前准备一些相关资料，并将这些资料提前发到与会者手中，以保证与会者有充足的时间来研究。准备会议资料时应做到内容准确、简朴、易懂，页码齐全，字迹清晰。对分发的资料还要规定用后的处理办法，尤其对于保密的资料，要特别注明“用完交回”等字样。

（十）发放会议通知

在一切准备就绪后，就可以发放会议通知了。不管以何种形式发放会议通知，都应做到简明扼要、清楚明了、准确无误，以确保会议如期开始。在会议通知中，一般应注明会议时间、地点、名称、参与人员、主要议题、主办单位、个人需支付的费用、与会者答复是否参加的最后期限及回复的地址和电话等。可能很多人对约定最后期限的方式比较反感，不愿意回复允诺，所以组织者应在最后期限前打电话向各位受邀人确认信息，以确定他们是否参加会议。对于能收集到的回函要进行登记，并为确定赴约的会议者安排座次、餐宿等。对于特别重要的会议，可事先寄发会议通知，对方答复后再寄发精美的请柬，这样可以表示对他们的尊重。

二、会中沟通技巧

会议能否顺利进行，不仅取决于主持人对会议节奏和方向的有效把握，还取决于对会议过程的合理控制和协调。一般来说，会议的控制和协调主要包括以下几个方面。

（一）有效控制会议议题和议程

为了保证会议能够按规定的议程完成规定的议题，在开会过程中必须加强对议题和议程的控制。一般来说，控制会议议题和议程大致可按以下步骤进行。

华为融合会议模式

1. 明确会议目标

在讨论任何议题前，会议主持人都应该先明确该议题要达到的目的，并确保所有成员理解议题以及为什么讨论这个问题。讨论的问题可能是大家熟悉的，也可能是大家不熟悉的。对于大家不熟悉的议题，主持人要向大家做一个简单介绍，包括该议题列入议程的原因、背景及目前的状态、调查研究的路线、争论的焦点等。

2. 告知议程顺序

让与会者知晓会议议程的顺序，如果大家没有意见，则按原顺序进行；反之，则及时调整并征得与会者同意。

3. 理清关键概念

如果与会者对议题有误解或概念上有混淆，又或使用了错误的概念，这时主持人应及时纠正并予以说明。

4. 把控讨论进程

当与会者的发言与议题毫不相干，离题太远，或者争论激烈又毫无意义时，主持人要及时将之引回到议题上。对那些喋喋不休者，可适当打断他们的发言；对那些不善言谈、经常保持沉默的人，要引导他们发言，征求意见，避免冷场；对于那些对会议有敌意的人，要采取适当的方法引导他们理性地表达自己的见解。

5. 用争论平争论

当见解不一致而引起争论时，主持人要做过渡性的总结，即用几秒钟的发言对议题做小结，需既能表明不同意见，又能帮助与会者理清思路、把握要点。

6. 控制会议时间

一旦会议达成某一共识，就要及时结束会议，否则，再拖延就是浪费时间。在下列情形下，也应及时采取措施结束会议：进一步的讨论需要补充事实和根据；本次会议没有足够的时间审核下一议题；该议题的结论需要进一步处理；意见过于分歧；与会者情绪波动；情况发生变化，需要进一步解释决策的理由。

7. 概括会议内容

每个议题讨论结束后，主持人应就已经达成一致的内容给出一个简短、清晰的概括。这样不仅有助于进行会议记录，也有助于人们理解已经在会议上取得的有价值的成果。如果在概括中包含了某一会议成员的行动，则应要求他确认自己在行动中要承担的责任。

（二）合理控制会议成员的行为

要使会议有效进行，就必须采取有效的方法对会议成员的某些不良行为进行控制，以便使会议做到严肃而不沉闷、活跃而不混乱。

1. 严肃对待迟到行为

准时开会能使迟到者意识到，即使没有他们，会议仍能照常进行。另外，可将迟到者和早退者列入会议记录，这种做法不仅表明在制定某项决策或讨论某个问题时他缺席了，而且在提醒他缺席的信息可能会公布于众，而人们通常不希望关于自己的这种信息被公开，因此这种做法能很好地强调未来会议的准时性。

2. 控制喋喋不休者

在会议上，有些人可能滔滔不绝，喋喋不休；也有些人可能夸夸其谈，高谈阔论。对于这些人，控制他们的最好办法是中断他们的发言，或者提醒他们最好将自己的发言进行概括，如："在我们深入讨论之前，能否将你刚才在第一阶段说的看法概括一下？"或者将发言的机会交给别人，如："其他人对这种观念有什么看法？"也可以具体问某个人，如："李明，你对这个问题有什么想法？"

3. 积极引导合理沉默

在大多数会议上，多数人在多数时间里是保持沉默的。沉默可以表示同意，也可以表示没有什么建议，还可以表示期待得到更多信息。对这些沉默，是不必担心的。如果是缺乏自信的沉默或者对抗的沉默，则需要领导者加以引导。对于缺乏自信的沉默，领导者应表现出兴趣和喜悦来鼓励其发言，即便自己可能暂不同意这些意见。对于对抗或敌意的沉默，尤其是对领导者的敌意或是对会议本身和决策过程的敌意，常常蕴藏着轻蔑的情绪，预示着某些事情的爆发。事实上，有些事情爆发要比不爆发更有利于问题的解决。因此，领导者要适当引导人们理性地表达自己的意见和感受。

4. 维护下级表达权利

参加会议的下级人员可能招致上级的反对，这是很自然的事情，但是如果这种反对发展到下级成员没有权利来发表自己意见的地步，会议的作用和功能就被削弱了。所以，会议领导者必须尽力维护下级的权利，就其所谈内容的价值来肯定他们的观点，或者对他们的观点进行书面记录，来强化和鼓励他们的行为。

5. 鼓励观点健康交锋

好的会议不是与会者间的一系列对话，而是伴随着领导者的引导、思考、激励、概括，与会者以讨论、争辩的方式进行交流，最终产生有价值的结果。然而，会议必须是观点的争论，而不是人的冲突。当两个人开始变得激动时，会议领导者应该向持中立态度的成员征询意见，扩大讨论，要求他们给出纯粹的、现实的答案。

6. 提防对建议的压制

与会者提出的建议往往比阐述的事实和观点更容易受到嘲笑，如果会议中有排挤现象，就更容易形成对某人的建议加以压制的现象。如果人们感到提出的建议会被压制，他们将不会提出任何建议。当有人提出建议时，会议领导者要特别关注并表现出足够的热情，尽可能避免其他人压制该建议。比如，可以从建议中挑出最好的部分，让其他成员加以补充和讨论，或者要求嘲笑者或压制者就该问题提供更好的建议等。

（三）加强对会议的组织协调

由于会议时间短、内容多、头绪烦琐、人员集中，因此，要想高质量、高效率地完成会议的主要议程，会议的组织协调工作就显得尤其必要。概括而言，对会议进行组织协调应遵循以下原则。

1. 目的性原则

对会议进行组织协调的目的是单纯而专一的，就是一切为会议服务。具体说就是贯彻会议的指导思想。有利于会议的工作，要想方设法去完成；不利于会议的事情，就坚决不做。

2. 应变性原则

会议在进行过程中可能随时遇到突发事件，如会议地点临时改变，或开会期间突然停电等，这些都可能导致会议中断或改变原定计划。这就要求会议组织者具有随机应变的能力，根据可能出现的变化制定应对方案，否则将会给会议带来不良影响。

3. 果断性原则

在会议的会务、生活管理、保卫工作中出现职责不明、相互推诿等影响会议正常进行的情况时，要果断决策，迅速处理，协调各部门的工作，必要时可对对会议造成不良影响的人进行惩处。

4. 灵活性原则

会议涉及各方面的关系，任何一个环节出现问题都会使会议受到影响。这时，会议的组织者要有适当的灵活性，只要不是原则性的问题，可采取灵活的方法予以通融，协调好上下、左右、内外的关系，以保证会议的正常进行。

三、会后沟通技巧

（一）整理会议纪要

在会议结束后，要派相关人员在会议记录的基础上把会议的主要内容整理成会议纪要，分发给有关部门和人员，以便有案备查和职责清晰地贯彻执行会议的决定。会议纪要应包括相关部门应承担的工作任务、责任人、完成时间及验收标准等内容。

会议记录

（二）报道会议消息

如果是对外公开报道的会议，事先应邀请或通知新闻记者到会进行采访。在征得领导同意和符合新闻单位业务报道要求的情况下，根据会议的不同情况确定发布会议消息，或进行专题报道，或配发评论、社论，以推动会议精神的贯彻、宣传和落实。期间会议秘书要与新闻单位互相配合，撰写、修改稿件，并送相关领导部门审阅。

（三）监督检查执行情况

会议的决定应切实执行，并有进度报告、责任人、监督人以及检查考核的时间、标准、方法等。会议纪要可以作为检查工作的一项依据。一定要明确会议是手段而不是目的，会议形成的某种思想必须通过贯彻落实才能真正取得实效。“议而不决”是开会的大忌，同样，“决而不行”只能助长走形式说空话的风气，浪费会议时间。因此，一个有效的会议一定要做到议而有决、决而有行、行必有果。

任务小结

班级：	学号：	姓名：
知识点	学习索引	学生自测
	会前沟通技巧	
	会中沟通技巧	
	会后沟通技巧	

任务思考

1. 控制会议议题和议程要做哪些工作？
2. 合理控制会议成员的行为有哪些工作？
3. 对会议进行组织协调应遵循哪些原则？

英豪公司的会议

项目训练

请修改下面的会议通知。

××学院本学期第二次团支书会议

各团支书，现有如下通知：

1. ××学院本学期第二次团支书会议将于10月21日（周四）中午12：30在教A楼102教室召开。会议主要内容是关于推荐优秀团员作为党的发展对象的工作培训，请提前10分钟到场签到，若有事不能到场，请其他团干（组织委员、宣传委员）代为参加。

2. 团费收取通知已上传至群文件，请自行下载查阅，纸质版通知我们会在本周五团支书会议上下发。由于时间比较赶，请各团支书尽快完成。收到请回复，谢谢。

项目练习

一、单项选择题

1. 下列哪种方式不利于会议沟通形成成效？（　　）

   A. 明确会议目的　　B. 限制发言时间

   C. 对参加人员有选择性　　D. 会上分发会议文件

2. 开会议进行交流沟通时，首先应该（　　）。

   A. 确定会议的目标　　B. 确定会议的内容

   C. 确定会议的时间　　D. 确定会议的场所

3. 会议沟通的特点不包括（　　）。

A. 流程性　　B. 正式性　　C. 延展性　　D. 群体性

4. 按照会议目的分类，其类型主要有谈判、通知、解决问题、决策和（　　）。

A. 交流　　B. 沟通　　C. 例行会议　　D. 应急会议

5. 根据会议主席的五个基本职责：会议控制、会议引导、促进讨论、应付“隐秘议程”和做出决定，可以将会议主席分为两种类型：社会领导型主席和（　　）。

A. 创新型主席　　B. 导向型主席　　C. 战略型主席　　D. 决策型主席

二、多项选择题

1. 领导通过会议沟通的方式来（　　）。

A. 下达上级的方针政策　　B. 了解下属成员的思想状况

C. 交流经验　　D. 加深情谊

2. 会议沟通的五要素包括（　　）。

A. 目的意图　　B. 沟通对象　　C. 信息内容

D. 方式方法　　E. 时间安排

3. 按照不同的标准，可以将会议分成不同的类型，按照主办单位来分，可以将会议分为（　　）。

A. 政府部门组织的会议　　B. 学术机构组织的会议

C. 专业协会组织的会议　　D. 国际会议

E. 企业组织的会议

4. 出现下列哪些情况后，我们可以认为会务沟通出现了障碍？（　　）

A. 会议目标不能实现　　B. 会议成本增大

C. 会议临时取消　　D. 员工士气受挫

5. 会议沟通结束以后，会议组织者还需要做什么？（　　）

A. 观看会议视频　　B. 整理会议纪要

C. 报道会议消息　　D. 监督检查执行情况

三、判断题

1. 在会议中经常会出现“一言堂”的局面。当这种情况发生时，主持者就应该提出一些直接的问题，将与会者调动起来。（　　）

2. 会议主持人应努力使讨论的话题集中，不使其演变成为与会者之间的个人冲突。（　　）

3. 会议议程的设计应遵循以下原则：明确议题、确定主次、注重实效、适时调整、提供背景材料。（　　）

4. 在会议沟通中，即使对方发表的意见违背了社会常识，也要尊重其意见。（　　）

5. 所有的会议沟通都是有用的。（　　）

项目十一

“互联网+”时代　沟通新鲜姿态
——网络沟通

项目导学

◎ 了解网络沟通

◎ 认清网络沟通的障碍

◎ 掌握网络沟通的技巧

学习导航

- 网络沟通
  - 了解网络沟通
    - 网络沟通的概念
    - 网络沟通的特征
    - 网络沟通的类型
    - 网络沟通的作用
  - 认清网络沟通的障碍
    - 网络沟通的障碍表现
    - 影响网络沟通的因素
  - 掌握网络沟通的技巧
    - 电话沟通技巧
    - 电子邮件与电子论坛沟通技巧
    - 社交媒体与即时通信沟通技巧

学前思考

“键对键”了解民情民意，“面对面”解决民生难题

智能互联时代，媒体如何走好群众路线？中国式现代化进程，媒体如何做好数字化沟通与传播？郑州报业集团依托“郑在办”平台体系，“键对键”收集群众意见，“网对网”倾听群众诉求，“面对面”解决民生难题，依托网络服务平台走好群众路线，积极参与数字化背景下的社会治理，为新时期继续做好媒体资政、媒体为民文章做出了积极探索。

相较于传统群众路线中的实地走访、现场观察、问卷访谈，新媒体时代网络平台在沟通方面更便捷自由。“郑在办”平台充分借鉴社交媒体的优势，通过“一键直达”式求助、“全时运转”式办理、“主动跟进”式报道，第一时间解决群众的各种“急难愁盼”诉求，实现实时沟通、平等交互、流程可视的全程互动模式。

“一键直达”式求助。“郑在办”平台相当于一个网络平台求助信息通道，是广泛收集社会公众建言献策、民生难题的媒体资政平台。平台设置了多个求助类别，市民只需输入个人信息及求助内容即可上传平台，针对数量大、类型多、分散强的市民求助信息数据，平台依照“整理—分类—分析—提交”的形式归纳有效信息，迅捷为市民群众解决“急难愁盼”问题。

“全时运转”式办理。网络信息传播瞬息万变，回复办理网民留言，关键要快速反应。平台大力弘扬马上办、立刻办工作作风，工作人员24小时值守网络平台和热线电话，全天候收集、处理群众诉求、意见和建议，第一时间回应群众关切，让群众知道“说了有人听、听了有人办”，让求助不落空、让诉求有人听。

“主动跟进”式报道。坚持对平台帮群众解决难题进行详细报道，充分发挥媒体监督职能，利用平台开辟市民求助通道，搜集市民民生问题线索，让群众焦心的“找谁办”“怎么办”，变成了有呼必有应的“别担心”“正在办”。通过求助平台广泛收集有关物价、教育、就业、养老、医疗卫生、水电气暖、基础设施建设、治安、交通等各个方面的民生诉求，针对市民投诉、维权、水电气暖、路不平、灯不亮等民生问题安排记者深入调查，落实为民办实事、为民办好事的工作方针，得到了市民的肯定，收获了良好的社会影响力，提升了平台的公信力，实现了“网络巡查民意+职能部门联动处置+回应社会关切”的良性互动，用实实在在的行动切实增强了群众的获得感、幸福感、安全感，解决了群众反映的操心事、烦心事。

（资料来源：学习强国，有删改。）

思考探究

探究一：结合案例，谈谈你对网络沟通的理解。

探究二：“郑在办”网络沟通平台具有哪些优势？体现了哪些网络沟通技巧？

探究三：结合案例，谈谈你对中国共产党的宗旨、路线的理解。

任务一

了解网络沟通

任务目标

1. **知识目标：**了解网络沟通的概念和特征。
2. **技能目标：**学会应用各种类型的网络沟通。
3. **素质目标：**拓展网络沟通接触面，深化网络沟通体验。

任务导入

地铁偷拍乌龙的正解

2023年，广州“地铁偷拍乌龙”事件在网络上引起热议。事件起因是一女子在地铁上见一大叔蹲着玩手机，怀疑对方偷拍自己。为自证清白，大叔同意其检查了手机相册。然而，在发现是误会后，女子依然选择在网上曝光，不明真相的网友信以为真，否定了大叔的人品。

维护自己的合法权益理所应当，却不能漠视甚至侵犯他人正当权益。必须意识到，无端指责不是维权，恶意揣测也不是维权，网络曝光更不是维权。相比现实生活中，网络空间里任何信息的扩散和放大效应都会倍增。一旦以讹传讹，炮制的谣言几经传播，就有可能会成为贴在一个人身上的牢固标签，影响乃至阻碍现实生活。

目前，该女子已在网络上公开道歉，大叔及其家属对此选择了谅解，但网络舆论并未就此平息，很多网友持续关注着该女子会面临怎样的处理结果。但在这个过程中，部分网友曝光了该女子的姓名、年龄，就读的学校、专业等个人信息，还有网友扒出了她的个人社交账号，甚至有网友对她进行侮辱谩骂，声讨声不绝于耳，也有网络暴力之嫌。

从地铁上回应质疑，到女子道歉后选择谅解，“希望学校不要开除她，她（考上大学）不容易”。事件的当事人面对误会还以善意，既是对自己形象的最好正名，也让我们看到了类似事件的另一种解法。是非对错，自有法律公理。信口开河、“暗键伤人”的结果只能是害人害己，无益于事件的解决，更不利于网络空间的生态和社会秩序。多一分包容，多一分体谅，社会才能少一些冲突，多一分和谐。这个道理很朴素，却也不容易做到。

借用一位网友的发言，事件发展至此，“本人得到教训，公众得到教育，善良得到尊重”，未尝不是一个画上休止符的恰当节点。更重要的是，人们能否通过类似事件，凝聚起网络言行的共识，保持维权有道、关注有度、就事论事，还互联网一片风清气正。

（资料来源：澎湃新闻，有改动。）

问题思考

1. 结合案例，谈谈什么是网络沟通。网络沟通有哪些作用？
2. 结合案例，谈谈在网络沟通中应该坚持什么原则。
3. 作为大学生，如何维护网络清朗环境？

任务描述

一、网络沟通的概念

根据中国互联网络信息中心（CNNIC）发布的第49次《中国互联网络发展状况统计报告》，截至2021年12月，我国网民规模为10.32亿，较2020年12月新增网民4296万，互联网普及率达73.0%。

网络，最早是指由广域网、局域网及单机按照一定的通信协议组成的国际计算机网络，是信息传输、接收、共享的虚拟平台，它把各个点、面、体的信息联系到一起，从而实现资源的共享。随着数字技术的发展，“网络”的概念大大扩展，形成“大网络”的概念，即连接的不仅是计算机，还包括电视机、手机等各种终端的数字网络。英文中关于网络的解释为“Internet”，即互联网，凡是由能彼此联系的设备组成的网络都属于互联网。

随着互联网普及率的逐年提升，网民规模不断扩大，传统沟通方式已经满足不了人们工作和生活的需要，而网络作为新的沟通媒介，在提升工作效率、优化生活体验和推动社会发展等方面都发挥着十分重要的作用。所谓网络沟通，即以互联网为传播平台，以电脑、电视机、手机等为终端，以文字、声音、动画、图像等形式来进行信息发布、问题处理、情感交流等，是一种基于网络的信息双向交流。

二、网络沟通的特征

（一）虚拟性

网络沟通摆脱了地理空间限制，聚集在一个共同的非物理化的空间。依托这种虚拟的网络空间，人们可以自由地发表合适的言论。人与人之间的沟通和互动便形成虚拟性的社会关系网络。也因为这种虚拟性，人们在沟通时可以体会不同的情境，并可以设计身份，进行自我构建。

（二）隐匿性

沟通是发送和接收信息的过程，网络沟通使人们可以借助特殊的网络技术隐藏在私密的环境中，使用虚假的名称代替真实的身份，使得沟通具有隐蔽性和匿名性。而这种隐匿性也是虚拟性的前提，使人们可以在网络上塑造全新的角色。

（三）平等性

网络沟通让聊天者不受阶层、社会地位、身份等的影响，可以和一个或多个对象进行自由平等的交流，人们可以在不同国家、不同民族之间就文化传统、思想观念、宗教信仰和生活方式等各个方面进行沟通。

（四）开放性

互联网消除了地理距离，打破了时间界限，使地球变成了一个村落，为人们在更大范围内的互动提供了一个开放性的平台。人们可以在世界范围内广泛地选择交往对象，并同时与多人互动，还可以通过网络获得并使用更多的信息资源，沟通的内容和形式更加自由和开放。以数字化为特征的现代网络信息技术，使任何个人、群体和组织都可以在任何地方发布并接收任何信息。

（五）超时空性

传统的沟通总是在一定的时间和空间背景下进行，网络沟通的双方可以自由选择时间发布和回应信息。所以，在某种程度上，网络沟通超越了时间。同时，网络沟通也突破了物理空间对人身的限制，人们在办公室、家中、旅途中都可以与网络上的人交流，不管他是在天南海北，还是在“地球村”的任何角落。

三、网络沟通的类型

根据信息的流动状况不同，可以把网络沟通分为三种类型。

（一）历时性网络沟通

历时性网络沟通是指网络上的沟通不是同时进行的，而是在双方沟通过程中存在一个时间差，信息的传输与反馈是非同步的。这种历时性沟通非常常见，例如，沟通的两个人没有同时在线，或者虽然同时在线却没有接收到信息，或接收到信息却没有及时回复，但最终还是有信息的相互交流，从而构成完整的沟通。这些类型包括以下几种。

1. 电子邮件

电子邮件（简称 E-mail，标志：@），又称电子信箱，是一种用电子手段提供信息交换的通信方式，是互联网中应用最广的服务。邮件内容可以是文字、图像、声音、视频等，还可以是由这些元素组成的新闻、电子杂志和专题邮件等。通过电子邮件，用户可以在几秒钟的时间内与世界上任何一个角落的网络用户联系，并轻松实现信息搜索。

2. BBS

BBS（Bulletin Board System）是一种电子信息服务系统，指在互联网上以电子布告牌、电子白板、电子论坛、网络聊天室、留言板等形式为网络用户提供信息沟通的行为。它是一个由多人一起参加的讨论系统，任何人都可以在其中对某个感兴趣的话题进行提问，等待其他网友提供答案，也可以就其他网友的某个问题发表自己的见解，并和其他回答者展开讨论，还可以在一定范围内进行信息和文件资源的共享。

3. 博客

博客（Blog），即网络日志，是一个展示个性的综合性平台，也是一个与他人有效、轻松沟通的网络工具。在博客上发表个人文章的人被称为“博主”，博主发表的内容没有任何形式的限制，它的内容可以包括任何事情，从记录个人生活点滴、表达个人想法、抒发个人情绪，到分享与交流知识技术、认识结交朋友、宣传企业文化和推销产品等。一个好的博客是开放和互动的，它允许游客留言，进行彼此交流，形式自由，内容丰富，且能够与其他博主互动。

4. 微博

微博（Weibo），是指一种通过关注机制分享简短实时信息的广播式的社交媒体，用户可以通过 PC、手机、平板电脑等多种移动终端接入，以文字、图片、视频等多媒体形式，实现信息的即时分享与传播互动。它具有便捷性、传播性、原创性的特点，是如今流行的网络沟通方式之一。

5. 朋友圈

朋友圈是微信自带的社交工具，为微信用户与其微信好友提供展示日常生活动态、转发文章和互评互赞的平台。由于其开放性可设置为几日可见，且仅向微信好友开放，具备一定的私密性，是历时性网络沟通里一种较为常用的和受欢迎的沟通方式。

（二）共时性网络沟通

共时性网络沟通是指网络上的交往活动同时进行，交往各方同时在线，同步交流。这种沟通就像日常的面对面交谈，产生一问一答或者有问有答的交互场景。特别是在视频技术介入后，其与传统面对面交流相比，只是缺少了“亲临现场”的感觉。这种网络沟通具有自己的优势，它消除了空间距离，扩大了交往范围，一定程度上实现了沟通的“零距离”。

我在方舱医院教数学

1. 即时聊天

即时聊天指在线的两个用户或用户组同步、实时的沟通，主要包含两种形式：一种是网络聊天室，另一种是专门的聊天软件，如QQ和微信等。用户通过麦克风、耳机或摄像头获得声音和影像，比仅依靠传统文字的形式更加直观生动，基本具备面对面沟通的主要属性，减缓了空间距离感。

2. 网络游戏

网络游戏又称“在线游戏”，是指以互联网为传输媒介，旨在实现娱乐、休闲、交流和取得虚拟成就为目的，具有可持续性的多人互动游戏。它蕴含的娱乐性、交互性、即时性的特点，吸引网民参与游戏，并在游戏中与多人进行沟通，获得对现实生活的补偿感。

（三）专门的社交网站

社交网站是基于互联网服务，以构筑社交平台为目的而建立起来的。它允许个体在一个封闭系统内建立一个公共或半公共性质的个人主页，与其他用户建立连接，并在个人主页上呈现联系人的列表，观看并穿梭于自己和他人在系统内建立的连接列表，这些连接的本质和命名可能会因网站而异。专门的社交网站可以提供聊天、邮件、影音、文件共享、博客、讨论组等功能模块，为信息的沟通与分享提供了新途径。具有代表性的社交网站有曾经的校内网、开心网和当下仍有用户使用的QQ 空间等。

四、网络沟通的作用

（一）正面作用

1. 网络沟通放松了人的心理状态

网络让现实角色转换为虚拟角色，使人产生新的沟通体验。依托这种角色关系的网络沟通，让人们在互动时，真实身份可以不被人知晓，不用太顾忌社会规范的压力，进行平等的交流，尽情地表达观点，这为人们疏导日常情绪和放松心理状态提供了新的渠道。

2. 网络沟通扩大了人际关系圈

现代社会，网络用户数以亿计，人们也越来越习惯网络沟通的方式，认可网络沟通的价值，而网络提供了很多便捷的沟通平台，人们也可以根据自己的兴趣和爱好在线上聚集，形成丰富的协会或组织，拓展人际关系圈。

3. 网络沟通改变了社会分层标准

不同的网络社区拥有相应的游戏规则，只有个体价值观与之匹配的用户，才能在其中展开愉悦且有效的沟通。这样，网络世界就由基于网络沟通的网络社区建构成多种层面的虚拟社会。网络沟通通过虚拟地改变社会分层的标准，弥补现实社会分层带来的失落与遗憾。

（二）负面作用

1. 网络沟通增加了人们的心理距离

网络使“遥远的人变亲近了，身边的人变遥远了；陌生的人变亲近了，亲爱的人变疏远了”。网络在缩小人与人的空间距离的同时，也拉远了人与人之间的心理距离，并引发了许多心理危机。网络沟通使传统的“人—人”的沟通关系演变为“人—机—人”的沟通关系，减弱了人与人直接的、面对面的互动关系，影响人们已经建立起来的情感平衡，容易使人产生孤独、冷漠等负面情绪。

2. 网络沟通削弱了人际关系

网络的普及和广泛应用，使人们的沟通更为方便快捷，人们可以随心所欲地在网上结识朋友畅所欲言，而不局限于身边的环境和学习、工作、生活上有交集的人群。但是，有些时候，网络沟通双方并不知道对方的真实情况。所以，基于网络沟通搭建起来的人际关系缺乏了解和信任，脆弱且不易维持。

3. 网络沟通导致信息真假难辨

网络沟通的虚拟性和隐匿性，导致我们通过网络和对方交流获得的信息很有可能是对方刻意加工的或是想让我们知晓的某一部分，并且这些信息的真实性与完整性难以验证。

任务小结

班级：	学号：	姓名：
知识点	学习索引	学生自测
	网络沟通的概念	
	网络沟通的特征	
	网络沟通的类型	
	网络沟通的作用	

任务思考

1. 什么是网络沟通？
2. 网络沟通有哪些特征？
3. 根据信息的流动状况不同，可以把网络沟通分为哪些类型？
4. 网络沟通的正反面作用各有哪些？

任务二

认清网络沟通的障碍

任务目标

1. **知识目标：**了解网络沟通的障碍表现。
2. **技能目标：**能够发现网络沟通影响因素，避免网络沟通障碍。
3. **素质目标：**养成文明的网络沟通习惯。

任务导入

东京奥运会中被网暴的中国健儿

2021年8月8日，东京奥运会闭幕。本届奥运会上，中国代表团以38金32银18铜的成绩收官，奖牌总数为88枚，名列金牌榜和奖牌榜第二位，追平了中国参加境外奥运会的最好成绩。我们的奥运健儿们用优异的成绩振奋了民族精神、凝聚了奋进力量，充分彰显了新时代中国人民团结一心、顽强拼搏的精神面貌，他们是祖国的骄傲。但是，在一片褒奖赞美声中，也出现了一些不和谐的音符。

在女子10米气步枪项目上，杨倩获得东京奥运会首金，另外一名选手王璐瑶则未能进入决赛。赛后，王璐瑶在网上发出一张自拍，并遗憾地表示自己这次奥运会怂了，下届奥运会再来。当很多网友安慰这位姑娘时，评论区也出现了一批“键盘侠”。有人指责她不反思失误还晒自拍；有人质疑“怂了”这俩字不适合运动员。唾沫横飞下，王璐瑶不得不删除动态。其实，无论是否获得奖牌，每位健儿都在为超越自己、为国争光而努力奋斗。在民族自信愈发坚定的今天，奥运会奖牌早已不是我们证明自己的唯一途径，而是要以更加理性平和的心态去看待比赛。我们关注金牌、致敬冠军，但运动员们付出的汗水和展现出的奋斗精神，比成绩本身更值得尊敬。

郑妮娜力是东京奥运会上唯一一个代表中国参加女子田径七项全能比赛的选手，早前代表加拿大在各大比赛中取得优异成绩的她，主动申请加入中国国籍，随后成为中国田径首位归化选手。郑妮娜力的父亲是德裔加拿大人，母亲段力曾是中国跳高运动员，外公段其炎在1959年首届全运会上获得了男子跳高冠军，外婆是第一位打破田径世界纪录的中国跳高运动员郑凤荣。郑妮娜力从小就在外婆的教导下接触田径运动，她大腿上的纹饰正是郑凤荣写给外孙女的四个字："尽心尽力"。2018年11月12日，20岁生日当天，她毅然决然地提交了加入中国国籍的申请书，从此不再为加拿大国家队效力。因为这件事，郑妮娜力遭到了加拿大网民的网暴："她以后肯定会回来寻求加拿大帮助的，真可怜"。"总算滚蛋了"。尽管如此，她在接受媒体采访时勇敢地说："既然来了，我也不会回加拿大，会在这里尽力做自己，做到最好。"在东京奥运会女子七项全能中，郑妮娜力创造中国选手在该项目奥运会的最好成绩，中国网友们给予了她在加拿大网络上不曾感受的温暖，纷纷夸赞她"真的非常非常棒！"

（资料来源：百度。）

问题思考

1. 虚拟的网络环境是否可以为网络暴力提供非法之地？
2. 结合案例谈谈网络暴力会带来什么危害？

任务描述

一、网络沟通的障碍表现

基于网络环境的沟通虽然自由开放、方便快捷，但依旧可能出现沟通障碍，导致沟通双方无法有效沟通。网络沟通的障碍表现主要有以下三个方面。

（一）网络环境中发送者障碍表现

1. 发送者沟通能力不完善

在传统沟通形式中，信息发送者可能存在表达能力不佳、信息传送不全、信息传递不及时或不适时、知识经验有局限、对信息过滤不当等问题。在网络环境中，虽然沟通环境相对自由，沟通双方相对放松，但也同样可能由于自身沟通表达能力的问题，出现沟通不畅。

2. 发送者沟通态度不诚恳

随着科技的发展，网络沟通也可以像传统沟通那样，看到对方的表情、听见对方的语气、感知对方的精神状态等。因此，如果发送者在沟通过程中不诚实不恳切，甚至通过技术手段隐瞒甚至欺骗，那么，与传统沟通一样，也会导致沟通障碍。

3. 发送者网络用语不恰当

网络语言是互联网的产物，在网络日益普及的虚拟空间里，人们表达思想和情感的方式也应与现实生活中的表达习惯有所不同，于是，网民们创造了各种各样的"网语"。大部分"网语"是网民为提高输入速度，对汉字、英文进行改造，也有将汉字、英文、拼音、数字混合使用，甚至会出现一些怪字、错字、别字、病句，有可能导致表述不明确，甚至产生误会。

（二）网络环境中接收者障碍表现

1. 接收者理解角度不一致

当接收者接收到信息后，需要对对方传递的信息进行分析和理解，因为沟通方式、沟通情境、发送者与接收者的文化背景、表达能力与理解能力的差异等均会造成接收者的接收误差。比如汉语词汇“呵呵”，原本是笑声的拟声词，表示浅笑，在早期网络聊天时代也是表达这个意思，但后来逐渐演化为无奈、敷衍的笑，还带有否定或想结束聊天的意味，被称为“年度最伤人的网络回复”。“呵呵”一词从单义变为多义，不同年龄、身份、性格的信息接收者在不同的语言环境下，对该词语的理解相去甚远，做出的回应自然也截然不同。

2. 接收者沟通态度不信任

英国伦敦的一个咨询公司曾做过关于网络信息信任度的调查，发现2/3的用户都不相信社交网络渠道散播出来的新闻或消息。一方面在于人们在真实生活中和社交网络上的表现大相径庭；另一方面在于网络生产信息的廉价性、规模性和易传播性。当网络沟通的接收者带着不信任的态度面对沟通对象和信息时，会心存疑虑，拒绝接收信息甚至抵制沟通，以自己为准则，按照主观意愿，对信息进行过滤加工，甚至颠倒是非。

（三）网络环境中沟通过程障碍表现

沟通通道问题也会影响沟通效果，比如沟通媒介选择不当、多种媒介相互冲突、沟通通道过长、外部干扰等。网络环境中，信息以几何级数猛增，成了网络传输的拥堵，也增加了用户辨识良莠信息的难度。网页上滚动的消息、干扰注意力的弹窗、把重要邮件夹杂其中导致一起被删除的垃圾邮件、延迟的网络信号等，都大大降低了网络沟通的效率。

二、影响网络沟通的因素

（一）信息过量

信息过量，是指在网络时代中个体和系统接收到超过自身处理限度的大量信息，无法有效将其整合、组织及内化为自己所需的信息，进而对人们的工作、生活及人际关系等产生负面影响。网络沟通的双方信息过载，人本能的应激反应机制会导致其做出逃避沟通和决策的行为。为了提高网络沟通的效率，一定要目的明确，表达清晰，重点突出，让信息有效传达，减少接收者的认知负担。

对网络沟通常见障碍的态度测试

（二）语言使用

2001年我国正式实施《中华人民共和国国家通用语言文字法》，旨在“推动国家通用语言文字的规范化、标准化”，但是网络沟通中存在大量的错别字、繁体字、谐音字、英文字母或汉语拼音缩写等，与国家通用语言文字法规相违背。这就要求人们在日常的学习、工作和生活中自觉学习规范的语言表达方式，营造良好的网络语言氛围。

（三）情绪态度

不良的情绪态度使网络沟通的双方无法正常交流。有的网民依仗网络沟通匿名的特点，发表不堪入耳的脏话，甚至从正常的沟通演变为人身攻击或地域攻击，甚至发起或参与网络语言暴力，对沟通对象和网络环境造成严重危害和恶劣影响。

（四）网络技术

网络技术是形成网络沟通障碍的客观因素，如电脑、手机等网络沟通终端的研发技术，QQ、微信等网络沟通工具的开发技术，电缆、光纤等网络沟通传输设备的制造技术等，都会从客观上影响网络沟通的效果。网络技术越成熟，网络沟通方式也就越稳定。值得一提的是，国家越来越重视网络安全，通过采用各种技术和管理措施，确保网络数据的可用性、完整性和保密性，将会确保网络沟通更加真实可信。

任务小结

班级：	学号：	姓名：
知识点	学习索引	学生自测
	网络沟通的障碍表现	
	影响网络沟通的因素	

任务思考

1. 什么是网络沟通障碍？
2. 网络沟通障碍主要表现在哪些方面？
3. 影响网络沟通的因素有哪些？
4. 结合日常网络沟通的体验，举例说明沟通过程受到过哪些干扰？

任务三

掌握网络沟通的技巧

任务目标

1. **知识目标：**掌握电话、电子邮件与电子论坛、社交媒体与即时通信的沟通技巧。
2. **技能目标：**具备应用网络沟通技巧处理网络沟通问题的能力。
3. **素质目标：**确立营造健康清朗的网络空间意识。

任务导入

女孩微博道别欲轻生 网友暖心留言终救助

2018年1月5日上午，一位广州女孩在微博里发了这样一条告别的动态，她说：“这很可能是最后一条微博了，自己器官捐献签过了，和大家道个别，努力过了，撑不下去了。”这条微博的字里行间都透露出轻生的念头，引起了广大网友的关注。

微博下全国各地网友留下暖心评论，广州的网友们纷纷报出自己所在的位置，表达寻找女孩的意愿。一场抚慰心灵、拯救生命的网络行动就此展开，截至当天晚上，微博留言已经突破三千。网友们的温情留言主要分为三种形式。第一种形式是以正面情绪来化解。有的网友留言：“这个世界非常美好，不要放弃活下去的动力。”第二种形式是希望女孩从虚拟世界回到现实，与女孩相约看世界。比如武汉的网友邀请她来吃周黑鸭，相约去看共同喜欢的歌手的演唱会，还有东北的网友说一起去滑雪。第三种形式是表现出同理心，分享自己曾经抑郁并最终走出阴霾的经历。

众多网友还纷纷艾特了广州警方的各大微博，希望警方能帮忙寻找姑娘。傍晚广州警方找到了欲轻生的女孩，对女孩进行开导，并通知其家人和朋友。晚上11时，这名女孩的微博更新了，是由她朋友代写的，表示自己已经没事了，感谢各位网友的关心和帮助。这条微博依然收到近5000条留言，都是网友们的鼓励与关怀。之后，透露轻生念头的那条微博被删除了。

人的一生会遇到许多困难和挫折，这会让我们失落、抱怨、难以接受甚至绝望。但是，生活中也有很多温暖和美好，不要轻言放弃，收拾好心情和状态，想办法克服困难，跨越挫折，认清生活的真相后，依然热爱生活。

（资料来源：龙锟，张丹羊. 广州一女孩微博称要“轻生”引发全国网友关注，羊城晚报。）

问题思考

1. 结合案例，说说网友们是通过什么类型的网络沟通劝慰女孩的?
2. 结合案例，谈谈你打算如何给女孩留言，需要运用哪些技巧?
3. 谈谈你对“认清生活的真相后，依然热爱生活”这句话的理解。

任务描述

网络沟通的各种技巧都需要基于以下两点共识：一是在心理上，不能完全虚化网络沟通。网络平台具有虚拟性，但与我们交流的是真实存在的人，要意识到别人的存在，当面不好说的话，在网络上也不能无所顾忌，还是要经过深思熟虑再决定是否表达出来。同时，网上的道德和法律与现实生活是一致的，不能降低道德的标准，也不能跨越法律的红线。二是在态度上，以尊重他人为前提。不能以自我为中心，在未得到对方同意的情况下，不公开私人邮件和沟通内容，也不剽窃、随意修改、转发别人的劳动成果。由于不同的网络沟通方式使用的措辞有所区别，下面将详细讲解不同类型网络沟通的策略与技巧。

一、电话沟通技巧

打电话是比较经济的沟通方式，已成为我们日常生活和商务交流中普遍的沟通方式之一。随着网络交流软硬件的开发，网络电话也逐渐兴起，在网络连接的情况下即可实现电话沟通，资费是传统电话费用的10%～20%。电话沟通需要注意以下几点技巧。

（一）准备

最关键的准备，是对于本次电话沟通，有明确的沟通目的，提前打好腹稿，这会让沟通更加顺畅。同时，调整心情和状态，欢快的语调会有效地感染对方的情绪，给对方留下极佳的印象。若是视频电话，还需要在打电话前对光线和背景做好调试，仪容整洁，面带微笑。

（二）开场白

1. 迅速接听

听到电话铃声，应迅速地拿起听筒，最好在三声之内接听。即便电话离自己很远，听到电话铃声后，在不干扰附近其他人正常活动的情况下，用最快的速度拿起听筒。

2. 说出名字

如果是主动打给对方，务必首先报上自己的姓名。如果是接听来电，也要主动报出自己的姓名，然后停顿一下，给来电客户报上他的姓名的时间。

3. 是否合适

如果是主动打电话给对方，在自己讲话之前，应该问一句"这时候给你打电话是否合适?"最好在对方方便的时候打电话，而不只是自己方便的时候。

（三）打电话

1. 说话明了

紧扣沟通目的，尽可能用最短的时间，把要表达的意思直接传达给对方，不兜圈绕弯，不浪费别人的时间。

2. 声音柔和

声音要保持柔和、轻松，使用正常的声音说话，避免声音过大或过小，使用正常的语速，不要过快或过慢。同时，适当地改变语调既能表达重点，也能增添话语的感情色彩与活力，同时有助于对方了解意图。

3. 迅速回复电话

假如没有接到对方的电话，且不能在24小时之内回复，可以利用语音信箱、短信等其他方式告知打入电话的人，说明不能接听的原因，并拟定回电的时间。

4. 控制通话时间

通话时间根据传达信息的紧急性而定，一般不要太早或者太晚给对方打电话，避免影响他人作息。通话开始后，简单的电话沟通控制在三分钟以内，长时间打电话容易使对方产生不耐烦的情绪，时间过长也可能导致对方无法把握沟通重点。当然，具体通话时长还是要看具体情况。

5. 意外断线后应重新拨打

无论什么意外的原因导致电话中断，发起电话沟通的人应该再次主动回拨电话，并向对方说明中断原因，避免误解。

6. 通话要认真专心

沟通过程中不要心不在焉地做其他事情，更不要随意离开。遇到重要的事情，应清楚地记录下来。牢记电话记录“5W1H”技巧，即When（何时）、Who（何人）、Where（何地）、What（何事）、Why（为什么）、How（如何进行）。

（四）挂电话

当双方沟通完成，一般由打电话的一方提出结束电话交谈，彼此客气地道别，使用明确的结束语，如“谢谢”“再见”。客户先挂电话，自己后挂电话，这是电话沟通最基本的礼仪，尤其是当对方是长辈、领导、客户、女性的时候，这个小细节能让对方感受到被尊重。

二、电子邮件与电子论坛沟通技巧

（一）关于电子邮件的沟通技巧

1. 主题

写邮件时，将内容的核心作为邮件的主题，尽量将主要信息安排在第一屏可以看到的范围内，以便接收者阅读。内容越精练越好，尽量少占用收件人的时间。

2. 称呼

使用适当的称呼和敬语，体现友好的语气。当与不熟悉的人通信时，介绍一下自己的详细信息，或者在签名中注明自己的身份。

3. 正文

使用简单易懂的话语和便于阅读的字体，准确传达沟通的要点，且注意文字和语法的正确使用，避开不规范的语言和表情符号。如果有附件，在邮件中应当包含对附件的简要介绍。邮件使用纯文本，不要使用花哨的装饰。

4. 回复

由于网络原因，邮件有未成功发出的可能，因此，应当小心询问对方是否收到，而不是无理猜测并责备对方没有回复。在自己做到及时回复邮件的同时，不要对他人回复信件的时效性做过分期许。

5. 转发

不要随意转发电子邮件，尤其是不要随意转发带附件的电子邮件，除非此邮件对于别人的确有价值。

6. 群发

如果不是工作需要，尽量避免群发。群发邮件容易导致收件人的地址泄漏，因此，最好使用邮件组或暗送。如果两个人商量的事情牵涉第三方，可将邮件抄送给第三方。

（二）关于电子论坛的沟通技巧

1. 谨慎转载

尊重别人的劳动，不要随意转载，也不要随意否定对方表达的认知理念和表现出的知识层次。

2. 文明友好

遵守网络文明，不做鉴定师和价值判断人，不要断章取义，抓住对方一句话就借题发挥，应该认真阅读和理解后再发言。

3. 聚众宣传

论坛活动具有强大的聚众能力，将论坛作为平台，举办各类踩楼、灌水、视频等活动，调动网友参与互动的积极性。为了扩大影响力，除了好的标题和高质量的内容之外，可以留下合适的联系方式，并且经常在相关的地方张贴对用户有用的信息或回复别人的消息，提高自己在论坛的知名度。

三、社交媒体与即时通信沟通技巧

（一）加好友的技巧

网络面试的技巧

添加好友的时候，根据可见的信息，不仅需要判断对方是否友善，还需要警惕对方是否合法合规。2019年，很多人的社交媒体与即时通信软件收到了一位卖茶叶的小姑娘发来的好友申请，大部分人一看对方的头像是漂亮单纯的小姑娘，就毫无防备地添加对方为好友，并开始聊天。这位小姑娘会分享日常生活，表现出有爱心和有孝心的一面，随着聊天的深入，则在不经意间倾诉烦恼，逐步提及回到爷爷家的茶园，碰巧遇到台风，茶叶受损，爷爷身体不好，需要卖茶治病。很多人就因此花了高于成本价几十倍的费用买了一堆来路不明、以次充好的茶叶。警方侦破骗局后，大家才发现原来卖茶叶的不一定是“小姑娘”，也可能是“抠脚大汉”，骗子通过这个套路，在半年时间内诈骗到30万元。

（二）交流的技巧

1. 简单问候，直接进入实质性话题

加完好友后，进入聊天的状态，第一句话直接影响你在别人心中的印象。可以简单问候，并直接进入实质性的话题。有的网友聊天时喜欢用“在吗”开篇，意思是询问对方是否在线，但是只发“在吗”无法让别人知道你的聊天主题，话题没有延展性。

2. 求同存异，保持愉快的交流氛围

寻找双方的共同话题，针对不同的意见，可以发表自己的观点，但不必要求对方必须认同。在对方社交平台标注繁忙状态的时候，尽量不要打扰，如有特别紧急重要的事情不得不联系对方，要尽可能简短清晰地表达。只有关注到这些细节，多为他人着想，才能保持愉快的交流氛围。

任务小结

班级：	学号：	姓名：
知识点	学习索引	学生自测
	电话沟通技巧	
	电子邮件与电子论坛沟通技巧	电子邮件
		电子论坛
	社交媒体与即时通信沟通技巧	社交媒体
		即时通信

任务思考

1. 电话沟通的技巧有哪些？
2. 电子邮件沟通的优点有哪些？在使用电子邮件沟通的过程中需要注意哪些技巧？
3. 电子论坛沟通的技巧有哪些？
4. 列举常用的社交媒体和即时通信软件，总结社交媒体和即时通信的沟通技巧。

项目训练

网络面试模拟训练

假设某服装品牌招聘品牌策划主管，组织第一轮网络面试。6位同学为一组，其中，3位同学为面试官。主面试官主持面试，每位面试官准备一个问题。小组内另外3位同学为应聘者，每位应聘者有2分钟自我介绍时间和8～10分钟回答面试官问题的时间。情境模拟从网络面试前调试设备等准备工作开始，直至面试结束切断网络。

尴尬的电话

模拟结束后，面试官和应聘者互换身份，再次进行训练。

最后，小组成员一起就刚才每位同学的表现做简短的总结，相互指出哪些方面做得比较好，哪些方面有待改进。

项目练习

一、单项选择题

1. 一秒钟内，小王就收到了一条来自南半球的朋友的问候信息，这体现了网络沟通的什么特点？(　　)

A. 虚拟性　　B. 平等性　　C. 超时空性　　D. 无界性

2. 属于共时性网络沟通的是（　　）。

A. QQ邮箱　B. 微信语音　C. 人人网　D. 写信

3. 不属于语言失范的是（　）。

A. 错别字　B. 繁体字　C. 谐音字　D. 普通话

4. 关于邮件使用的策略和技巧正确的是（　）。

A. 可以任意使用不规范的语言和表情符号

B. 可以随意转发别人的电子邮件

C. 两个人商量事情牵涉第三方时，可以将邮件抄送给第三方

D. 有附件的邮件可以不包含对附件的简要介绍

5. 下列不属于历时性网络沟通的是（　）。

A. 电子邮件　B. BBS论坛　C. 博客　D. 网络游戏

二、多项选择题

1. 网络沟通的特点有哪些？（　）

A. 虚拟性　B. 平等性　C. 超时空性　D. 隐匿性

2. 网络沟通正面的影响有哪些？（　）

A. 扩大了人际关系圈　B. 使人们精神振奋

C. 改变了社会分层标准　D. 给人以轻松自由的心理状态

3. 影响网络沟通的因素有哪些？（　）

A. 信息过量　B. 语言使用　C. 情绪态度　D. 网络技术

4. 网络沟通的优势有哪些？（　）

A. 及时、易传达　B. 降低了沟通的成本

C. 缩小信息储存空间　D. 打破时空界限

5. 以下关于电话沟通的表述，正确的是（　）。

A. 提前打好腹稿，会让沟通更加顺畅

B. 听到电话铃声，应准确迅速地拿起听筒，最好在三声之内接听

C. 如果是主动打给对方，务必首先报上自己的姓名

D. 通话开始后，简单的电话沟通控制在三分钟以内，长时间打电话一定会使对方产生不耐烦的情绪

三、判断题

1. 网络沟通已经作为一种新的沟通方式取代了传统沟通。（　）

2. 无论是从道德层面还是法律层面，网络与现实具有一致性。（　）

3. 网络具有丰富的信息资源，可以任意剽窃，并随意修改和张贴别人的劳动成果。（　）

4. 无论发生什么意外导致电话中断，打电话的人应该再次拨通电话，并向对方说明中断原因，避免误解。（　）

5. 即时通信不仅是单一的聊天工具，它已经发展成为集交流、资讯、娱乐、搜索、电子商务、办公协作和企业客户服务等为一体的综合化信息平台。（　）

项目十二

危险始料不及　沟通化险为夷

——危机沟通

项目导学

◎ 了解危机沟通

◎ 认清危机沟通的障碍

◎ 掌握危机沟通的技巧

学习导航

- 危机沟通
  - 了解危机沟通
    - 危机的特征和分类
    - 危机沟通的概念和类型
    - 危机沟通的原理与基本原则
    - 危机沟通的作用
  - 认清危机沟通的障碍
    - 危机沟通的障碍表现
    - 影响危机沟通的因素
  - 掌握危机沟通的技巧
    - 危机发生前的沟通策略
    - 危机发生时的沟通策略
    - 危机发生后的沟通策略

学前思考

输错了价格，赢得了口碑

2023年9月17日，洁柔官方直播间因员工操作失误，将原价56.9元1箱的纸巾误设置为10元6箱，引发大量用户下单抢购，最终成交订单数超过4万单，损失金额超千万元。

19日11：41，洁柔官方发布公告称，诚信和用户是洁柔的根本，坚持用户至上，承诺所有超低价订单将全部发货。“国货自强，洁柔靠谱!”

9月20日，国货品牌“洁柔直播间输错价格亏损千万”引发关注，相关话题冲上热搜。

9月25日，有网友发文称洁柔写信感谢取消10元6箱订单顾客，洁柔回复“真心换真心”，相关话题登上了热搜。在感谢信中，洁柔称“自失误事件发生以来，整个团队深感压力，但您的善意，就像黑暗中透露进来的一道微光”。对于退单顾客，洁柔邀请其成为“荣誉洁柔人”，会为顾客寄送洁柔45周年礼品箱，邀请顾客参加洁柔45周年庆典。上述顾客个人购买公司的任何产品，终身享受员工内购政策。另外，如果顾客愿意或者需要，其本人及其直系亲属或孩子可以到洁柔进行实习或者工作（须符合洁柔的基本用人标准）。如果顾客的孩子现在还不适龄，以后任何时候都可以。在当前就业形势之下，这就显得很有吸引力了。

根据识微商情舆情监测系统显示，9月17日～30日，关于洁柔直播间输错价格事件网络信息量约5.2万条。

因为输错价格造成这样巨额的损失，公司严肃处理员工及团队并不为过。另外，根据《中华人民共和国民法典》相关规定，若交易达成将给卖家造成巨大的利益损失，有违公平原则，卖家可以依法请求撤销。然而，洁柔没有取消订单的举动，既赢得了舆论的主动权，也赢得了口碑。

商家真诚待客就是最好的营销，既要做受消费者欢迎的产品，也要有犯错了自己承担损失的勇气，更要给善良更多的回馈。

洁柔的危机应对之道，值得点赞。危机危机，危中有机，看如何对待消费者。如果店大欺客，不协商、不交流直接取消订单，就是对消费者的不尊重。说到底，在对待消费者上，顺其自然的真情流露最能说服人。

（资料来源：极目新闻，有改动。）

思考探究

探究一：结合案例，谈谈你对危机沟通是如何理解的。

探究二：结合案例，说说此次事件存在哪些危机沟通障碍。

探究三：结合案例，谈谈洁柔公司在处理过程中运用了哪些危机沟通技巧。

探究四：请你说说此次事件体现了民族企业家什么样的社会责任。

任务一

了解危机沟通

任务目标

1. **知识目标：**掌握危机的含义、特征和危机沟通的概念、类型、对象和内容、作用。
2. **技能目标：**能够运用危机沟通的原理和基本原则处理危机。
3. **素质目标：**培养危机意识，初步形成危机沟通思维。

任务导入

乘客事件

2017年4月9日下午5：40分，从芝加哥O'Hare国际机场飞往肯塔基州Lousville的联合航空United Airlines 3411次航班出现了超额订票的情况。为让4名机组人员能及时抵达路易斯威尔为次日的航班做准备，机组在机上寻求4名自愿下机的乘客，承诺赔偿400美元和酒店住宿一晚的费用。但是，赔偿金加至1000美元，依然无人放弃登机。航空公司决定用电脑随机抽出4人。机上一对亚裔夫妇被选中，但丈夫拒绝下机，机场保安随即登上飞机采取强制措施。

机上乘客拍摄的现场视频显示，该名亚裔男子被至少两名警员拖离座位，头部更疑似撞到邻座，额头和口部有血，衣衫不整且眼镜滑落。他还发出了哀号，等到被拽倒在地的时候已经一动不动，仿佛昏了过去。该男子正是在这样昏迷的状态下被强行拖出飞机，涉事航班也因该事件延迟约3小时起飞。

视频一经上传，引发了广大网民的愤怒。人们纷纷谴责美联航管理混乱、机场保安涉嫌暴力执法。面对舆论的谴责，美联航发表声明，将此次事件轻描淡写地说成是因机票超售而“要求乘客下飞机重新安置”，并表示“令人沮丧”和“难过”。网友们认为这一声明避重就轻，毫无诚意。舆论持续发酵，4月10日晚上，美联航首席执行官奥斯卡·穆诺斯发给公司员工的内部邮件又火上浇油了一把。他在邮件中认为员工遵循了处理此类事件的既定程序，肯定了机组人员所做的努力，还指责被要求下飞机的乘客具有攻击性。这封邮件随即在媒体泄露，掀起了新一轮舆论高潮。

《芝加哥论坛报》专栏作家罗伯特·里德指出，这起事件是丑陋的，如果美联航自己不为此负责，航空管理部门、执法部门和国会就应介入调查。《今日美国报》刊发社论称，航空公司员工绝不应让事件发展到如此地步，安保人员也没有理由对一个乘客采取如此的暴力。不少网民或披露自己乘坐美联航的负面体验，或宣布以后绝不乘坐美联航班机，或直接贴出截图显示已退订美联航机票。还有网友支持受害乘客对美联航提起诉讼要求赔偿。随着事件不断升级，美联航的股价开始波动，4月11日早上开盘后，美联航股票一度狂跌4.3%，半小时内市值蒸发9.6亿美元。

面对与日俱增的各方压力，4月11日，穆诺斯不得不发表道歉声明，表示“没有人应该被这样虐待”，美联航对这一事件“负全部责任”，并启动应急程序，查清事情经过，认真审查公司相关政策，确保不再发生类似事件。两天后，穆诺斯在接受美国广播公司采访时再次表示，整个事件是一起“系统性错误”，为此感到“羞愧”。同时，美联航发言人表示将退还UA3411航班所有乘客的机票费用。

两个星期后，美联航宣布公司高管的薪金将根据乘客满意度浮动，同时，穆诺斯将不会按照原计划于2018年就任美联航董事会主席。

（资料来源：中国日报，有改动。）

问题思考

1. 在暴力驱逐乘客事件发生后，美联航做了哪些危机沟通？其沟通效果如何？
2. 美联航暴力驱逐乘客事件违背了哪些危机沟通原则？
3. 试评价美联航首席执行官穆诺斯的危机沟通意识和危机沟通能力。
4. 美联航在危机沟通方面应如何改进？

任务描述

“危机”一词极富哲理，既包含导致失败的根源，又孵化获取成功的种子，指出了“有危险就有机会”的道理。危机是一个转折点，面临危机，人们必须马上做出决定，尽管其结果可能会好，也可能会坏。在危机管理中，沟通作为危机处理的基本手段和工具，享有其他任何手段和工具都无法代替的地位。

一、危机的特征和分类

（一）危机的含义

《辞海》解释，“危机”一词有三个释义：一是指潜伏的祸机，如危机四伏；二是指生死成败的紧要关头，如战争危机、信任危机等；三是专指经济危机。

对社会组织而言，危机是指由于其自身或公众的某种行为，导致组织环境恶化，危及社会组织正常生存和发展的突发性恶性事件。

（二）危机的特征

1. 突发性

突发性是危机显著的特征之一，它出乎意料，令人猝不及防。在危机发生前，人们对它几乎没有丝毫的察觉；当危机来临时，人们熟悉和习惯的生活与工作秩序会被打乱。通常，危机中的混乱局面会使人们的既得利益部分或全部丧失，因此，人们会产生强烈的恢复原状的心理。

2. 不确定性

首先，由于危机具有突发性，人们不知道它会在何时发生，就很难预测危机发生率，只能依据以往的经验预测，而且预测经常会出现失误。其次，危机发生时，也是新事物孕育或形成之机。人们对新事物的认识容易出现偏差。最后，在危机发展的过程中，会有很多外在因素介入，不完全受某一方力量的把控。

3. 破坏性

由于危机常具有“出其不意，攻其不备”的特点，不论什么性质和规模的危机都必然不同程度地给组织造成破坏，而且由于决策的时间和信息有限，往往会导致决策失误，带来无可估量的损失。

4. 紧迫性

危机的突发性决定了它的紧迫性，表现在危机发展得非常迅速，而且随着危机的蔓延，造成的损失会越来越大。因此，对危机的反应越迅速，处理的决策越正确，损失就越小。在面临危机时，一定要有强烈的紧迫意识，因势利导，牢牢把握控制危机的主动权。

（三）危机的分类

根据危机的破坏性、产生原因、预见性，可将危机分为以下几类：

（1）可预测的和不可预测的。

（2）人为的和非人为的。

（3）突发性的和潜伏性的。

（4）自身造成的和环境造成的。

二、危机沟通的概念和类型

（一）危机沟通的概念

危机沟通是指以沟通为手段、以解决危机为目的，进行的一连串化解危机与避免危机的行为和过程。如果不开展危机沟通，小危机则可能变成大危机，对组织造成重创，甚至导致组织就此消亡。

（二）危机沟通的类型

危机沟通不仅涉及组织内部沟通，还涉及组织外部沟通。事实上，沟通是管理的一项基本职能，缺乏良好的沟通，任何管理行为都无法有效实施。尤其在危机预防和危机处理的管理工作中，不仅需要组织成员之间的团结合作，更需要组织与外部社会的有效沟通，从而化解困境，共渡难关。根据危机形成和发展的不同阶段，危机沟通可分为三种类型：危机爆发前的沟通、危机爆发初至危机爆发中的沟通、危机爆发后的沟通。

（三）危机沟通的对象和内容

根据迈克尔·布兰德的理论，危机沟通的对象大致涵盖四个方面：影响公司运营的单位、必须被告知的群众和组织、被卷入危机的群众或组织、被危机影响的群众和组织。依据此种划分，危机沟通对象其实也就是利益相关者，即投资者、企业员工、工会、政府及社会中介组织、媒体、顾客、供应商、经销商、竞争者等。这样，危机沟通的内容也就主要涉及这两个方面：一是危机事件中组织内部的沟通问题；二是组织与社会公众、利益相关者之间的沟通问题。

三、危机沟通的原理与基本原则

茶颜悦色的薪资风波

（一）危机沟通的原理

1. “三T”原则

英国危机公关专家里杰斯特提出了著名的“三T法则”：

（1）以我为主提供情况（tell you own tale）。以我为主提供情况，让自己成为信息的主渠道，公众把此作为信息的主要来源，别人的声音就无足轻重了。

（2）提供全部情况（tell it all）。提供了全部情况，即使有人想造谣也没有素材。

（3）尽快提供情况（tell it fast）。在第一时间提供情况，就能先声夺人，不用在不利信息满天飞的时候被动“辟谣”，掌握危机中的主动权。

2. 沟通公式：3W+4R+8F=V1或V2

（1）“3W”。“3W”是指在任何一场危机中，沟通者需要尽快知道三件事：我们知道什么（what did we know）；我们什么时候知道的（when about it）；我们为此做了什么（what did we do about it）。寻找这些问题的答案和一个组织做出反应之间的时间间隔将决定这个反应是成功还是失败。如果组织认识的太晚或者反应太慢，掌控全局就变得困难。危机中最大的敌人就是正规渠道的信息真空，其他渠道的信息就会填充，不仅会导致丧失危机中的主动权，还会将危机扩大化。

（2）“4R”。“4R”是指在收集正确的信息后，对组织在危机中的态度给予定位。这四个方面是遗憾（regret）、改革（reform）、赔偿（restitution）和恢复（recovery）。与危机打交道，一个组织需要表达遗憾、保证解决措施到位、提供赔偿、防止未来类似事件发生，直到摆脱危机。

（3）“8F”。“8F”是沟通时应该遵循的八大原则：

①事实（factual）：向公众说明事实的真相。

②第一（first）：率先对问题做出反应。

③迅速（fast）：处理危机要果断迅速。

④坦率（frank）：沟通情况时不要躲躲闪闪。

⑤感觉（feeling）：与公众分享组织的感受。

⑥论坛（forum）：公司内部建立一个最可靠的准确信息来源，获取尽可能全面的信息。

⑦灵活性（flexibility）：沟通的内容不是一成不变的，应关注事态的变化。

⑧反馈（feedback）：对外界信息做及时反馈。

如果“3W”“4R”和“8F”做得好，组织在危机中会成为“V1”（victim），即“勇于承担责任”。这能够将组织在危机中所处的地位转换，从被动转变为主动，把危机转变为契机，重新树立组织的形象。反之，组织就可能被当作“V2”（villain），也就是“恶棍”。公众会认为组织的行为和言辞避重就轻、不上心和不负责，这将导致雇员情绪消沉、顾客投诉、管理层动荡、技术员工流失等，不仅不会解决危机，还有可能将问题复杂化，严重伤及企业的信誉和形象。

（二）危机沟通的基本原则

危机沟通的基本原则有如下5项。

1. 公众利益第一原则

组织发生危机事件，不管大小，肯定会损害一部分公众的利益，将公众利益摆在首位，采取积极有效的措施补救，是赢得公众同情和支持的基础。

2. 人道主义原则

危机总是会给相关公众带来身心伤害，尤其是处理有人员伤亡的重大事故，要高举人道主义大旗，哪怕这样做会给组织带来较大的经济损失，但从长远来看，会获得全社会的支持。

3. 真诚沟通原则

危机发生后，组织应及时公布事件的真相和原因、组织的处理意见和态度、事情的进展和结果。隐瞒真相会错过化解危机的机会。组织应该主动与新闻媒体联系，说明事实真相，消除公众疑虑。这里的真诚包括“三诚”，即诚意、诚恳和诚实。

（1）诚意。在事件发生后的第一时间，组织高层应向公众说明情况，并致以歉意，勇于承担责任。

（2）诚恳。一切以公众的利益为重，不回避问题和错误，及时与媒体和公众沟通，说明危机处理的进展情况，重拾公众的信任和尊重。

（3）诚实。诚实是危机处理中最关键也最有效的态度。

4. 快速反应原则

危机一般是突发性事件，组织迅速采取措施就能赢得主动。在危机出现的12～24个小时内，各种消息会像病毒一样高速传播。对于组织在处理危机方面的做法和立场、舆论赞成与否，往往都会立刻见于传媒报道。因此，组织必须当机立断、快速反应、果断采取行动并与媒体和公众进行沟通，以迅速控制事态。

5. 维护信誉原则

维护信誉是危机处理的出发点和归宿点。组织发生危机后，往往成为媒介和社会关注的焦点。行动胜于言辞，组织一定要兑现解决危机时对公众的许诺，此时的行为比以往任何广告、宣传更能影响组织的声誉和形象。

四、危机沟通的作用

危机的突发性、不确定性、破坏性、紧迫性，使任何组织都不敢忽视危机沟通的重要作用。危机沟通做得好，首先，可以减少甚至挽回损失；其次，增强组织内部的危机意识，组织全员在危机问题上保持高度一致，深化组织内部改革，提高凝聚力和战斗力，打造内部的危机防范和应对机制；最后，借这次危机跟政府部门、媒体及外部组织加强联系，建立外部的危机防范和应对体系。

任务小结

班级:	学号:	姓名:
	学习索引	学生自测
知识点	危机的特征和分类	
	危机沟通的概念和类型	
	危机沟通的原理与基本原则	
	危机沟通的作用	

任务思考

1. 危机及危机沟通的含义是什么?
2. 危机的特征有哪些?
3. 危机沟通的类型和内容有哪些?
4. 危机沟通的原理和基本原则有哪些?
5. 危机沟通的作用是什么?

任务二
认清危机沟通的障碍

任务目标

1. **知识目标:** 认识危机沟通障碍的表现。
2. **技能目标:** 具备发现危机沟通影响因素并规避障碍的能力。
3. **素质目标:** 养成面临危机不慌乱、不逃避的心理品质。

任务导入

祸从口出

4月11日，《厦门晚报》在头版要位刊登文章《“你能消费得起吗?”——市民向东南亚酒店的藐视讨说法》。

这本是一起可以避免发生的事件，却因酒店的消极态度而恶化，并使事态变得越来越复杂。

今年2月29日晚上7时许，许小姐与同事到厦门东南亚酒店买蛋糕时顺便想上洗手间。这时，一位身穿制服的高高瘦瘦的男员工拦住她，问她是不是住店的客人，许小姐如实说不是，并向他询问洗手间的所在。没想到那人很生硬地告诉她，他们那里没有洗手间。许小姐十分诧异，这么大的酒店怎么会没有洗手间。男员工又解释，他们的洗手间是为客人服务的。许小姐有点不高兴了，提出异议：“难道不能先上洗手间再消费吗?”男员工却回答道：“你会在这里消费吗，你消费得起吗?”他的藐视深深刺激了许小姐，她当即表示要找经理交涉，男员工表示：“你要投诉吗? 请便!”

第二天，许小姐就此事向酒店提出了抗议，酒店的解释是，火车站周边人员复杂，一些人的素质又比较差，酒店大厅洗手间经常发生设施损毁、东西被盗的事情，所以酒店的保安措施相对严格。许小姐十分不解，难道严格管理就可以粗暴地对待客人吗? 酒店称暂时没有找到当事人更让人匪夷所思。在她的要求下，酒店答应进一步处理此事。

4月6日，许小姐就此事向《厦门晚报》投诉。酒店方面给记者的答复是，他们已经给那名员工警告处分。7日，许小姐接到一份以酒店名义传真来的道歉书。但许小姐对此处理十分不满，难道一封传真来的道歉书就可以换来一个人的尊严吗?

（资料来源：百度文库。）

问题思考

1. 你认为导致许小姐投诉不断升级的原因是什么?
2. 结合案例，谈谈本案例中危机沟通障碍表现在哪些方面?
3. 结合案例，谈谈本案例中影响危机沟通障碍的因素有哪些?
4. 假如你是酒店的男员工或酒店的管理人员，怎么做才能避免这场危机?

任务描述

良好的危机沟通是避免危机和化解危机最重要的工具，反之，则会阻碍危机的解决。管理者只有了解危机沟通障碍的表现，认清危机沟通障碍形成的原因，才能克服危机沟通障碍，达到避免和化解危机的目的。

一、危机沟通的障碍表现

危机发生前后的沟通过程未必是理想的、有效的，特别是由于组织内部的危机认知差异或组织外部等因素的影响，致使危机沟通不畅，未能达到沟通目的，导致危机沟通失败。

危机应变能力测试

（一）危机发生前的沟通障碍表现

1. 缺乏危机意识

在危机爆发前，一些企业及其管理者过于自信地认为公司正处于上升趋势，危机不会降临到自己头上，无须预测危机，更没有必要做任何危机前的沟通准备。因此，一旦危机发生，就措手不及，不知该与谁沟通，如何沟通。

2. 缺乏预警系统

事实上，所有危机在真正降临之前，都会发出一系列预警信号，如媒体或公众的一些评价、组织成员之间的相互埋怨、顾客投诉的增多、审计部门的批评等。但是，组织缺乏必要的预警系统，不能捕捉到这些信号，以致危机在毫无防备的情况下突然爆发。

3. 缺乏沟通机制

组织机构是企业各项活动正常、有序、高效进行的保证。许多企业没有专门负责沟通的部门，缺少相应的沟通机制。当处在生产第一线且最直接感应到危机的员工将自己的担忧向上反映时，管理者无法获悉或不以为然，更不用说采取任何积极的预防措施了。一旦危机发生，组织内部就会一片混乱，甚至导致之前的隐患全部爆发。

（二）危机发生时的沟通障碍表现

1. 信息传递滞后

如果相关部门没有将与危机有关的所有信息及时传递给公众，会引发公众的猜测，也会引发公众的恐慌情绪，有可能导致危机更加严重，甚至爆发新一轮危机。信息传递不及时，也就不能在最短的时间内启动危机预警系统，无法将危机限定在一定的范围。

2. 沟通态度恶劣

一般而言，企业无论大小，都存在“报喜不报忧”的倾向。当危机发生时，他们惧怕事态扩大而不与媒体和公众沟通，或者不愿透露真实情况，或者提供虚假信息，或者做表面文章。这就错失了在危机发生的第一时间与相关各方进行有效沟通的机会，只会让危机愈演愈烈。

3. 应变能力不足

许多危机处理失败的案例揭示了企业管理者一个普遍的致命弱点：缺乏应变能力。由于习惯了较为平稳的企业运作，当危机出现，就显得束手无策，导致危机管理失控。

（三）危机发生后的沟通障碍表现

1. 疏忽追踪善后

当危机状态趋于平稳，不代表危机完全解除。危机发生方需要定期跟进危机相关各方，实时了解他们对此次危机的态度演变过程，切实兑现之前承诺的补偿，直至各方给予良好且平稳的反馈。如果在这个时间段，放松或者放弃了与危机相关各方的联系，极有可能引起某方不满，导致危机卷土重来，或者引发另一种危机。

2. 草率总结反思

危机解除后，不做全面的总结，不做深刻的反思，就无法找到危机爆发的根本原因，也就无力完善危机防御和处理机制，为以后的危机埋下隐患。只有趁热打铁地对危机全程进行复盘，将有效的危机沟通办法固定为可供长期参考的策略，才能“吃一堑长一智”，经历的危机也就有了成长的价值。

二、影响危机沟通的因素

影响危机沟通的因素，或者说形成危机沟通障碍的原因，主要有以下五个方面。

（一）信息失真

在危机中，人们会因为过度紧张而对客观情况反应失真或夸大危机程度，往往导致危机管理者和公众获得的信息真伪参半。例如，当遭遇严重的地震灾害时，部分通信设施遭到毁坏，灾区与外部联络不便，外界很难了解灾情的真实情况，容易出现谣言四起、动摇人心的状况。

（二）资源匮乏

由于危机突然降临，用于解决危机的资源就显得十分匮乏。首先，日常消耗品在危机中可能遭到破坏，用于应急的备用资源无法立刻使用，或者应急资源离危机现场很远；其次，危机中的人们对资源的需求量非常大，资源消耗速度也非常快；再次，危机处理需要经费支持，如果资金储备不足，危机沟通也就难以持续开展；最后，缺少能够处理沟通危机的人力资源，会直接影响危机沟通的成效。

（三）能力不足

每一起危机事件都有自己的发展规律，我们无法完全参照别人的或从以前的危机总结出的经验来处理新的危机。因此，每次危机出现时，无论对企业的风控能力还是管理者的应急能力都是挑战。

（四）情绪失控

当危机发生时，它会在组织内部和外部引发恐慌、悲哀或愤怒等情绪，这些情绪往往会导致事态恶化。一旦危机发生，应以行之有效的措施进行及时有效的沟通，以缓解并消除这种情绪。如果情绪失控，必然会影响危机沟通的效果。

（五）舆论关注

当一个企业面临严重危机时，媒体对它的反应，不仅是按部就班的纪实报道，有时甚至会操纵舆论导向，影响危机的走势。特别是自媒体的兴起，让网络讯息鱼龙混杂，需要提防某些自媒体为了自身利益推波助澜。

任务小结

班级：	学号：	姓名：
	学习索引	学生自测
知识点	危机沟通的障碍表现	危机发生前
		危机发生时
		危机发生后
	形成危机沟通障碍的原因	

任务思考

1. 危机沟通有哪些障碍?
2. 形成危机沟通障碍的原因有哪些?
3. 请举例说明你在日常生活中遇到过哪些危机沟通障碍?又是如何克服的?

任务三 掌握危机沟通的技巧

任务目标

1. **知识目标:** 了解危机形成和发展各阶段的沟通策略。
2. **技能目标:** 能够实际运用危机沟通的策略解决沟通危机。
3. **素质目标:** 成为一名冷静的、智慧的、有格局的危机沟通管理者。

任务导入

胖东来调查顾客与员工争执事件

2023年6月19日21时10分,用户“飞燕走壁”发布一则抖音视频,内容为“头一次见吵胖东来的人”。视频长度为54秒,内容显示是在时代超市称重台,顾客全程大声呵斥一名男员工,言辞激烈,包含伤人话语以及手部直指动作。期间员工有简短话语回复、被值班班长劝阻,只是低头没有发声,旁边有几名其他员工进行劝阻。

在引发部分关注后,原博主删除了该视频。

2023年6月30日,胖东来“顾客与员工发生争执事件”调查报告引发关注,并登上热搜。

该报告长达八页,包含两次调查,最终得出处理结果:对当事顾客上门致歉+500元投诉奖、对安抚顾客的员工通报表扬+礼品、对当事员工进行5000元精神补偿、对管理层实行降级三个月。

其实,从胖东来的网络舆情热度趋势来看,6月19日事件的曝光,在之后当天及后续并未引起较高的热度。但对舆情管理的谨慎便是不以“危”小而不为,即使耗时多日,胖东来依旧启动了两轮调查,做出了详尽的报告。如此重视的态度,将不断加深大众的信任感,成为反哺胖东来的口碑防火墙。

胖东来此次的矛盾是一体两面的，对于大众来说，其身份既会是商家的顾客，也会是企业的员工，如何化解这种矛盾，而不激化舆论，胖东来给出了一份高分答卷。虽然因为胖东来的口碑效应，原视频下多数网友站队员工，认为顾客无理取闹。但胖东来并非因舆论的宽容，而忽视与顾客矛盾的暴露，也没简单地将责任推至当事员工，而是选择了去疏通矛盾点，这种同时照顾到双方情绪的处理方式，很难不获舆论认可。

（资料来源：知乎。）

问题思考

1. 本案例处于危机的哪个阶段？
2. 结合案例，谈谈胖东来高管分别运用了哪些危机沟通策略。
3. 结合案例，谈谈作为企业家在危机来临之际应该承担什么样的社会责任。

任务描述

任何企业及社会组织在发生危机时，都应该充分考虑使用哪种策略和哪些技巧能够最大限度地维护自身形象。因此，危机处理中的沟通策略也可以视为形象管理。该管理贯穿危机发生前、发生时、发生后的全部过程，公众对组织的信任感、认同感和亲近感的重建，就实现在这三个阶段中。

危机沟通十步骤

一、危机发生前的沟通策略

危机发生前的沟通有利于及时发现危机隐患，为提前寻找有效的处理方法赢得时间，避免危机的发生。这要求组织领导者具有强烈的危机意识和长远的战略眼光，提前制订好危机应急计划，确定和培训处理危机的专兼职人员。当危机发生时，能够沉着冷静、胸有成竹。

（一）加强培训，树立危机意识

有效地处理危机需要组织成员具备良好的心理素质，并掌握特有的危机处理知识和技能，这些只有经过专门的培训才能实现。据调查，31.2%的企业没有对内部员工进行危机培训。在培训中，情景模拟训练是较常用的方式，即通过设定一个危机发生的情境，使组织成员体验危机发生时的感受。在这种身临其境的训练中，帮助成员树立危机意识，减少或消除危机带来的紧张感和恐惧感，提升危机应变和危机沟通能力，形成一支训练有素的危机处理队伍。

（二）加强调查，制定应急方案

危机调查是对于组织可能遭遇的危险或威胁进行风险评估。危机调查一般有两种方式：第一种是了解组织历史上的危机；第二种是了解类似组织发生的危机。根据两个维度的调查结果，制定危机沟通的应急方案。危机沟通的应急方案是危机预处理的基本依据，在危机发生时，能够起到应急和缓冲的作用。应急方案的基本内容如下：

（1）确定潜在危机发生时传播信息需要的媒介，如地址名称、联系电话。

（2）确定危机发生时需要面临的主要沟通对象。

（3）准备好背景材料并根据最新情况完善。

（4）建立专门的新闻办公室，作为新闻发布会的场所。

（5）设立危机新闻中心，接听媒体和公众的电话。

（6）确保组织内部有足够的危机处理人员，以应对媒介和公众的查询。

二、危机发生时的沟通策略

（一）抓时效司其职

危机沟通中，组织内部要及时、真实、明确地将实际情况向部分员工传达，尤其是涉及员工切身利益的信息，尽一切可能稳定组织内部，告诉他们如何避免或缓解风险。同时，高层管理人员要在第一时间进行沟通，协商危机解决策略，就危机解决方案达成一致，并传达给各个部门，使组织内部形成高度的认同感。危机沟通时的外部沟通比内部沟通更复杂。首先，组织内部要查明原因，缩小事态范围，确定危机立场和对外口径；其次，主动与政府部门和新闻媒介联系；最后，危机公关要主动出击，提供坦率诚实的相关信息，树立负责任的形象。

（二）担责任守诚信

当组织出现危机时，特别是出现重大责任事故并导致公众利益受损时，组织必须承担责任、信守诺言、以诚待人。顾客使用本企业的产品而受到伤害，企业必须在第一时间向顾客道歉，并且给受害者相应的经济补偿，同时不惜代价迅速召回确实存在问题的产品，以表明企业解决危机的决心。

（三）听从唯一指令

危机发生时，决策部门会发出解决的指令，正式启动危机沟通。参与沟通的各部门需要统一思想，听且只听指定部门的指令，这是危机实时动态消息和危机沟通解决方案的唯一来源。只有这样，才能保证信息排除干扰、各方达成共识、组织形成合力。在世界500强公司里，特别是一些从事消费品生产的跨国集团，如可口可乐、宝洁、强生等，其产品的自身特性和业务范围内各种经营活动为它们增加了危机发生的概率。比如，一个瓶装厂的品质事件可能引发可口可乐在全球的销售危机，一个代理商对促销活动的错误解读，也可能导致宝洁的新品上市失败。这些企业的管理者对危机沟通特别重视，一般都设有专门的部门来处理危机，直接向最高决策层负责。危机发生后，这个部门立即成为最高决策层对内和对外唯一的沟通窗口。所有的信息披露和处理意见，包括最高领导人的个人言论，都在并且仅在这个部门的确认和共同参与下才被视作有效。

（四）界定对象权限

危机沟通的对象，也被称作“关联群体”“波及范围”，他们是危机中的利益相关者。区分关联群体，一方面是为了评估

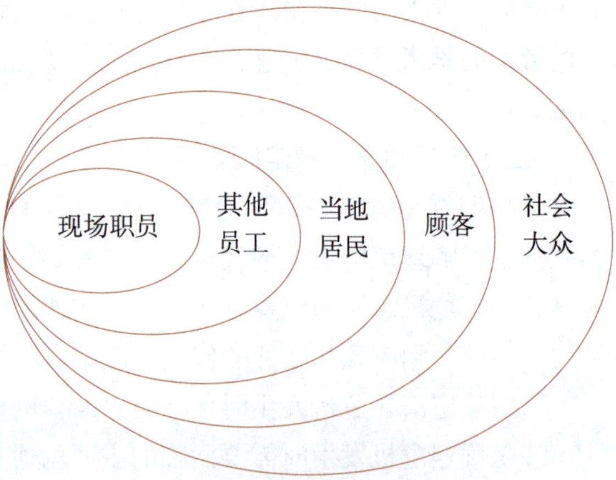

危机波及范围图示

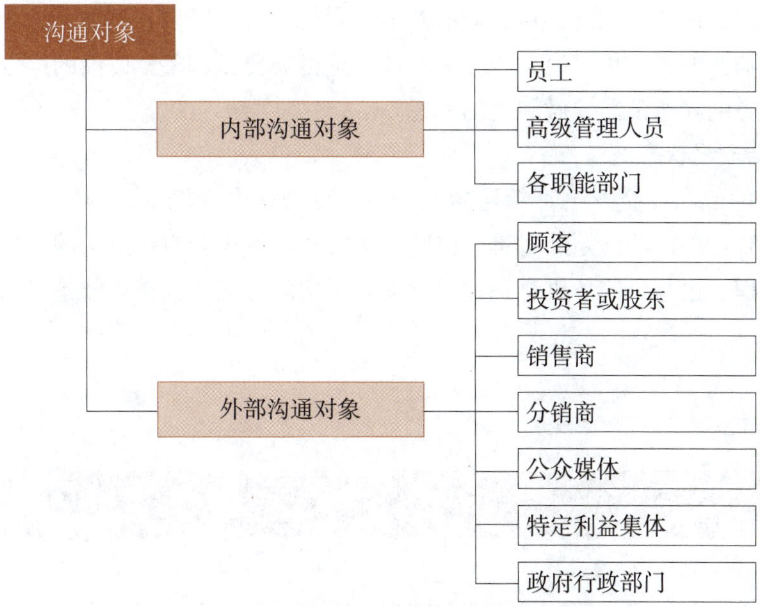

危机沟通对象图示

他们对危机的反应，以做出更好的应对方案；另一方面是为了明确危机爆发后的沟通对象，让沟通更有针对性。

沟通部门在决策层的指示下，选择沟通对象后，必须授以适当的沟通权限。比如，高层经理与公司网站和新闻媒体展开沟通，虽然他们的沟通对象都是媒介，但前者属于公司内部而后者属于公司外部，这就使得两个沟通对象的知情权和沟通范围有所不同。明确沟通权限，既厘清了当事各方的职责，又把控了危机发展的范围和趋向。

三、危机发生后的沟通策略

危机解决并不意味着沟通结束，大量的沟通工作才刚刚开始。这是因为在危机发生时，各种处理方法都处于应急状态，没有也不可能进行周密思考，难免有疏漏和引起误解之处，沟通效果也未必持久。所以，危机发生后，管理者还需继续沟通，巩固前期成果，稳定局面，将造成的负面影响降至最低。组织及其管理者在这个阶段的沟通包括如下内容。

（一）坚持长效状态

危机发生后，由于不确定危机确切的延续时长和是否会出现反复，因此，负责危机沟通的部门需要保持与组织内外的密切联系。即便是看似再微不足道的问题，也应该及时、勤快地沟通，不能怕麻烦，很有可能某个小问题就对整个事态的进程起到转折性或决定性作用。也就是说，发生了危机之后的很长一段时间，涉事各方都需要做好打“持久战”的准备，持续沉浸在危机沟通的长效状态里，实时商讨涉及的各类事项。

（二）保持运营状态

对于负责处理危机事件的管理者而言，危机当前，应对和处理危机是头等大事。但是，对其他管理者来说，尽管危机出现了，经营活动仍然必须正常进行。在恢复和维持正常运作秩序的同时，还应考虑危机对企业的其他经营是否会有影响。例如，企业的产品信誉是否会受到危机的影响？销售渠道是否畅通？产品是否需要做调整？以前的广告是否需要继续发布？诸如此类的问题都需要做周全的考虑。

（三）维持安全状态

负责沟通的部门在企业主管领导的配合下，总结这次危机沟通的经验，对危机全程进行复盘，据此制订周密的计划和对策，以防止危机再次发生和应对以后的危机。总结和制订后续计划的过程，也是巩固危机意识和强化安全渴望的过程，这很可能是组织就此走向成熟的重要契机。

任务小结

班级：	学号：	姓名：
知识点	学习索引	学生自测
	危机发生前的沟通策略	
	危机发生时的沟通策略	
	危机发生后的沟通策略	

任务思考

1. 危机的形成和发展有哪几个阶段？
2. 危机爆发前、爆发时和爆发后的沟通策略有哪些？

一个U盘引发的危机

项目训练

“刁难CEO”

请7位同学扮演某个组织的CEO，从下列关于危机的话题中任选一个，发表3～5分钟的讲话。7位同学先进行5分钟的准备，再上台做3～5分钟的陈述，最后回答台下同学们提出的问题。台下的同学扮演记者和公众。危机沟通一共进行7轮，每轮结束后，台下同学点评台上同学的危机沟通好在哪里，还有哪些地方有待改进。

1. 企业股价大幅下跌。
2. 主要车间遭破坏，导致工厂停产。
3. 管理层成员集体辞职。
4. 严重的工伤事故。
5. 有毒气体泄漏。
6. 管理层丑闻。
7. 产品伤人。

项目练习

一、单项选择题

1. 根据危机的预见性，可将危机分为以下哪一类？(　　)
   A. 可预测的和不可预测的　　B. 人为的和非人为的
   C. 突发性的和潜伏性的　　D. 自身造成的和环境造成的
2. 下面哪一项不属于危机发生时的沟通障碍表现？(　　)
   A. 信息传递滞后　　B. 沟通态度恶劣
   C. 应变能力不足　　D. 缺乏危机意识
3. 下面哪一项不属于危机沟通的对象？(　　)
   A. 影响公司运营的单位　　B. 必须被告知的群众和组织
   C. 被卷入危机的群众或组织　　D. 被危机影响的群众和组织
   E. 与危机不相关的群众和组织
4. 下面不属于危机沟通内容的是？(　　)。
   A. 危机事件中组织内部的沟通问题
   B. 危机事件中组织与社会公众的沟通问题
   C. 危机事件中利益相关者之间的沟通问题
   D. 危机事件中不是利益相关者之间的沟通问题
5. 下面哪一项不属于危机发生前的沟通障碍表现？(　　)
   A. 缺乏危机意识　　B. 缺乏预警系统
   C. 缺乏沟通机制　　D. 草率总结反思

二、多项选择题

1. 危机的特征包括？(　　)。
   A. 突发性　　B. 不确定性
   C. 破坏性　　D. 紧迫性
2. 根据危机形成和发展的不同阶段，危机沟通可分为？(　　)。
   A. 危机爆发前的沟通　　B. 危机爆发初至危机爆发中的沟通
   C. 危机爆发后的沟通　　D. 人为的和非人为的沟通
3. 影响危机沟通的因素有(　　)。
   A. 信息失真　　B. 资源匮乏　　C. 能力不足
   D. 情绪失控　　E. 舆论关注
4. 危机沟通的基本原则包括(　　)。
   A. 公众利益第一原则　　B. 人道主义原则
   C. 真诚沟通原则　　D. 快速反应原则
   E. 维护信誉原则

5. 危机发生时的沟通策略有（　　）。

A. 抓时效司其职　　B. 担责任守诚信

C. 听从唯一指令　　D. 界定对象权限

三、判断题

1. 迅速地从正常情况转换到紧急情况的能力是危机管理的核心内容。（　　）
2. 突发事件预警系统一般由信息收集系统、信息加工系统、决策系统、警报系统等组成，它的设计必须符合主动性原则、前瞻性原则、可操作性原则、系统弹性原则和闭环模式原则。（　　）
3. 突发事件的工作机构成员应由位高权重的社会组织领导或人格魅力大的负责人员组成。（　　）
4. 突发事件预案可以减少突发事件管理中出现的不合理行为和缺乏全局观念的行为，使突发事件的管理与应对更加科学化、合理化。（　　）
5. 公共危机要遵守以防为主的原则，树立平战结合的理念。（　　）

参考文献

[1] 南志珍，吕书梅. 管理沟通实务［M］. 大连：大连出版社，2010.

[2] 李维刚，白瑗峥. 管理学原理［M］. 北京：清华大学出版社，2007.

[3] 姜汉忠. 沟通力是怎样炼成的［M］. 北京：冶金工业出版社，2017.

[4] 尚致胜. 高效沟通法［M］. 北京：中国纺织出版社，2020.

[5]（美）埃斯特·希克斯，杰瑞·希克斯. 吸引力法则［M］. 邹东，译. 北京：光明日报出版社，2015.

[6] 曾仕强. 人际的奥秘. 北京：北京联合出版社，2015.

[7] 胡河宁. 组织沟通［M］. 合肥：中国科学技术大学出版社，2020.

[8] 秦敏，刘仁宝. 组织沟通与协调能力开发［M］. 北京：清华大学出版社，2019.

[9] 王建民. 管理沟通实务［M］. 北京：中国人民大学出版社，2019.

[10] 王光华. 口才沟通与演讲实务教程［M］. 北京：中国人民大学出版社，2017.

[11] 郭冬. 秘书写作［M］. 北京：高等教育出版社，2021.

[12] 侯波，闫建华，常智慧. 公文写作［M］. 北京：中国人事出版社，2019.

[13]（美）罗纳德·B. 阿德勒，拉塞尔·F. 普罗科特. 沟通的艺术［M］. 黄素菲，李恩，译. 北京：北京联合出版公司，2018.

[14] 陈立之. 非语言沟通［M］. 南昌：江西人民出版社，2017.

[15] 张岩松，刘志敏. 现代管理沟通实务［M］. 北京：清华大学出版社，2015.

[16] 尤莉. 管理沟通实务操作：原理、技巧与行动［M］. 北京：电子工业出版社，2016.

[17] 康青. 管理沟通［M］. 5版. 北京：中国人民大学出版社，2018.

[18] 柏莹. 秘书人际沟通［M］. 北京：中国人民大学出版社，2011.

[19] 张振刚，李云健. 管理沟通：理念、方法与技能［M］. 北京：机械工业出版社，2018.

[20] 王佩玮. 管理沟通［M］. 上海：华东理工大学出版社，2013.

[21] 杨丽彬. 沟通技巧［M］. 北京：机械工业出版社，2017.